中国城市水价

建设部科学技术司　组织编写

严　伟　邵益生　等著

中国建筑工业出版社

图书在版编目(CIP)数据

中国城市水价/建设部科学技术司组织编写，严伟、邵益生等著. —北京：中国建筑工业出版社，2006

ISBN 7-112-08479-2

Ⅰ. 中… Ⅱ. ①建…②严…③邵… Ⅲ. 城市供水—价格—研究—中国 Ⅳ. F426.9

中国版本图书馆 CIP 数据核字(2006)第 082082 号

责任编辑：俞辉群
责任设计：崔兰萍
责任校对：邵鸣军 张 虹

中国城市水价

建设部科学技术司 组织编写

严 伟 邵益生 等著

*

中国建筑工业出版社出版、发行(北京西郊百万庄)

新华书店经销

北京天成排版公司制版

北京云浩印刷有限责任公司印刷

*

开本：880×1230 毫米 1/16 印张：16 字数：503 千字

2006 年 8 月第一版 2006 年 8 月第一次印刷

印数：1—2500 册 定价：**45.00** 元

ISBN 7-112-08479-2
(15143)

(邮政编码 100037)

本社网址：http://www.cabp.com.cn

网上书店：http://www.china-building.com.cn

内容提要

本书是在亚洲开发银行技术援助项目“供水价格研究”两期咨询报告的基础上汇编而成的，内容涉及水价、法律、经济、财务、工程、融资、机构、管理及社会学等许多学科领域。全书共分 14 章：第 1 章介绍项目背景、目标、工作及取得的主要成果；第 2 章分析中国城市供水价格现状及其存在的主要问题；第 3 章介绍国际上水价的制定、管理经验，包括加拿大、美国、英国、法国、智利等国家的案例分析；第4～8章回顾中国《城市供水价格管理办法》，分析法律依据、机构设置、供水需求、节约用水、承受能力、支付意愿等各种因素对水价的影响，介绍供水企业财务分析和成本控制的理论、方法与经验，并就《办法》的实施提出了建议；第 9～13 章分别介绍张家口、福州、成都、上海、深圳等 5 个试点城市的水价调研结果，并提出深化改革的意见与建议；第 14 章介绍城市水价计算的方法、模型及示范。

本书内容丰富，包括大量的实际调研成果，涉及领域广泛，是一本综合性和实用性较强的专著，可供政府领导、市政、水务、物价等政府部门的管理人员，供水、排水、污水处理企业的经理和高级职员，金融投资机构和私人投资者，咨询机构、消费者等相关人员阅读；也可供大专院校师生，科研设计人员参考。

Abstract

This book was written based on the reports of water tariff study of Asian Development Bank technical assistance projects. It involves water tariff, legislation, economy, finance, engineering, financing, institution, management, social science setc.

This book consists of 14 chapters. Chapter One introduces backgrounds, objectives, tasks and major achievements. Chapter Two studies urban water tariff of China and outstanding issues. Chapter Three introduces international experience of management and regulating of water tariff, including case studies in Canada, U. S. A., U. K., France and Chile. Chapter Four to Eight review “Urban Water Tariff Administration Regulation of China”; analyze various factors including legislation, institutional arrangement, water demand, water conservation, affordability, willingness to pay on water tariff; introduce theory, method and experience of financial analysis and cost control of water companies; and propose suggestions of implementing the Regulation. Chapter Nine to Thirteen introduce the study results of water tariffs in the case study cities of Zhangjiakou, Fuzhou, Chengdu, Shanghai, and Shenzhen and made comments and suggestions on further development of water tariff reforms. Chapter Fourteen introduces calculation method, model and demonstration of urban water tariff.

This book contains plentiful information including lots of field data and includes extensive areas. It is practical and comprehensive. It can be used as reference for heads of governments, officials of government municipal, water, price bureaus and departments, managers and senior staff of water, sewerage and wastewater companies, professionals of financial institutions and private investors, consulting firms, universities and research institutes, and consumers.

亚行技术援助项目“供水价格研究”参加一期水价研究项目的咨询专家及有关人员名单

国际咨询专家	专家名称	工作单位
Wei Yan（严伟）	专家组组长/水价专家	加拿大S.M国际技术顾问公司
Michale Fortin	财务与经济专家	加拿大S.M国际技术顾问公司
Mike Loudon	机构与法律专家	加拿大S.M国际技术顾问公司

国内咨询专家	专家名称	工作单位
邵益生	社会学专家/研究员	建设部城市水资源中心
孙佑海	机构专家/教授	全国人大环境与资源保护委员会
刘应宗	经济专家/教授	天津大学管理学院
宋仁元	水工程专家/教授级高工	上海市自来水公司
傅国伟	水环境专家/教授	清华大学环境工程系
王永航	财务分析专家/高级工程师	建设部城市水资源中心

特邀专家

姓名	专家名称	工作单位
郭振通	水工程专家/高级工程师	建设部城市水资源中心
孙文章	财务分析专家/高级经济师	中国城镇供水协会

咨询专家助理

姓名	学位/职称	工作单位
张桂花	硕士/工程师	建设部城市水资源中心
任仲宇	硕士/工程师	建设部城市水资源中心
洪　靖	硕士/工程师	建设部城市水资源中心
戴建平	硕士/高级工程师	建设部城市水资源中心
李　琳	学士/工程师	建设部城市水资源中心
孟俊娜	硕士研究生	天津大学管理学院

参加二期水价研究项目的咨询专家名单

国际咨询专家	专家名称	工作单位
Wei Yan(严伟)	专家组组长/水价专家	加拿大 S. M 国际技术顾问公司
Michale Fortin	财务与经济专家	加拿大 S. M 国际技术顾问公司
Mike Loudon	机构与法律专家	加拿大 S. M 国际技术顾问公司
Xiu Tao Zhang(张秀涛)	工程与成本专家	加拿大 S. M 国际技术顾问公司

国内咨询专家	专家名称	工作单位
邵益生	机构专家	建设部城市水资源中心
钱　易	环境专家	清华大学，中国工程院院士
孙佑海	法律专家	全国人民代表大会
刘应宗	财务与经济专家	天津大学
孙文章	财务管理专家	中国城镇供水协会
宋兰合	社会经济专家	建设部城市水资源中心
张桂花	能力建设专家	建设部城市水资源中心
宋仁元	工程专家	中国城镇供水协会
任仲宇	数据库专家	建设部城市水资源中心

亚行技术援助项目“供水价格研究”一期项目组织管理机构及人员

项目领导小组：

组　长： 赵宝江　建设部副部长

副组长： 沈建国　建设部外事司副司长

武　涌　建设部城建司副司长

呼忠平　建设部外事司助理巡视员

成　员： 刘志琪　建设部城建司供水节水处处长

董　立　建设部外事司副处长

丁　铭　国家计委收费司处长

邵益生　建设部城市水资源中心主任

项目办公室：

主　任： 邵益生　建设部城市水资源中心主任(兼国内专家组组长)

成　员： 曹燕进　建设部城建司副处长

宁　凯　建设部外事司项目官员

郭振通　建设部城市水资源中心副主任

亚行技术援助项目“供水价格研究”二期项目组织管理机构及人员

项目领导小组

组　长　赵宝江　建设部副部长

副组长　呼忠平　建设部外事司副司长

　　　　　武　涌　建设部城建司副司长

成　员　刘志琪　建设部城建司综合处处长

　　　　　李　喆　建设部城建司综合处副处长

　　　　　李宏庆　国家计委价格司房地产与价格服务处处长

项目办公室

主　任　邵益生　建设部城市水资源中心主任(兼国内专家组组长)

副主任　刘贺明　建设部城建司公用处处长

成　员　赵文花　建设部外事司

　　　　　王　欢　建设部城建司公用处

　　　　　张桂花　建设部城市水资源中心

　　　　　罗　江　建设部城市水资源中心

　　　　　郭振通　建设部城市水资源中心

成都市项目协调委员会和项目协调办公室成员名单

项目协调委员会

主　任　狄廷国　成都市副市长

副主任　黄厚安　成都市政府副秘书长

　　　　孙　平　成都市计委副主任

　　　　苏光明　成都市物价局局长

　　　　晏开明　成都市公用局局长

　　　　曾　军　成都市环保局局长

　　　　游志毅　成都市公用局副局长

项目协调办公室

主　任　游志毅　成都市公用局副局长

成　员　韩成龙　张　俊　黄　薇　牛　斌　侯新民

　　　　陶宏志　文晓丽　邓先福　刘　惠

福州市项目协调委员会和项目协调办公室成员名单

主　　席	吴华瑞	福州市副市长
主　　任	林　飞	福州市政府办公厅副主任
常务副主任	林新国	福州市建委主任
	连伙英	福州市建委副主任
副 主 任	郭运镰	福州市计委副主任
	庄文标	福州市物价委主任
	陈寿冰	福州市财政局副主任
	柯发祥	福州市环保局副局长
	林瑞良	福州市建委公用处处长
成　　员	邹一平	福州市自来水公司总经理
	林　峰	福州市建委公用处副处长
	陈　京	福州市财政局社会事业处处长
	周　峰	福州市物委公用事业收费处处长
协 调 员	林瑞良	福州市建委公用处处长
工作人员	邹一平	福州市自来水公司总经理
	池星云	福州市建委公用处
	刘新江	福州市自来水公司
	潘　华	福州市自来水公司

张家口市项目协调委员会和项目协调办公室成员名单

项目协调委员会

主　　任	侯志诚	张家口市副市长
副 主 任	谢超峰	张家口市政府副秘书长
	梁纯信	张家口市建委主任
	狄志惠	张家口市建委常务副主任
	孙振升	张家口市计委调研员
	常天玉	张家口市物价局副局长
	周永玺	张家口市公用事业局
	徐正清	张家口市环保局副局长
	景庆雨	张家口市外事办副主任
	殷广平	张家口市宣化区常务副区长
	梁旭东	张家口市下花园区副区长
成　　员	宋厚禄	张家口市宣化区建设局副局长
	孟庆祥	张家口市下花园区建设局副局长
	吕之福	张家口市供水总公司总经理
	马进京	张家口市宣化区供水总公司总经理
	席春雷	张家口市下花园区自来水分公司经理

项目协调办公室

主　　任	狄志惠	张家口市建委常务副主任
副 主 任	董建中	张家口市城市水工程技术发展中心主任
	陈双庆	张家口市建委计财科科长
	王秉礼	张家口市城市节水办副主任
	孙家增	张家口市公用事业局科长
协 调 员	董建中	张家口市城市水工程技术发展中心主任
工作人员	朱连瑞	张家口市物价局公用事业科科长
	张裕民	张家口市城市节水办
	李淑玲	张家口市城市节水办
	苗庆国	张家口市公用事业局
	魏永安	张家口市供水总公司

序

水孕育了人类。

伴随着人类社会的进步和经济发展，“生命之水”面临日益巨大的危机和挑战，如今，在世界范围内出现的水危机对人类的发展构成了严重威胁。保障水安全，促进水资源可持续利用，实现人类与水环境和谐共存是世界各国十分关注的重大课题。近二三十年来，我国政府通过实施相关科技计划，水行业管理部门，科研开发、工程设计和水务运营等单位共同努力，在分析国际水领域技术发展趋势和典型案例的基础上，开展深入研究和技术攻关，取得了一批具有理论价值和应用价值的成果，拓宽了解决水问题的思路，发展了水处理技术，在保障城镇供水，改善水环境等方面取得了显著成效，形成了适合中国国情的技术体系和管理模式，培养了一支由国际知名专家为学科带头人的专业人才队伍，使我国水领域的技术和管理水平大幅度提高，为今后的发展奠定了很好的基础。

2006 年 9 月，建设部与国际水协将在北京举办第五届世界水大会。大会将为中外学者和工程技术人员搭建一个传播国际先进理念、交流研究成果和实践经验，探讨技术和管理创新的平台。为增进国际水业界对中国的了解，展示我国水领域的学术水平和发展成就，促进国际交流与合作，建设部科技司组织国内水领域的部分院士和知名专家编写了这套书籍。她包括学术理论、水处理工艺和工程应用以及水业管理等方面的内容，是对几十年来我国水领域所取得的成果和经验的总结，对我国城镇供水、节水和污水处理及资源化工作的开展，对促进我国水领域的跨越式发展和机制创新会有很好的参考作用。

在此书即将出版，第五届世界水大会即将召开之际，我们借用先哲老子的名言“上善若水，水利万物而不争”来表达对我国水领域科技工作者和致力于水资源永续利用、创造美好人居环境的广大同仁的敬意，感谢他们做出的无私奉献。

谨以此书献给第五届世界水大会。

建设部科技司
2006 年 5 月 9 日

前　言

回顾中国始于 20 世纪 90 年代中期的水价改革探索和研究工作，对于进一步理解、深化和推动当前的水价改革具有重要的理论借鉴和实际指导意义。

亚洲开发银行援助中国政府开展的两期《供水价格研究》项目，在中国历史上首次进行了城市水价的系统调研工作，并对张家口、成都、福州、上海、深圳和大连等 6 个试点城市的供水及水价问题进行了深入分析。

针对调研分析中发现的情况和问题，专家组引进国际上水价管理的理论和实践经验，提出了中国水价改革的基本思路，提供了制定和实施水价政策的重要信息和建议。在《供水价格研究》项目的促进下，国家计划委员会和国家建设部于 1998 年发布了中国第一个城市供水价格管理规章:《城市供水价格管理办法》，这是中国水价改革法规体系建设中的一块奠基石，标志着中国城市供水价格改革迈出了极其重要的一步，同时也促进了污水处理收费和水利工程价格方面的改革。

项目还协助张家口、福州、成都 3 个试点城市制定了《城市供水价格管理办法实施细则》，提出和指导实施全面的水价改革方案包括简化调价审批程序、水价测算、偿还贷款、成本补偿、合理利润，承受能力、低收入家庭援助，促进节约用水。其中，张家口市的研究对政府关心的水价管理、社会各界关心的水价改革和供水服务及供水企业关心的水价申请、成本偿还、供水收益等问题进行了有益探索。为城市水价改革树立了典范，促进了水价改革的进展。

《供水价格研究》项目是在建设部、国家计委的领导下，在试点城市政府和供水企业的积极参与、密切合作下，项目专家组的国际专家与建设部水资源中心为代表的国内专家通力合作的结晶。成果得到了亚行的高度评价，成为亚行对中国城市建设技援项目的典范，并作为亚行在中国的供水和污水项目的参考样板项目。该项目的成果同时得到了其他国际金融组织的关注，也引起了国家领导人和社会各界的重视。

衷心感谢亚洲开发银行在《供水价格研究》技术援助项目中给予的指导；感谢建设部技援项目协调领导小组给予我们的大力支持；感谢成都、福州和张家口等试点城市的市政府、技援项目协调委员会、协调办公室以及协调员所给予的大力帮助；此外，还要特别感谢建设部城市水资源中心为我们提供良好的工作条件，并感谢国内外专家的通力合作，使技援工作取得满意的成果。

Preface

Review of water tariff reform study started in 1990s of 20th century in China is meaningful in important references of theory development, and practical guidance in further understanding, developing and motivating present water tariff reform in China.

The Asian Development Bank (ADB) provided the two technical assistance projects of water tariff study to Government of the People's Republic of China. It is the first systematic study of urban water tariffs in China's history. It also conducted intensive study of water supply and water tariff in the case study cities of Zhangjiakou, Chengdu, Fuzhou, Shanghai, Shenzhen, and Dalian.

Regarding identified issues during the study, consultant introduced theory and practice of international water tariff administration, proposed fundamental thoughts of water tariff reform for China, and provided important information and suggestions for formulating and implementing water tariff policies. With the encouragement of Water Tariff Study project, State Development Planning Commission of China and Ministry of Construction of China promulgated the first urban water tariff administrative regulation: 《Urban Water Tariff Administration Regulation of China》 in 1998. It is one of founding stones in construction of water tariff reform legislative system of China. It is landmark of extremely important step in urban water tariff reform in China. It also helps the development of reforms in wastewater charge and water resource engineering tariff.

The project assisted the three case study cities of Zhangjiakou, Fuzhou and Chengdu to formulate the local Implementation Regulation of Urban Water Tariff Administration Regulation of China. It suggested and advised to implement overall water tariff reform proposals including streamlining the approval procedure of water tariff adjustment, water tariff calculation, debt payment, cost recovery, reasonable profit, affordability, assistance program of low income families, water conservation promotion and etc. Zhangjiakou case study researched and solved the issues of water tariff administration concerned by government, water tariff reform and water supply services concerned by public, and water tariff application, cost recovery and allowable profits concerned by water supply companies, which established a successful model of urban water tariff reform and promoted the water tariff reform development.

Water Tariff Study project is the result of international experts and the domestic experts represented by Urban Water Resources Center of Ministry of Construction of China of the project consultant team with the guidance of ADB, the leadership of Ministry of Construction of China and State Development Planning Commission of China, and the active participation and cooperation of governments and water supply companies of the case study cities. The project output is highly appreciated by ADB. The project is the model of ADB's technical assistance project in China urban construction and is the referenced sample project of water and wastewater projects in China. The achievements of the project have caused the interests of other international financial institutions and also attracted the attentions of the State leaders and public of China.

This is to acknowledge the guidance of the Asian Development Bank in this technical assistance project. The support of the Ministry of Construction, State Development Planning Commission, and TA Coordination Committee and Office, was also very valuable. The support, cooperation and commitment of Chengdu, Fuzhou and Zhangjiakou governments, TA Coordination Committees and Offices, and TA Coordinators are greatly appreciated. We are indebted to the Urban Water Resources Center for supplying a well-furnished office and logistical services. The cooperation of the Chinese domestic consultants is recognized.

目　录

Contents

1 综　　述

《供水价格研究》是亚洲开发银行(以下简称“亚行”)对中华人民共和国提供的一个技术援助项目，项目分两期完成。

《供水价格研究》一期目的是为中国政府在草拟《城市供水价格管理办法》(以下简称《管理办法》)过程中提供咨询，该项目涉及水价、成本补偿、承受能力、水价制定目标评价、水价计算方法、节约用水和水资源可持续利用等内容，其结论是供水公司必须实现完全成本补偿才能确保城市供水的可持续发展。一期供水价格研究是非常成功的，被视为亚行在中国执行的技援项目的典范。这一成果是与亚行的大力支持、建设部与国家发展计划委员会的通力合作、试点城市的紧密配合分不开的，也是国内外专家紧密合作，出色工作的结果。

《供水价格研究》二期旨在从机构和技术方面协助中国政府实施《管理办法》，目的是改革水价管理体系，规范供水价格和收费，协助供水公司解决在经济快速增长过程中所出现的大量财务问题。

加拿大 S. M. 国际技术咨询公司与亚洲开发银行签订了为该项目提供咨询服务的合同，随后又与以建设部城市水资源中心为代表的国内专家签订了合作研究的合同。S. M. 专家于 1997 年 10 月与国内专家一起组成专家组，开始对中国 6 个试点城市的供水行业现状、水价制定方法和实施情况进行了大量调研，完成了既定目标，1999 年底一期项目结束。2000 年 2 月～2001 年 11 月专家组按计划完成了二期项目的研究任务。

1.1　项 目 进 展 回 顾

1997 年 11 月专家组提交了一期研究的项目启动报告。1997 年 12 月亚行技术援助项目评估团团长、财务分析专家桑给·潘杰(Sangay Penjor)先生访问了中国，与项目执行机构即建设部、国家发展计划委员会和其他与水价政策有关的部门评估了启动报告并听取项目的进展情况。评估团对专家组给予了肯定，并对今后的工作作出明确指导。亚行项目评估备忘录指出，启动报告具有很强的综合性和层次性，对未来要完成的工作陈述得详细清晰，对技援项目的实施情况非常满意。

1998 年 4 月专家组向亚行递交了中期报告，亚行对报告进行了检查和评估，认为报告的内容综合全面，并指出项目进展得很好，有关水价管理办法和水价模型的内容很值得赞许。

1998 年 7 月举行项目研讨会，来自建设部、国家发展计划委员会、供水公司及试点城市相关政府部门的官员、代表和国际、国内的专家约 40 人参加。建设部和国家发展计划委员会认为，技援项目的研究成果在制定水价政策的过程中，对指导价格管理很有帮助，对《管理办法》草案有一定的影响，是帮助政府起草《管理办法》的有效手段，中国政府对技援项目的研究成果表示赞同并愿意采纳。供水公司的代表则称技援项目是中国历史上首次进行的水价研究，具有深远的历史意义。

1998 年 9 月，中国政府出台了《管理办法》，在水价改革方面迈出了重要的一步。中国政府已意识到供水公司正面临着难以维持可持续运营的困境，而水价在帮助这些公司实现持续供水中起着十分重要的作用。市场经济改革要求供水公司实现完全成本补偿，并结束对政府财政补贴的依赖。在实现供水公司可持续运营的过程中，为确保水价改革的顺利进行，政府除了进行水价改革外，还要进行配套的机构改革。由于《管理办法》的实施将有助于供水公司提高财务质量，加强经营管理，扩大服务范围，所以政府认为及时实施这一《管理办法》是十分重要的。

2000 年 2 月 1 日，建设部主持召开了二期项目启动会议，会议目的是宣布技援的组织机构，提出项目目标，讨论试点城市的选择和其他有关问题。此次会议也是亚行项目官员、项目领导小组成员、试点城市以及专家组成员的第一次工作会议。亚行代表团团长桑给·潘杰先生出席了这次会议。

供水事业发展的重要性以及《管理办法》实施的重要意义是这次会议的一个关键议题。持续供水、财务改革、供水成本补偿和节约用水是当前迫切需要解决的问题。中国政府一向对供水行业的改革给予很大的关注，建设部十分重视技援项目，并给予了有力支持。

二期项目基本上以一期项目为范本，目标是为《管理办法》在全国的实施树立成功的范例，并制定切实可行的实施办法。主要是在所选的试点城市中针对《管理办法》的实施进行示范研究，实现成本的完全补偿和有效的水价管理。参与这一研究的有试点城市市政府、建委、物价局、公用局和其他政府有关机构、人大、政协、工会、消费者协会、社团等其他组织以及供水公司。这些机构在《管理办法》的实施过程中起着十分重要的作用。

1.2 研究目标和范围

研究目标是协助中国政府制定《管理办法》，强化机构职能，发展所需的技术能力，以及实施《管理办法》，制定供水价格，改善供水公司的服务状况，鼓励水的有效利用，促进供水事业的可持续发展。

研究目标包括以下几部分：

1. 一期

- 确定水价制定的经济、财务、环境和社会目标以及目标参数；
- 提供水价计算的示范性说明；
- 回顾和评价机构的设置、能力和现有法律框架；
- 明确如何加强水价评估及实际监督，以促使供水公司接受水价目标；
- 提出水价管理机构设置和水价审批手续的方案。

2. 二期

- 通过为地方建立管理办法实施细则以加强机构和法规体系；
- 制定详细的水价目标；
- 确定允许的成本费用；
- 研究水价制定和计算的方法；
- 加强供水公司的财务管理；
- 提高供水公司经济效益；
- 进行两部制水价的示范研究；
- 评估在实施《管理办法》时有关供水能力建设方面的要求；
- 评估简化水价审批程序的影响；
- 评价《管理办法》对城市贫困户居民的影响；
- 概述公众参与及咨询策略。

概括起来有以下 4 方面任务，即：

1—机构和法规方面：评估《管理办法》对现行水价管理体系的影响；制定符合实际的实施方法；建立地方水价调整模型；促使《管理办法》确定的水价目标顺利实施。

2—水价目标及其制定和计算：制定实际而有效的价格目标；开发能够在试点城市达到这些目标的水价制定和计算方法；为改善试点城市供水公司的财务管理水平提供建议。

3—实施细则和能力建设，内容包括地方水价方针、水价制定及计算方法；供水公司成本补偿方面的成果和建议，以及进一步细化这些成果和建议的措施。

4—建议和意见：提出《管理办法》在全国全面实施的建议；帮助供水公司实现完全成本补偿；改善水价管理；广泛宣传试点城市实施《管理办法》的成功经验。

1.3　数据和资料收集

在1997年7月准备项目建议书期间，已经开始收集现有的背景材料和数据。1997年10月一期项目第一阶段启动后继续收集数据，目的在于获得现有文件和数据库中有用的资料。

从水价执行机构、国内专家、供水公司、当地政府机构和供水公司数据库获得了反映当地情况的数据和资料。数据库由供水行业协会一中国城镇供水协会汇编全国各地自来水公司的统计报表而成。社会和经济总体状况的统计数据来源于1997年的《中国统计年鉴》。

国际经验方面的材料来自与资料提供者的会谈记录。资料提供者包括国外参与制定供水政策和规章制度的国家机构成员，以及世界银行等国际机构人员。其他的数据和资料主要通过电话、互联网和在加拿大的大学图书馆进行收集。

1.4　试点城市的选择

根据统计分析的不同需要，各试点城市的调研要求有所不同，试点城市的选择标准如下：

- 该城市正在进行包括水价的其他亚行供水和污水项目；
- 按城市人口划分应为大中城市，而且大部分是大城市；
- 城市有各种各样类型的自来水用户；
- 应包括沿海、内陆地区、南方和北方的城市，
- 作为试点研究的供水公司应在国内有代表性；
- 试点研究的供水公司应在该地区的供水行业中处于领先地位；
- 供水公司应能提供试点研究所需信息并愿意配合研究工作。

项目成功的关键是选择好试点城市。试点城市的积极参与、通力合作和大力支持是成功实施《管理办法》的必要条件，也是选择试点城市的重要标准。建设部和亚行对这项工作给予了很大帮助，试点城市的选择最终采纳了他们的建议。一期研究的试点城市为上海、福州、深圳、成都和张家口，大连为候选试点城市，如果条件允许将在大连进行初步的调查和分析工作。二期研究的试点城市为福州、成都和张家口。

1.5　问卷调查分析

试点城市研究是为了取得当地与水价有关的机构设置、供水公司的财务、水价结构和水价水平、水价调整程序、节水和其他有关事项的详细资料。调研活动包括问卷调查和实地调研。

问卷调查是收集各地数据和资料的主要方法，对象主要是当地供水公司和有关的政府部门。

问卷调查的目的是为了收集如下资料：

- 供水的财务和运行数据；
- 未来的投资计划和主要资金来源；
- 与供水有关的机构职责以及各部门之间的关系；
- 现有水价计算方法和水价调整程序；
- 制定和审批水价时采用的社会、财务、环境和经济目标。

问卷调查的另一目的是在试点城市中正式启动研究工作。调查表通过问卷的形式，将项目的范围和

深度告知试点研究参与者。

1.5.1 问卷调查表的设计

问卷调查表设计的原则是便于理解，尽可能易于正确填表，以免得到错误和模棱两可的答复。这些原则如下：

- 按标题将问题类型分组；
- 避免出现各部分信息相互关联的复杂问题，尽可能以简单易懂的表格形式表示；
- 尽量采用选择题，避免可自由发挥的问答题；
- 使用简明扼要的语言，避免不必要的技术术语；
- 问题尽量具体化，以免出错。

1.5.2 调查表结构和内容

调查表分四部分，各部分的结构和内容如下：

1）简介部分——交表截止日期，交表地址，调查表说明，需要提供的文件，如公司年度财务报告、计划中的研究工作、法律法规以及水价调整申请；

2）第二部分——供水运行数据：供水和售水量、用户连接管、用户装表情况、系统供水能力、需水量增长、节水工作。

3）第三部分——财务数据：水价和相关收费、财务报告数据、预算数字、折旧方法、提留基金的使用、投资计划的执行情况。

4）第四部分——机构材料：背景统计数据、水价制定的目标、水价的承受能力、环境规划与管理、水价的制定与审批、工业数据库、地下水费用、成本控制激励机制、投资、用户对水价制定的反馈意见。

1.6 试点城市调研

为了配合水价改革，“供水价格研究”项目在1997～1999年期间对中国的6个试点城市—成都、福州、张家口、上海、深圳和大连的供水行业现状、水价制定方法和实施情况等进行了大量调研。2000年3月18日至9月27日，专家组对张家口、福州和成都进行了两轮的调研。第一轮调研包括两次实地考察，第二轮调研包括4次实地考察。每一轮的调研历时约两个半月。第一轮实地调研的目的主要是向试点城市介绍技援的研究内容，动员地方政府和相关机构以及供水公司实施《管理办法》，并收集有关数据和资料。第二轮实地调研主要是考察实施《管理办法》的情况。

第一轮实地调研从张家口开始，接着是福州和成都，在返回北京后又对张家口和福州进行了第二次考察。专家组在张家口为期两周的考察，为福州和成都的调研积累了丰富的经验，在福州和成都的开展情况与张家口基本相似。

专家组在张家口的实地调研，得到了地方领导及工作人员的支持与配合，反映了地方政府在整个调研活动中的参与程度。3月20日，张家口市正式召开启动大会，参加人员包括张家口市副市长、13个局委的领导、人大和其他团体有关人员、地方技援项目委员会和技援项目办公室成员等。张家口市政府机构和供水公司指派了工作人员配合专家组的工作。值得一提的是，在专家组向张家口市市政府和供水公司提供有关《管理办法》实施和水价改革的技术援助时，张家口市市政府及其有关部门给予了密切合作，不仅提供了丰富的资料和信息，还提出了有价值的意见和建议。地方的有力支持和合作成为推动技援项目以及水价改革顺利开展的重要因素。

3月21日，专家组召开了地方工作人员会议，参加人员包括物价局副局长、统计局副局长、社调队队长等。此外，张家口市政府还指派了会计师事务所的会计人员协助审核供水公司的账目及成本。

在福州和成都调研期间，很多地方官员投入了大量的时间和精力，提出了许多宝贵的建议。地方政府从一开始就有力保证了技援工作的顺利开展，为实施《管理办法》，促进水价改革奠定了坚实的基础。许多地方官员同专家组成员一起研究《管理办法》，交换意见，为起草地方实施细则作了大量的准备工作。专家组成员与地方工作人员建立了非常融洽的关系。

为推进《管理办法》的实施，专家组首先在启动会议、具体工作人员会议和其他会议上从各个方面宣传《管理办法》。说明了现行的地方水价体系与《管理办法》所要求的水价体系之间的差异，明确提出须消除这些差异，指出在消除差异时可能会遇到的困难及解决途径，说明如何减少水价体系在过渡时所带来的不利影响，准备水价申请报告及相关文件，制定水价结构，确定参数，建立了审批程序，鼓励并协助地方工作人员开展这方面的工作。起草地方供水价格管理办法实施细则，同时支持、促进地方政府批准和执行实施细则。

专家组参加了福州和张家口的水价听证会。张家口听证会是在市政府颁布《张家口市城市供水价格管理实施细则》(附录 2)后的第二天召开的。在听证会上，专家组应邀就《管理办法》的实施、可持续供水、成本补偿、节约用水、承受能力、用户权益、贫困户家庭的社会援助计划等问题发表了意见。

通过调研，我们认为地方政府的积极参与、认可和支持是实施《管理办法》的关键，张家口是实施《管理办法》的一个典型，为《管理办法》的实施提供了宝贵的经验。

在调研过程中，专家组作了一系列技术和财务方面的调查研究，对供水部门的情况有了进一步的了解，发现了一些新的变化，其中较明显的是，中国大部分城市的供水能力有了显著提高，供水能力不足的情况得到了缓解；利用水价调整来解决供水财务问题，是水价改革的一项成果，已得到了广泛认同，并成为一种机制；水价改革将供水的投资资金来源，由依靠政府税收收入转变为依靠用户的水费收入，这一变化体现了用户支付原则，促进了完全成本补偿和节约用水。在许多城市，水价的增加就意味着政府补贴的减少。但是由于近年来的大量工程投资，供水公司仍面临着一些财务问题，许多城市的政府和供水企业因近期的大量基建投资而处于负债状态，还有一些供水企业依然亏损。

造成供水公司财务状况不良的因素有很多。供水公司的水价调整往往是被动的，而不具有前瞻性，即当财务状况恶化时才进行水价调整，而不是试图去防止这一情况的发生。供水公司以外的政府部门没有独立、全面的财务预算，缺乏有效的成本监督。财务报告不能准确地反映供水公司的财务状况，例如营业外收支情况。总体成本的增长速度远远超过通货膨胀的增长速度。目前的成本控制仅仅局限于某些部分，对于供水公司可以通过水价来补偿的总成本费用水平尚无限制。成本控制乏力主要与供水公司的机构设置有关。

单靠调整水价并不能解决供水公司的财务问题。供水公司还远没有达到有效的成本控制。而要达到有效的成本控制，供水公司必须进行机构改革。《管理办法》在进行成本控制的方向上迈出了重要的一步。

1.7　研　讨　会

2001 年 1 月，国家计委和建设部在哈尔滨联合召开了为期 4 天的供水价格改革试点工作座谈会。来自建设部、国家计委、中国水协以及 11 个省，2 个直辖市，16 个城市的政府机构和供水公司的近 100 位代表参加了会议。

会议交流了试点城市水价改革的进展情况和经验，提出了工作中所遇到的问题，研究了进一步推动水价改革的思路和对策。专家组对亚行“供水价格研究二期”项目作了介绍，并对项目研究成果，特别是张家口的成功经验作了专题报告。会上国家计委要求各地应切实贯彻中央提出的节水精神，积极推行阶梯式水价，建立一个有利于竞争、节水、补偿成本和社会监督水价改革的机制。建设部指出，各地应严格贯彻《管理办法》，实现供水企业的完全成本补偿。同时高度评价了亚行“供水价格研究二期”项目在试点城市所取得的成果，特别是对张家口所取得的成功经验给予了充分肯定，要求其他城市参照张家口的经验，大力推进水价改革。

2001 年 4 月，国家计委和建设部在成都组织召开了城市供水价格改革座谈会，暨亚行技援项目“供水价格研究二期”研讨会。这次研讨会是中国供水历史上规模最大的一次研讨会，有来自全国 12 个省、自治区、直辖市，31 个城市的政府供水主管部门和物价部门，共 160 人参加。国家计委价格司和建设部城建司的领导在会上作了发言，技援项目咨询专家作了报告，并就水价改革中遇到的政策和技术上的问题一一作了解答。所有与会人员积极地对水价改革进行了讨论，建设部和国家计委将把各地的反馈意见纳入新的水价政策中。

国家计委和建设部的代表在研讨会上作了发言，要求各个城市积极改革供水管理体系和供水公司机构，加强水价改革，建立合理的水价体系，促进节约用水，切实贯彻《管理办法》和国务院的有关政策。特别要求各城市将重点放在如何贯彻《管理办法》上。这次研讨会的成果已向建设部和国家计委作了汇报。国家计委和建设部将通过颁布新的政策，加强对地方政府的支持来进一步推动水价改革。亚行咨询专家组向国家计委和建设部的领导就如何实施《管理办法》提供了很多有价值的建议，对有关政策的制定起到了重要的作用。

1.8 主要研究成果

亚行项目咨询专家组在回顾和评估《管理办法》到水价改革等一系列工作中，尤其是在协助试点城市实施《管理办法》方面投入了大量精力，为地方市政府和供水企业的水价改革提供了强有力的支持和帮助。以下是该项目所取得的具体成果：

1. 对《管理办法》作了回顾和评估，为《管理办法》的实施，提供了具体的建议和技术指导，使其更具操作性。

2. 协助成都、福州和张家口起草地方水价管理实施细则草案，这些草案已为当地政府所接受。张家口市于 2000 年 9 月 26 日颁布了《张家口市城市供水价格管理实施细则》(以下简称《张家口细则》)，它是以地方政府的规范性文件颁布实施的，对水价管理实施细则在全国的推广具有重要的意义。此后张家口进行了一系列的水价改革，包括简化调价审批程序、引入未来多年期财务管理理论，改进水价计算方法等。张家口在水价改革方面所取得的成果受到了包括朱镕基总理在内的国务院领导的充分肯定。国家计委印发文件号召各地城市要以张家口的成功经验为基础，进一步推动城市水价改革。

3. 将阶梯式水价纳入到《张家口市城市供水价格管理实施细则》之中，并预计在三年内实施到位，以促进节约用水，增强居民的承受能力。

4. 地方水价管理办法的制定为水价调整提供了法律依据。在新的管理办法指导下，有关部门在调价申请和审批过程中的职能得以明确，程序也更为精简。

5. 使用一个十年的财务模型，向供水公司及有关部门介绍和示范了财务管理的概念。该模型可根据供水公司的运行、维护和管理费用以及债务的资金需求来测算水价，预测公司在该水价下的盈利、亏损和现金流量状况，具有非常明确的价格目标。

6. 向张家口市提供了水价调整方案，已被市政府认可和接受，并于 2000 年 11 月正式实施。张家口市政府和张家口市供水总公司因修建新水源工程，负担着 1 亿元内外贷款，逾期未还。专家组据此为张家口市提供了一个 6 年期水价调整方案，制定了明确的水价调整目标。按照这一方案，张家口市将在 6 年内全部偿还水源工程贷款，完全补偿供水公司的运行、维护和管理成本，满足居民承受能力的要求，并确保供水公司的利润在《管理办法》规定的范围之内。

7. 帮助地方政府建立承受能力评估体系和标准。在此之前，各地尚无评价承受能力的方法和标准。

通过承受能力分析，减少了地方政府的顾虑，消除了水价调整方案审批时的一大障碍。

8. 帮助地方政府建立贫困家庭援助计划，以减少对水价调整的影响。这些计划将减轻经济困难居民的负担，帮助调价顺利进行。

9. 进行了成本控制研究，为供水企业的成本管理和机构改革提供了大量的建议。

10. 评估了供水和需水状况，在实际的用水需求预测基础上，重新评估了供水公司的基建计划和能力需求，使企业的投资成本减至最小，避免了不必要的水价调高。

11. 评估了现有的节水计划，加强了水价改革对节水的作用。

亚行技援项目所取得的成果已提交给国务院和有关部委，并推广到各省市。

2001 年 6 月，新华社记者对亚行项目专家组组长严伟博士进行了专访，发表了题为《严伟建议加大城市供水价格改革力度》的文章。这一文章引起了国务院副总理温家宝的高度重视，向各部委作出批示“张家口水价改革的经验和问题需要总结和研究”。

国家计委会同建设部、水利部就此组成调查组，对张家口水价改革情况进行了实地考察，并于 2001 年 7 月写成了“国家计委关于张家口市水价改革情况的调查报告”。这一报告充分肯定了张家口在水价改革中所取得的成绩，认为张家口水价改革的方法和经验，对国家计委和建设部制定新的水价政策具有重要的参考价值。

朱镕基总理在审阅国家计委的报告后批示：“计委可将此材料印发各大中城市参考”。为此，国家计委向各省、自治区、直辖市、计划单列市和省会城市下发了《印发(国家计委关于张家口市水价改革情况的调查报告)的通知》。这一通知要求各级政府应加强水价改革力度，通过建立合理的水价机制，促进节约用水和水污染防治。

此外，报纸、电台等众多媒体也对有关水价改革的内容和亚行技援项目成果作了宣传和报道。中央电视台曾赴张家口对水价改革内容进行实地采访，通过随机采访发现大众对水价改革是支持的，水价调整对他们的影响很小。

2 中国城市水价状况

2.1 概　　述

本章是对全国城市供水状况的回顾，内容涉及法律法规、水价调整机构、财务状况、水价、私有投资等方面。

改革开放使中国成为世界上经济增长速度最快的国家之一，以不变价格计算，从1980年至1996年，中国国内生产总值增加了近5倍，国内生产总值年平均增长率超过10%(表2.1)。在这一期间，包括公用事业投资在内的基本建设投资占国内生产总值的1/3以上，而政府支出却相对较低，其在国内生产总值中所占的比重逐年有所下降。

国内生产总值及其组成　　**表2.1**

	1980	1985	1990	1996
国内生产总值(按现价)(10亿元)	451.8	896.4	1854.8	6859.4
国内生产总值指数(按可比价)(1980=100)	100.0	166.3	242.8	469.1
国内生产总值年平均增长率(按不变价格)(与前一年度相比)(%)*	—	10.7	7.9	11.6
国内生产总值支出组成				
基本建设投资(%)	35.2	37.8	34.7	39.2
家庭最终消费(%)*	51.3	51.2	49.2	47.5
政府支出(%)*	14.5	13.2	12.1	11.1

资料来源：中国统计年鉴，1997；*按上报资料估算。

从1980年至1996年，中国人口的年平均增长率为1.4‰。而城市人口年增长率则达到4.0%。同一期间，中国城市总数从223个增加到666个(表2.2)，城市数量快速增长反映了城市化水平的增长。人口的增长主要是由于大量人口从农村移居城市造成的，而所有这些人的用水问题都要由供水公司来解决。由于每户家庭的规模变小，城市中的家庭数量以5.8%的速率增长。

人口及家庭　　**表2.2**

	1980	1985	1990	1996
人口总数(百万)	987.1	1058.5	1143.3	1223.9
城市人口(百万)	191.4	250.9	301.9	359.5
城市人口占总人口比例(%)*	19.4	23.7	26.4	29.4
城市家庭总数(百万)*	45.6	64.3	86.3	112.3
城市家庭平均人数	4.2	3.9	3.5	3.2
中国城市总数	223	—	476	666

资料来源：中国统计年鉴，1997；*按上报资料估算。

由于城市经济和人口的增长，因此供水和其他公用事业也必须迅速增长。公用事业的增长基本上能够满足人口增长的需求。从1980年或1985年至1996年，除供水事业以外的其他公用设施已经增长了两倍多(表2.3)。但是供水的增长是个例外，因为它在1980年就已维持在较高的水平。公用设施的迅速增长使中国自改革开放以来的经济腾飞成为可能。

城市公用事业的发展　　表 2.3

	1980	1985	1990	1996
供水普及率(城市人口的百分比)	81.4	81.0	89.2	94.9
自来水供应量(L/(人·d))*	126	140	347	388
道路(km/万人)	—	3.3	6.4	7.0
公共交通(辆/万人)	—	3.9	4.8	7.3
煤气与液化气普及率(城市人口的百分比)	16.8	22.4	42.2	73.2
煤气与天然气供应量(m^3/(人·年))*	13.3	16.4	79.1	55.2
燃气管道(km/万人)*	—	0.9	1.1	2.0
污水管道(km/万人)	—	2.7	3.9	6.0
公共绿地(m^2/人)	9.6	13.7	32.2	35.2

资料来源：中国统计年鉴，1997；*按上报资料估算。

经济改革及其所带来的经济增长以各种方式对自来水公司产生影响。经济增长促使工业和家庭用水需求增加，这是许多自来水公司供水短缺现象的最重要的决定因素。由于经济改革要求国有企业自负盈亏，从而结束了企业对政府补贴的依赖，使得许多自来水公司出现了财政危机。

改革开放为自来水公司的可持续发展提供了机遇。自来水公司能够成为合资企业，能够拥有子公司，能够寻求私人投资者提供技术和财政支持来从事基本建设项目的开发。同时水价的改革更有利于提高自来水公司的供水能力。

2.2 供 水 情 况

2.2.1 水资源

中国的淡水资源总量约为 2.8 万亿 m^3，仅占全世界的 6%，而人口却占全世界的 25%，人均拥有淡水量为 2550m^3，仅为世界平均水平的 1/4，位于世界第 88 位。中国水资源的分布在时间和地域上很不均衡。从季节上看，北方 70%～80%的降雨分布在 7 月至 9 月，重工业集中的北方地区可利用的水资源相对较少(表 2.4)。城市供水中有 50%的水源来自地表水，41%来自地下水，9%来自其他水源。

中国水资源分布　　表 2.4

	北部(%)	东北部(%)	东部(%)	西南部(%)	中南部(%)	西北部(%)
人口	21.1	9.5	22.5	6.6	19.9	20.3
国内生产总值	12.6	11.5	35.4	9.7	25.5	5.2
耕地面积	16.7	17.1	22.5	20.2	11.6	12.9
水资源	3.4	5.6	17.7	25.6	39.6	8.1

2.2.2 城市供水行业

中国城镇供水协会提供的数据表明，中国的 578 个城市中，共有 1463 个自来水厂负责城市供水(表 2.5)。这些水厂的日供水能力总共为 1 亿 m^3，可满足日平均用水需求，即可为占水厂总服务区域内 94%总人口的 1.7 亿人提供服务。整个供水行业的职工有 27.48 万人，每个水厂平均有 180 人。就全国范围来看，城市人口中有 94%是由供水行业供水的。

表 2.6 中列出了中国 31 个大城市中供水服务的基本特征，这些城市的自来水厂仅占全国城市水厂总数的 5%，却为占全国水厂服务人数 41%的人口供水，其产水量占全国水厂的 40%，职工人数占

34%。总的来说，在这 31 个城市中，供水服务区的人口密度略高于全国平均水平。

1996 年全国供水公司概况 **表 2.5**

地　区	水厂总数	产水量** ($10^3m^3/d$)	服务人口** (10^3 人)	由水厂供水的城市人口*(%)	水厂职工总数**(人)
全　国	1463	106128	174525	94	274764
北　京	13	2456	5486	100	5234
天　津	7	1752	4808	—	4918
河　北	52	4119	7554	84	12397
山　西	44	1643	4756	90	6681
内蒙古	36	894	2932	61	7280
辽　宁	112	8130	14095	85	30826
吉　林	54	1944	5032	—	12964
黑龙江	86	2067	5976	95	11525
上　海	10	5968	8280	—	8505
江　苏	94	8309	11843	87	15441
浙　江	71	5119	8073	100	8727
安　徽	49	3473	5536	88	7831
福　建	50	3506	4003	95	6800
江　西	46	2117	3950	93	6202
山　东	97	6070	11648	97	21428
河　南	89	4391	8291	84	16521
湖　北	86	7562	10239	81	18041
湖　南	31	5521	5696	95	10198
广　东	122	15964	16746	99	19952
广　西	43	2707	3743	88	6134
海　南	22	748	960	96	3270
四　川	77	5233	9662	90	13339
贵　州	29	792	2206	86	2610
云　南	31	1162	2829	81	2811
陕　西	25	1731	3970	82	5992
甘　肃	22	1362	2169	90	3973
青　海	16	310	713	66	1000
宁　夏	8	224	622	95	1296
新　疆	41	781	2505	89	2562

数据来源：*中国城镇供水协会，1997；**建设部，1997。

1996 年大城市的供水公司概况 **表 2.6**

城　市	供水能力 ($10^3m^3/d$)	服务人口 (10^3 人)	供水普及率 (%)	水厂职工总数 (人)
上　海	5698	8213		10429
北　京	2456	5298	100.0	5291
天　津	1722	4616		4607
广　州	3560	3610	98.6	4485
沈　阳	1884	3291	100.0	7235

续表

城　　市	供水能力（$10^3m^3/d$）	服务人口（10^3 人）	供水普及率（%）	水厂职工总数（人）
武　汉	2976	3284	100.0	5319
南　京	1720	2351	87.3	2826
哈尔滨	870	2250	84.0	2865
大　连	1017	2110	100.0	4262
西　安	568	2057	98.5	2625
重　庆	1035	1885	92.5	2712
长　春	831	1794		3185
济　南	890	1682	100.0	2820
成　都	1035	1672	98.0	1770
深　圳	1622	1510	100.0	1237
太　原	463	1505	96.0	1684
青　岛	501	1466	100.0	2882
兰　州	1180	1413	99.3	2628
南　昌	830	1391	100.0	1472
杭　州	900	1380	100.0	1815
长　沙	1040	1350	100.0	1350
郑　州	720	1270	100.0	1937
抚　顺	1107	1240	97.7	2379
鞍　山	1003	1234	98.7	2883
厦　门	475	1206	99.0	1360
石家庄	935	1190	100.0	2178
昆　明	533	1166	90.8	1403
无　锡	1025	1100	100.0	878
乌鲁木齐	300	1080	90.0	736
合　肥	750	1071	99.6	917
贵　阳	470	1060	96.3	924
合　计	40133	65746	—	89094
平　均	1295	2121	97.4	2874
最　大	5698	8213	100.0	10429
最　小	300	1060	84.0	736

数据来源：中国城镇供水协会。

2.2.3 产水量与售水量

表 2.7 中列出了全国和部分地区自来水公司的产水量，统计数据表明有 11%的未计量水损失，其余大体可分为家庭用水和非家庭用水。表 2.8 中全国的人均售水量为每人 364L/d。假设平均每户家庭的人口数为 3.2 人，就可以从家庭用水的数据，推算出每户家庭每月的用水量变化范围为 $7.6m^3$ 到 $29.5m^3$，平均为 $18.8m^3$，这是较为保守的估计，它是在各地区平均值的基础上估计出来的，而不是以个别城市的情况作基础得到的。

表 2.9 至表 2.10 列出了 1996 年中国大城市的产水量及供水情况。在表 2.9 中列出的平均日供水量和最大日供水量的数值是与表 2.10 中的生产能力相互对应的。结果表明，在 31 个城市中，有 16 个城

市的供水能力已经到了极限，另有4个城市的供水能力恰好等于甚至超过平均日产水量。

城市用水量需求并未呈现出明显的季节性。一般表示用水量变化的最常见指标是日变化系数，即最大日供水量与平均日供水量的比值。在大城市中，这个比值从1.01～1.37不等，平均为1.18。

大城市的未计量水损失程度与产水总量的损失情况极为类似（表2.11）。家庭售水量所占的比值平均为51.5%，而大城市还略为偏高。实际售水的情况也是如此，其售水总量和家庭售水平均值分别为424L/人·d和215L/人·d。较高的家庭用水反映了大城市中拥有完善卫生设施的新型住宅的发展，一般，使用公共卫生设施的旧式住宅的用水比设施完善的单元住宅约少60%。

1996年全国各省市产水量 **表2.7**

地区	年总产水量（10^3m^3）	平均日产水量（10^3m^3）	产水量分配（%）		
			家庭用水	非家庭用水	水损失*
全国	26110980	71537	49.9	38.8	11.3
北京	694450	1911	66.4	18.31	15.4
天津	569560	1560	39.3	47.3	13.4
河北	902200	2472	48.0	36.2	15.8
山西	408410	1119	43.1	5.09	6.0
内蒙古	249700	684	59.5	35.4	5.2
辽宁	1857220	5088	49.1	36.5	14.3
吉林	530510	1453	55.2	28.0	16.8
黑龙江	555580	1522	50.7	34.8	14.5
上海	1764240	4834	47.9	26.5	28.7
江苏	2063670	5654	49.3	41.3	9.3
浙江	1241030	3400	46.1	38.8	15.1
安徽	799810	2191	51.8	44.3	4.0
福建	818820	2243	41.2	46.9	11.8
江西	673460	1845	48.8	36.1	15.1
山东	126518	3468	45.2	46.9	7.9
河南	1152650	3158	48.9	44.1	7.0
湖北	1821390	4990	50.9	44.5	4.5
湖南	1395210	3822	43.1	43.5	13.4
广东	3495690	9577	54.2	38.7	7.1
广西	706660	1936	56.9	32.3	10.8
海南	163310	447	61.4	9.1	29.5
四川	1156370	3168	52.7	32.9	14.4
贵州	238550	654	54.3	43.1	2.7
云南	320570	878	50.8	48.7	0.5
陕西	462940	1268	61.6	29.8	8.6
甘肃	383100	1050	26.8	72.3	1.0
青海	108370	297	42.5	44.5	13.0
宁夏	73980	203	51	20.2	28.8
新疆	222140	609	66.5	28.0	5.4

资料来源：建设部，1997；*此值由产水量、家庭用水和非家庭用水量算出。

1996年各省市售水情况 表2.8

地区	年售水总量 (10^3m^3)	家庭售水总量 (10^3m^3)	人均售水总量 (L/d)	人均家庭售水总量 (L/d)
全国	23160260	10120280	364	205
北京	590310	127320	295	231
天津	493060	269320	281	121
河北	759720	326600	276	157
山西	383390	208050	221	101
内蒙古	236810	88360	221	139
辽宁	1590960	67850	309	177
吉林	441330	148330	240	160
黑龙江	475080	193370	218	129
上海	1311000	466700	434	279
江苏	187820	852590	433	236
浙江	1253730	481770	338	194
安徽	768040	354010	380	205
福建	721790	384270	494	231
江西	571810	243140	397	228
山东	1166280	594080	274	135
河南	1072290	508670	354	186
湖北	1738680	811260	465	248
湖南	1208270	606290	581	290
广东	3248240	1353340	531	310
广西	630020	228020	561	294
海南	115060	14780	328	286
四川	989570	380380	281	173
贵州	232210	102710	288	161
云南	319110	156110	309	158
陕西	423260	137950	292	197
甘肃	379320	276790	479	130
青海	94300	48230	362	177
宁夏	52640	14930	232	166
新疆	210040	62250	230	162

资料来源：建设部，1997。

1996年大城市产水量 表2.9

城市	总产水能力 ($10^3m^3/d$)	地下水总生产能力 ($10^3m^3/d$)	年总生产量 10^3m^3	平均日供水量 ($10^3m^3/d$)	最大日供水量 ($10^3m^3/d$)
上海	5698	—	1764241	4820	6020
北京	2456	1075	707371	1933	2387
天津	1722	22	558480	1526	1722
广州	3560	—	1232780	3368	3752
沈阳	1884	1484	564005	1541	1643
武汉	2976	—	877154	2397	2803

续表

城　市	总产水能力 ($10^3m^3/d$)	地下水总生产能力 ($10^3m^3/d$)	年总生产量 10^3m^3	平均日供水量 ($10^3m^3/d$)	最大日供水量 ($10^3m^3/d$)
南　京	1720	—	465998	1272	1430
哈尔滨	870	70	248150	680	870
大　连	1017	224	294570	805	876
西　安	568	508	293600	804	988
重　庆	1035	—	284640	780	985
长　春	831	17	246717	674	783
济　南	890	640	232636	637	705
成　都	1053	15	339120	929	1104
深　圳	1622	—	329890	901	1131
太　原	463	463	155953	426	503
青　岛	501	412	161870	442	523
兰　州	1180	200	360517	985	1139
南　昌	830	—	304090	833	975
杭　州	900	—	317163	867	1055
长　沙	1040	—	306300	839	1153
郑　州	720	40	261070	713	796
抚　顺	1107	13	208030	568	692
鞍　山	1003	765	145240	397	423
厦　门	475	—	154690	424	519
石家庄	935	635	198080	541	639
昆　明	533	—	194490	532	615
无　锡	1025	21	250204	686	864
乌鲁木齐	300	110	117360	320	360
合　肥	750	—	176944	484	556
贵　阳	470	100	160100	440	487
合　计	40133	6813	11911452	32565	38495
平　均	1295	220	384240	1050	1242
最　大	5698	1484	1764241	4820	6020
最　小	300	0	117360	320	360

数据来源：中国城镇供水协会。

1996年各大城市产水量特点　　**表2.10**

城　市	总产水能力 ($10^3m^3/d$)	最大日与平均日供水量之比	最大日供水量与产水能力之比	平均日供水量与产水能力之比
上　海	5698	1.25	1.06	0.85
北　京	2456	1.23	0.97	0.79
天　津	1722	1.13	1.00	0.89
广　州	3560	1.11	1.05	0.95
沈　阳	1884	1.07	0.87	0.82
武　汉	2976	1.17	0.94	0.81
南　京	1720	1.12	0.83	0.74

续表

城　　市	总产水能力 ($10^3m^3/d$)	最大日与平均日供水量之比	最大日供水量与产水能力之比	平均日供水量与产水能力之比
哈尔滨	870	1.28	1.00	0.78
大　连	1017	1.09	0.86	0.79
西　安	568	1.23	1.74	1.42
重　庆	1035	1.26	0.95	0.75
长　春	831	1.16	0.94	0.81
济　南	890	1.11	0.79	0.72
成　都	1053	1.19	1.05	0.88
深　圳	1622	1.26	0.70	0.56
太　原	463	1.18	1.09	0.92
青　岛	501	1.18	1.04	0.88
兰　州	1180	1.16	0.97	0.83
南　昌	830	1.17	1.17	1.00
杭　州	900	1.22	1.17	0.96
长　沙	1040	1.37	1.11	0.81
郑　州	720	1.12	1.10	0.99
抚　顺	1107	1.22	0.63	0.51
鞍　山	1003	1.07	0.42	0.40
厦　门	475	1.22	1.09	0.89
石家庄	935	1.18	0.68	0.58
昆　明	533	1.16	1.15	1.00
无　锡	1025	1.26	0.84	0.67
乌鲁木齐	300	1.13	1.20	1.07
合　肥	750	1.15	0.74	0.64
贵　阳	470	1.11	1.04	0.94
平　均	1295	1.18	0.97	0.83
最　大	5698	1.37	1.74	1.42
最　小	300	1.07	0.42	0.40

数据来源：中国城镇供水协会。

1996 年各大城市的售水量特性　　　　**表 2.11**

城　　市	年售水总量 (10^3m^3)	售水量分配(%)			每人售水量	
		家庭用水	非家庭用水	未计量水	售水总量(L/d)	家庭(L/d)
上　海	1505194	28.0	64.1	7.9	502	141
北　京	640082	57.8	32.7	9.5	331	211
天　津	483129	55.0	31.6	13.4	287	158
广　州	1092200	68.0	24.0	8.0	829	564
沈　阳	499758	72.0	16.1	11.4	416	299
武　汉	746586	51.5	33.6	14.9	623	321
南　京	386809	63.9	19.5	16.6	451	288
哈尔滨	214330	60.0	26.4	13.6	261	157

续表

城市	年售水总量(10^3m^3)	售水量分配(%)			每人售水量	
		家庭用水	非家庭用水	未计量水	售水总量(L/d)	家庭(L/d)
大连	229590	55.7	34.7	9.7	298	166
西安	270401	44.4	47.7	7.9	360	160
重庆	226300	51.1	40.6	8.0	329	169
长春	204860	71.7	11.3	17.0	313	224
济南	209716	46.3	46.5	7.3	342	158
成都	280610	32.8	59.3	8.0	460	151
深圳	300780	44.3	47.3	8.4	546	242
太原	147094	50.5	43.8	5.7	268	135
青岛	147800	46.8	44.5	8.7	276	129
兰州	338707	22.3	68.7	9.0	657	146
南昌	261234	53.6	32.0	14.1	515	278
杭州	272158	66.6	19.2	14.2	540	360
长沙	280030	52.8	34.3	12.9	568	300
郑州	242460	34.1	59.1	6.8	523	178
抚顺	201480	28.6	68.3	3.1	445	128
鞍山	124380	56.4	32.2	11.4	276	156
厦门	130220	54.4	36.6	9.0	296	161
石家庄	176138	71.2	20.8	8.0	406	289
昆明	176310	41.9	48.6	9.5	414	174
无锡	230265	44.1	48.0	8.0	574	253
乌鲁木齐	117360	65.2	34.8	0.0	298	194
合肥	163192	48.6	43.8	7.6	417	203
贵阳	120370	51.5	34.7	13.8	311	160
合计	10419543	—	—	—	—	—
平均	336114	51.5	38.7	9.8	424	215
最大	1505194	72.0	68.7	17.0	829	564
最小	117360	22.3	11.3	0.0	261	127
最小	117360	22.3	11.3	0.0	261	127

数据来源：中国城镇供水协会。

2.2.4 需水量

随着城市化进程明显加快，居民生活水平显著提高，中国城市供水稳步增长。从中国城镇供水协会1999年《城市供水统计年鉴》可以看出，1998年全国总产水量和售水量分别为268亿m^3和227.5亿m^3。产水量和售水量之差即为未计量水其值等于总产水量的15%。工业、生活和其他售水量分别占总售水量的35.5%、55.3%和9.2%。

图2.1为1990年至1998年的日平均产水量。从图中可以看出，1992年至1994年供水量增长迅速，而同期中国的经济增长率也很高。从1997年开始，产水量的增长速度开始减慢，甚至有所下降。工业用水量的下降可能是造成这一变化的主要原因。售水量的变化情况与产水量的变化情况相似。

工业用水量于1994年达到高峰之后开始下降。纵观1990～1998年，工业用水量在这期间仅增长了

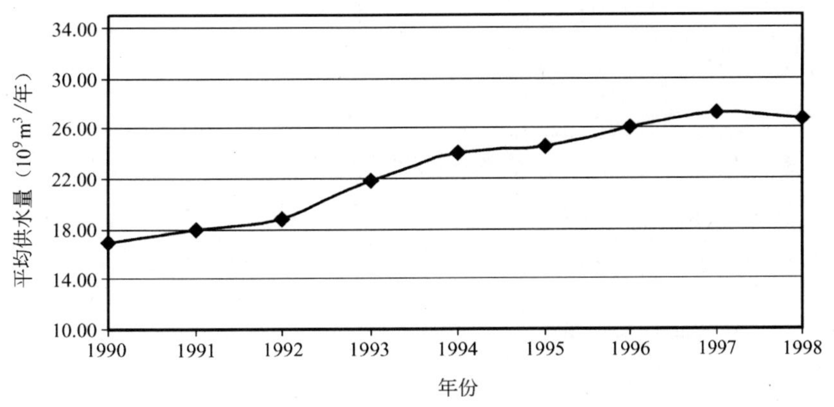

图 2.1　全国城市产水量曲线图

4.26 %(表 2.12)，这主要是工业节水和产业结构调整的结果。由此可见，工业用水量与工业产量并无必然的联系，以工业产量或产值来估计工业用水量并不是很合适。

全 国 供 水 数 据　　　　**表 2.12**

	1990	1998	增长率(%)
总产水量(10^9m^3/年)	17.00	26.80	57.65
总售水量(10^9m^3/年)	15.94	22.75	42.72
工业(10^9m^3/年)	7.75	8.08	4.26
生活(10^9m^3/年)	7.51	12.75	67.38
其他(10^9m^3/年)	0.68	2.1	208.82
服务人口(10^6人)	122	172	40.98
人均综合用水量(L/d)	358	362	1.12
人均生活用水量(L/d)	169	200	18.34
31 个大城市的人均生活用水量(L/d)	173	223	28.90

资料来源：中国城镇供水协会，《城市供水统计年鉴》(1990～1998)。

自 1990 年至 1998 年的 9 年中，生活用水量增长了 67.38%，而其他售水量的增长则超过了 208.82%。总产水量的增长率为 57.65%，大大高于总售水量增长率 42.72%，说明产销差明显增大。

近年来大量农村人口进入城市，导致城市人口很快增加，城市范围不断扩大，同时也使供水公司的服务人口急剧增加。虽然服务人口的增长率低于总售水量的增长率，但是人均用水量仍在不断增加。从表 2.12 可以看出，1998 年全国人均综合用水量为 362L/d，人均生活用水量为 200L/d。全国包括地级市和省会城市在内的 31 个大城市其人均生活用水量增长十分迅速，高于全国平均水平，这主要是受大城市住房发展的影响。因为在很多老式住房中，厨房、浴室和厕所都是公用的，而在新的住房中，各家都有自己单独的厨房、浴室和卫生间。

人均生活用水量和其他用水量的增长在一定程度上弥补了工业用水量的下降，但是人均生活用水量和其他用水量的增长率会随着城市化进程的放慢和经济增长的趋缓而有所下降。总体看来，需水量的增长不会再像 20 世纪 90 年代初那样呈快速增长的趋势。

2.2.5　供水能力

从 1990 到 1998 年是中国供水能力增长最快的一段时间，特别是在一些大城市。图 2.2 为 1990 年至 1998 年产水量与供水能力对比图。在这段期间，最大日产水量每年平均增加 283 万 m^3/d，供水能力年均增加 590 万 m^3。1998 年供水能力 11180 万 m^3/d 与年均产水量 7343 万 m^3/d 之比为 1.52，即供水能力是平均日产水量的 1.52 倍。

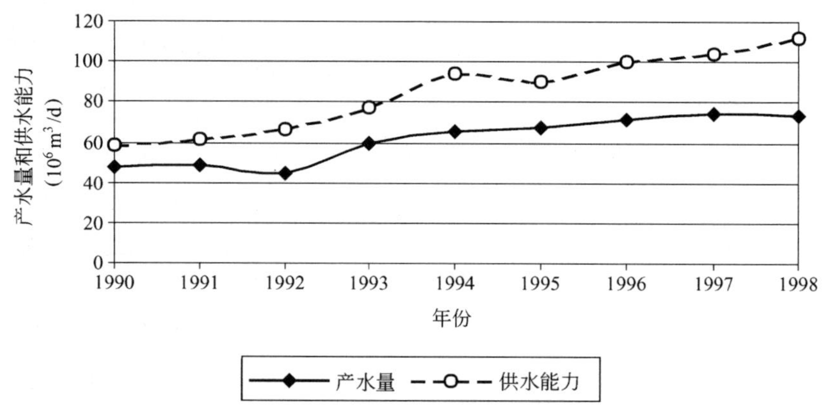

图 2.2　全国产水量和供水能力

供水能力满足供水需求的程度，可以通过供需比即供水能力和最大日需水量之比来加以分析。比值为 1 表明供水能力与需水量是相等的。1998 年全国 103 个大中城市中，有 91 个城市，即 88.3%的城市，供需比等于或大于 1，有 33%的城市供需比大于 1.5，说明这些城市的供水能力大大超前。因此，绝大多数大中城市的供水量都能满足目前和近期的需要，详见表 2.13。

城市的供水能力与最大日需水量之比　　**表 2.13**

供需比	<1	≥1	≥1.5	≥2	≥2.5	≥3	≥3.5
城市数	12	91	34	11	5	2	1
(%)	11.7%	88.3%	33%	10.7%	4.85%	1.96%	0.97%

资料来源：《城市供水统计年鉴》(1990～1999)。

由此看出，以往城市供水能力不足的情况正趋向缓和。近年来，全国大多数城市的供水能力都能满足用水需求。

随着水厂净水能力的发展，供需之间的关系不断在发生变化。加强配水管网的建设，改善水资源状况变得日趋重要。很多城市都面临着配水管网老化的问题，这一问题不仅造成了管网漏失水量，而且使得许多城市的管网不能与水厂设施相配套。

2.2.6　节约用水

中国的城市已经普遍制定了节水计划，并由地方政府直属的节水办公室或节水与水资源综合管理办公室负责实施。节水计划包括下列措施：(1)通过广泛宣传提高人们的节水意识，改进节水措施；(2)制定地下水使用法规；(3)建立工业用水配额并对超额部分实施超额收费；(4)对企业的节水措施给予奖励和低息贷款；(5)对节水措施的规划提供技术支持；(6)努力降低水厂的自用水。

从全国来看，20 世纪 80 年代初开始的节水努力已经降低了用水需求 220 亿 m^3，工业用水重复利用率从 20%增至 60%，工业万元产值耗水量从 1989 年的 270m^3 降低至 1995 年的 140m^3。

以北京市为例，节水计划是城市规划的重点。为促进节水，北京市政府从 1981 年起已经发布了 13 项法律、法规。节水计划由北京市节水办管理，经过努力已经降低了用水需求的增长率，并使地下水开采量降低了 11%，工业用水重复利用率从 20 世纪 80 年代初的 45%上升至现在的 80%，北京市自来水公司节约了相当于两年的自来水产量。北京市节水计划的最成功的一个例子是在 20 世纪 80 年代促进了工业节水。在 1980 年至 1990 年间，以不变价格计算的工业产值增加了 105%，然而工业用水却下降了 40%。

节水计划通常引起工业成本增加。例如，大同市的循环冷却水的成本从 0.15 元/m^3 提高至 0.25 元/m^3。沈阳市工业节水项目包括水厂内部节水计划在内的单位成本是 0.11 元/m^3。总的来说，用于节水的单位成本远远低于水处理的成本。尽管我们在对试点城市的实地考察中已获得足够的数据能证明以上的观点，但是节水办推广的节水技术的成本效率仍然不是很高。

2.2.7 抄表和向用户收费

自来水公司负责用户的查表、结账和收费。实际上，多数的城市用户都装有水表并以此为依据交纳水费。给水管网通过单元楼的用户连接管为楼内住户供水。自来水公司可以负责抄每户的水表或只抄整栋楼的总水表，这要看水表安装的具体情况而定。如果自来水公司只抄总水表，那么每户的水表由住户自己来读，并将账单上的总水费分摊到各户。

对用户水表的维护和校准按常规执行，例如在北京，水表的校准周期为：15mm 至 25mm 口径水表，6 年一次；40mm 至 50mm 水表，4 年一次；80mm 至 200mm 水表，2 年一次；每月流量超过 3000m^3 的，一年一次。对张家口的试点研究分析显示，该城市对水表的校准与维护的认真程度与北京相似。由此看来，由于用户水表未校准所造成的用水损失，不是导致自来水公司存在未计量水的主要原因。

抄表员由服务区内的下属办公室指派，通常每月抄一次表，有时为确保无误每月要读两次表。读表结果被送到当地自来水公司办公室，然后开账单并通过邮件或人工送递的方式到用户手中，用户将会在规定的时间内到邮局或银行付账。

除了自来水水费，水费账单上通常还包括其他的费用，如水资源费，建设费及排污费等。

2.2.8 家庭用户的支付能力

2.2.8.1 家庭收入与支出

经济改革对中国人民的日常生活影响深远。1980 年以来，物价上涨了 300%～400%(表 2.14)。然而，居民收入水平的提高足以抵消物价上涨(表 2.15)。城市生活条件不断改善，由表 2.16 就可证明这一点。

价 格 水 平 **表 2.14**

	1980	1985	1990	1996	年增长
总体消费价格指数(1985=100)	—	100	165.2	327.9	11.4%
城市地区消费价格指数(1980=100)	100	122.6	202.7	426.9	9.5%
总体零售物价指数(1980=100)	100	115.7	187.6	341.3	8.0%
农产品收购价格指数(1980=100)	100	127.5	209.4	420.6	9.4%
总体企业价格指数(1980=100*)	100	110.1	175.1	347.9	8.1%
电力工业价格指数(1980=100*)	100	112.0	136.8	408.5	9.2%

数据来源：《中国统计年鉴》1997；*由报表中数据估计。

城市家庭收入与支出 **表 2.15**

	1980	1985	1990	1996	年增长
人均可支配收入(元/年)	433	685	1387	4377	15.4%
家庭平均支配收入(元/年)*	1844	2672	4855	14006	13.5%
人均消费支出(元/年)	—	673	1279	3919	17.3%
家庭平均消费支出(元/年)	—	2618	4477	12540	15.3%
城市家庭存款(10 亿元)	28	106	519	3085	34.2%
平均每户城市家庭存款(元)	620	1650	6000	27500	26.7%

数据来源：《中国统计年鉴》(1997)，*根据报表估计值。

城市居民耐用品消费

表 2.16

	1980	1985	1990	1996	年增长
人均住房面积(m^2)	3.9	5.2	6.7	8.5	5.0%
平均每户住房面积*(m^2)	16.4	20.3	23.5	27.2	3.20%
每100户拥有量					
彩电(台)	—	17.2	59.0	93.5	16.6%
洗衣机(台)	—	48.3	78.4	90.1	5.6%
电冰箱(台)	—	42.3	66.2	69.7	4.6%

资料来源:《中国统计年鉴》(1997),*据报表得出的估计值。

将家庭财务数据按收入进行分类,如表 2.17,会清楚的看到经济困难的低收入家庭仅在食品一项就占其收入的 50%。从就业统计数据上也能看出这一点(表 2.18)。过去的物价上涨使低收入家庭更加困难。在水价改革中,社会的这一群体必须予以考虑。

城市收入分布(1996)

表 2.17

	低收入……高收入							
	平均	1	2	2	3	4	9	10
家庭人数	3.20	3.57	3.46	3.32	3.2	3.1	2.96	2.81
每户收入与支出(元)								
总计年收入*	15503	8700	10890	12550	14660	17360	20210	25990
可支配收入*	14007	7700	9720	11280	13270	15730	18320	23700
总计年支出*	12542	8310	9620	10804	12210	13890	15400	18230
基本支出占总收入的比例								
食品*	39%	55%	50%	46%	42%	38%	34%	28%
衣物*	11%	10%	10%	11%	12%	11%	11%	10%
住房*	6%	8%	7%	7%	6%	6%	6%	5%

数据来源:《中国统计年鉴》(1997) *据报表得出的估计值

就业状况

表 2.18

	1980	1985	1990	1996
总就业人口(10^6)	423.6	498.7	639.1	688.5
城市就业人口(10^6)	105.2	128.1	166.2	198.2
城市失业人口(10^6)	54	3.8	5.2	5.5
城市失业率	—	1.8%	2.5%	3.0%

资料来源:《中国统计年鉴》(1997)。

2.2.8.2 承受能力分析

家庭用户承受能力通常是按家庭水费支出占家庭收入或支出的比率来评价的。亚行对 1994~1995 年度中国 43 个城市承受能力研究中,评估了家庭对水费的支出比率。研究表明,在 43 个城市中,有 35 个城市的典型家庭在水费上支出少于家庭总支出的 1%,未发现有超过 2% 的家庭,这一比率低于亚洲其他任何城市,研究得出的结论是中国家庭能够承受供水费用。

在 1996 年的中国水协会议上,作了一次承受能力分析,得到以下家庭承受能力的比率:上海 0.5%,广州 2.5%,南昌 1.0%,合肥 1.5%,贵阳 2.9%,大连 0.2%,青岛 0.6%,厦门 0.8%,昆明 1.0%,部分城市的结果高于亚行的比率。上面的研究未对低收入家庭的影响进行评估,也没有给出家庭愿意支付水费的证明。

专家组作了一项类似于亚行的分析研究，就水价调整对低收入家庭的影响问题进行了分析。表2.19为全国不同地区的居民家庭收入、水价和用水量的数据。

承受能力分析所用数据 **表 2.19**

地　区	家庭收入(元/月)		家庭用水水价*(元/m³)		家庭用水*(L/(d·人))	
	平均家庭	贫困家庭	平　均	最　大	平均家庭	贫困家庭
全　国	1290	814	0.57	3.00	196	164
北　京	1955	1233	0.50	0.50	211	177
天　津	1591	1003	0.65	0.65	158	133
河　北	1185	747	0.40	0.80	167	140
山　西	987	623	0.78	1.10	179	150
内　蒙	915	577	0.59	2.00	121	102
辽　宁	1122	707	0.74	1.20	178	149
吉　林	1015	640	0.78	2.25	134	112
黑龙江	1005	634	0.83	3.00	176	148
上　海	2181	1375	0.48	0.48	141	118
江　苏	1383	872	0.58	0.75	241	202
浙　江	1855	1170	0.62	1.65	241	202
安　徽	1203	759	0.50	0.80	179	150
福　建	1379	870	0.64	1.10	307	258
江　西	1008	636	0.41	0.60	209	175
山　东	1304	822	0.67	1.10	139	117
河　南	1001	631	0.53	1.10	145	122
湖　北	1164	734	0.44	0.82	249	209
湖　南	1347	849	0.40	0.50	248	208
广　东	2175	372	0.71	1.20	291	244
广　西	1342	846	0.48	1.10	268	225
海　南	1314	828	0.79	1.20	288	242
四　川	1195	754	0.66	0.93	143	120
贵　州	1126	710	0.37	0.80	121	102
云　南	1327	837	0.58	0.83	166	139
陕　西	1016	641	0.41	0.70	131	110
甘　肃	894	564	0.32	0.80	146	122
青　海	1022	645	0.68	1.20	223	187
宁　夏	993	607	0.33	0.50	120	101
新　疆	1240	782	0.68	1.75	162	136
平均值	1299	819	0.57	1.08	189	159
最大值	2181	1375	0.83	3.00	307	258
最小值	894	564	0.32	0.48	120	101

资料来源：《中国统计年鉴》(1996)；*中国城镇供水协会。

表2.20是根据家庭收入估计的居民承受能力。建立在平均水价基础上的、对平均家庭的影响评估结果与亚行的评估结果基本相似，承受能力比率(水费/可支配收入)平均小于1%，所有承受能力比率都小于2%。以最高水价计算，对于平均家庭来说，平均为1.2%，最大为2.8%，这些数值相对较低。

承受能力分析结果 **表 2.20**

地区	平均水费(元/月)		最高水费(元/月)		承受能力比率(水费/可支配收入)			
					平均水费		最高水费	
	平均家庭	贫困家庭	平均家庭	贫困家庭	平均家庭	贫困家庭	平均家庭	贫困家庭
全国	11.7	9.26	26.09	21.83	0.9%	1.1%	2.0%	2.7%
北京	10.13	8.50	10.13	8.50	0.5%	0.7%	0.5%	0.7%
天津	9.86	8.30	9.86	8.30	0.6%	0.8%	0.6%	0.8%
河北	6.47	5.42	9.44	7.92	0.5%	0.7%	0.8%	1.1%
山西	13.34	11.18	16.29	13.65	1.4%	1.8%	1.7%	2.2%
内蒙古	6.83	5.76	13.09	11.04	0.7%	1.0%	1.4%	1.9%
辽宁	12.70	10.63	16.65	13.96	1.1%	1.5%	1.5%	2.0%
吉林	10.01	8.37	17.69	14.79	1.0%	1.3%	1.7%	2.3%
黑龙江	14.07	11.83	27.76	23.34	1.4%	1.9%	2.8%	3.7%
上海	6.50	5.44	6.50	5.44	0.3%	0.4%	0.3%	0.4%
江苏	13.40	11.24	15.57	13.05	1.0%	1.3%	1.1%	1.5%
浙江	14.38	12.05	24.34	20.04	0.8%	1.0%	1.3%	1.7%
安徽	8.67	7.26	11.25	9.43	0.7%	1.0%	0.9%	1.2%
福建	18.80	15.80	25.52	21.45	1.4%	1.8%	1.9%	2.5%
江西	8.23	6.89	10.23	8.56	0.8%	1.1%	1.0%	1.3%
山东	8.96	7.54	11.80	9.96	0.7%	0.9%	0.9%	1.2%
河南	7.42	6.24	11.06	9.30	0.7%	1.0%	1.1%	1.5%
湖北	10.60	8.90	14.93	12.53	0.9%	1.2%	1.3%	1.7%
湖南	9.57	8.03	10.87	9.12	0.7%	0.9%	0.8%	1.1%
广东	19.90	16.69	26.68	22.37	0.9%	1.2%	1.2%	1.6%
广西	12.35	10.37	19.42	16.30	0.9%	1.2%	1.4%	1.9%
海南	21.86	8.37	27.72	23.29	1.7%	2.2%	2.1%	2.8%
四川	9.05	7.60	11.03	9.25	0.8%	1.0%	0.9%	1.2%
贵州	4.34	3.66	6.95	5.55	0.4%	0.5%	0.6%	0.8%
云南	9.18	7.69	11.32	9.48	0.7%	0.9%	0.9%	1.1%
陕西	5.18	4.35	6.98	5.86	0.5%	0.7%	0.7%	0.9%
甘肃	4.48	3.74	7.36	6.15	0.5%	0.7%	0.8%	1.1%
青海	14.56	12.21	20.01	16.78	1.4%	1.9%	2.0%	2.6%
宁夏	3.75	3.16	4.79	4.03	0.4%	0.5%	0.5%	0.7%
新疆	10.54	8.85	17.60	14.77	0.8%	1.1%	1.4%	1.9%
平均	10.52	8.838	14.57	12.23	0.8%	1.1%	1.2%	1.6%
最大	21.86	18.37	27.76	23.34	1.7%	2.2%	2.8%	3.7%
最小	3.75	3.16	4.79	4.03	0.3%	0.4%	0.3%	0.4%

贫困家庭的情况相对差一些，平均水价和最高水价时的平均承受能力比率分别为1.1%和1.6%，最大值分别为2.2%和3.7%，所有贫困家庭的承受能力比率估计不超过每月可支配收入的4%。如果从家庭支出进行分析时，也可得到类似的结果。无论是通过家庭支出还是家庭收入来计算，所得的结果都趋于保守，因为在某种程度上，家庭收入中不包括一些非现金收入如住房和副品食补贴，还有其他收入，这样就加大了水费在家庭收入中所占的比例。

上述分析结果说明了水费对家庭的潜在影响，但并不是绝对的。为此，我们分别对北京 300 个家庭和张家口 93 个家庭进行了支付意愿调查，调查统计结果见表 2.21。

北京、张家口城市居民支付意愿调查 **表 2.21**

	北 京	张家口	总 计	样本总数
家庭平均人数	3.2	3.3	3.2	379
家庭总收入(元/月)	1997	1044	1761	367
家庭总支出(元/月)	1445	858	1305	379
支出占收入比例	76.1%	88.1	79.1%	355
不同类型消费所占总支出的比例				
食品	33.2%	39.1%	34.8%	307
燃气	1.9%	2.8%	2.1%	343
电	2.2%	3.1%	2.4%	357
电话	2.9%	4.0%	3.1%	313
水	0.7%	0.6%	0.6%	351
对供水的支付愿意				
总计(元/月)	13.2	5.2	11.3	323
占总支出比例	1.1%	0.7%	1.0%	308
占现有水费比例	143%	128%	139%	306

调查结果显示，水费平均占家庭总支出的 0.6%，而燃气、电和电话则分别占家庭总支出的 2.1%、2.4%和 3.1%，仅有 13%的被调查者认为水价高和太高，而 76%的人认为水价较为合理，11%的人认为水价偏低，那些认为水价高和太高者收入普遍较低。对"为改善供水服务，你愿意支付多少"这一问题的回答，4%的被调查者回答为零，而那些愿意支付的被调查者，支付数额达到了收入的 1%，是现有水价的 1.39 倍。调查结果显示，城市居民对供水愿意支付更多的水费，但没有达到亚洲开发银行认为的 4%的水平。

承受能力问题促使一些地方政府在水价提高的同时，采取一些辅助措施，如陕西省在水价提高后给国有企业职工和退休人员以额外补贴，用以支付水价提高后带来的额外支出；该省还对一些用水较多的工业如化肥、造纸和纺织工业实行了低水价政策。

2.3 法 律 法 规

1982 年五届人大通过的《中华人民共和国宪法》是中国现行法律体系的立法基础。立法机构分为中央和地方两级。中央一级是由全国人民代表大会及其常务委员会行使立法职能制定法律。国务院是中央政府的行政机构，负责起草适用于全国的组织和机构的法规。国家的各部委拥有起草适用于其管辖范围内的组织和机构的法规的行政职能。

地方政府拥有起草法规的行政职能。地方一级是由各地人民代表大会及其常务委员会根据地方的具体情况及需求发布地方法规，这些法规在地方具有法律地位。地方法规不能与国家的法律与政策相抵触。

2.3.1 国家的水与价格的法律

《中华人民共和国水法》(简称《水法》)于 1988 年颁布实施，它是一部有关水政策的综合性法律。

《水法》共分总则，水的开发利用，水资源保护，水项目建设，用水管理、防汛和抗洪，法律责任及附则等共七章五十三条。《水法》中明确规定“国家对水资源实行统一管理与分级、分部门管理相结合的制度”，这是结合中国国情，规范各有关部门、各级政府在水资源管理方面的一条主要原则。《水法》规定了对违背其法律条款的行为所应给予的处罚，并明确了不同部门对水资源的规划和管理的职能分工。

《中华人民共和国水污染防治法》于1984年颁布，并于1996年修改，新修订的《中华人民共和国水污染防治法》分总则，水环境质量标准和污染物排放标准的制定、水污染防治的监督管理、防止地表水污染，防止地下水污染、法律责任和附则共七章六十二条。新的《水污染防治法》针对几十年来中国水污染的情况以及国家在水污染防治工作方面的经验、教训，提出城市污水应进行集中处理，规定征收污水处理费，并对生活饮用水水源地的保护、防止地表水和地下水污染作了新的规定。

《中华人民共和国价格法》(简称《价格法》)于1997年12月29日在全国人民代表大会第11次常务委员会上通过，并于1998年5月1日起生效。它代表了中国的价格法规体系，反映了政府将市场总体价格水平的稳定作为宏观经济目标的决心。《价格法》规定了商业与政府的价格行为，价格总体水平的调控，对价格的检查和监督，以及对违犯本法所应给予的法律制裁。该法促进了社会主义市场经济的发展，有利于在经济活动中运用价格机制使资源得到合理配置，并使总体价格水平趋于稳定。它同时确立了买卖双方的法律地位和权利。

《价格法》指出，国务院的价格管理部门负责国家的价格制定，其他部委负责其权力范围内的价格管理，县级或县级以上各级地方政府的价格管理部门负责其管辖区内的价格管理。

政府控制的价格如下：

- 对国家经济发展和人民生活水平影响巨大的一小部分商品的价格；
- 一小部分供应短缺的资源的价格；
- 垄断商品的价格；
- 重要的公用事业的价格；
- 重要的公共与社会服务事业的价格。

对于上述价格，政府会在必要时发布价格指标或制定价格。中央发布的价格指标有专门的文件可查，地方政府在行使其价格制定权时也照此办理。

价格法规定在价格调整时，如果新调整的价格是关于公用事业、公共和社会服务事业及专控产品，应广泛听取公众的意见，同时规定政府为控制价格和稳定市场可以设立价格调整基金。

《城市供水条例》即国务院158号令，于1994年7月19日发布，1994年10月1日实施。条例分七章共三十九条，包括下列内容：

- 城市发展与供水；
- 城市水资源；
- 供水设施的建设；
- 城市供水系统的管理和运行；
- 设施维护。

条例第四条要求城市供水规划应按照城市水资源、用水及节水综合考虑规划的原则。第三十六条明确了省、自治区及市政府建立城市供水水价的责任，规定了“城市供水价格应按照生活用水保本微利，工业及经营用水合理计价”的原则。

《取水许可制度实施办法》发布于1993年，目的在于促进水资源管理。条例的依据是《水法》中有关用水许可的条款。它规定了考察和批准用水许可申请和发证的程序，针对不同用途签发不同许可的规则，并及时对违背该条例行为进行制裁。

《城市节约用水管理规定》经国务院批准，作为建设部1989年1号令发布实施。在规定中，国务院授权建设部负责管理城市规划区内的用水和节水规划，地下水的开发、利用和保护。这是第一个由建设部提出并由国务院批准的法规，它制定了实现城市用水和节水规划的具体条款。

《中华人民共和国价格管理条例》于1987年发布，它是《价格法》颁布前关于价格管理的最高管理法规，分七章三十九条，该条例制定了有关价格建立及管理的规定，水价法即是在此基础上于1998年5月前制定的。

2.3.2 建设部颁布的供水行政法规

建设部已经发布了《城市供水企业资质管理规定》，《城市地下水开发利用保护管理规定》、《城市房屋便器水箱使用监督管理办法》、《生活饮用水卫生监督管理办法》和《城市供水水质管理规定》，这些法规遵从国务院相关的政策，适应城市供水管理的需要。

2.3.3 水和水价的地方规章和政策

各地地方政府也颁布了一些关于水和水价的规章和政策。如：《上海供水管理条例》，《深圳经济特区城市供水与用水条例》，《河北省水资源管理条例》，《大连市城市供水用水管理条例》及《上海市节约用水管理办法》等，这些法规具有很高的实用性，在规范和发展当地供水事业中起到了积极的作用。但是专门针对水价问题的法规却很少。成都市使用省政府的法规，即《四川省价格管理条例》。大连市的法规则与其他城市类似，仅仅是《城市供水条例》中的原则性要求，即要求家庭用水保本微利，工业和商业用水合理收费。有些城市，如福州和张家口，没有关于水与水价的法律和法规。

深圳市是第一个制定关于水价具体法规的城市，《深圳经济特区城市供水与用水条例》中有水价制定的程序、供水公司允许的净资产利润率，建立了水价调整基金，制定了水价调整的原则，并且说明了水费收取程序。

2.4 机 构 设 置

2.4.1 供水公司的管理

城市供水公司归市政府所有，并作为公用局或建委的一个下属单位。供水公司从事供水的日常管理，并进行中小型工程项目的建设。供水公司的管理决策由其管理层人员决定。大型项目投资由市府领导决定，市政府也介入供水公司的日常事务，例如，为了达到就业目标，市政府也参与供水公司的人员安排与决策。

2.4.2 资金计划和投资程序

供水公司参与主要基建工程的计划和实施，并通过参加项目办公室(为项目实施而设的临时机构)来发挥其作用。市建委在基建工程中起主导作用。水资源规划是水利部门的责任。主要投资决策由市政府领导作出。

一旦基建工程完成并通过试运行后，项目就交给供水公司，投资计入供水公司固定资产，有关折旧费用记入供水公司成本。由基建工程引起的债务移转给供水公司，但这些债务通常仍记在政府部门账上，市政府将承担这些债务费用。

市政府最终承担供水公司的亏损责任，并征收供水公司的利润。事实上，为弥补亏损，补贴是常有的事，而向市政府上缴利润的情况却少有发生。

2.4.3 水价调整的管理

在出现以下任何一种情况时，供水公司可申请调整水价：(1)由于水价过低，公司出现亏损；(2)政府补贴后，公司仍然亏损；(3)供水公司需要资金来扩大供水能力。经过财务分析，供水公司可向有关政府部门如公用局提出提价申请，陈述亏损情况及提价幅度。

通常情况下，供水公司有一套完整而精确的财务会计和收费系统，用户的用水量和水费也可以精确地预测，因此，供水公司的成本和收入计算都很精确，水价申请所依据的财务信息是可靠的。但是，水价申请时并没有采用标准格式，也未提供经过详细计算的水价，而只是一般地叙述财务状况以说明提价的必要。

省、自治区和直辖市政府在其管辖范围内制定水价审批程序。一般的程序是：县级市政府向其上级地区政府部门提交水价调整申请，经上级政府同意后，物价部门将提价申请提交给省政府物价部门审批。省物价部门也可授权地方政府对提价申请进行审批。省、自治区的首府城市，市物价部门应将提价申请提交省、自治区物价部门，经同意后提交给计划部门(省计委)与建设部商议后，最终对水价作出审批。但是4个直辖市的水价审批除上述程序外，还需经国务院的审批。

图2.3是省会城市的价格审批程序图。省会城市的供水公司首先向其有关政府部门如建设委员会或公用事业管理局提交价格调整申请，经建设委员会审批同意后，提交给市物价部门。物价部门对供水公司的财务状况进行审查和评估，并综合考虑通货膨胀和物价水平及建委的有关意见，决定是否同意申请或者修改申请。如果物价部门同意调价申请，将申请转交给市政府。由市长主持市政府常委会对水价调整申请进行讨论审批，承受能力及财政补贴往往是此时讨论的要点。

市政府同意水价调整申请后，将申请上报给省政府进行下一步审批。省物价部门举行听证会，听取各方面对水价调整的意见后，形成书面报告上报国家计委。国家计委经与建设部协商后，根据国家物价控制目标、社会承受能力及供水公司成本补偿等因素对水价调整申请作出最终审批。新水价的具体实施时间由当地政府决定。

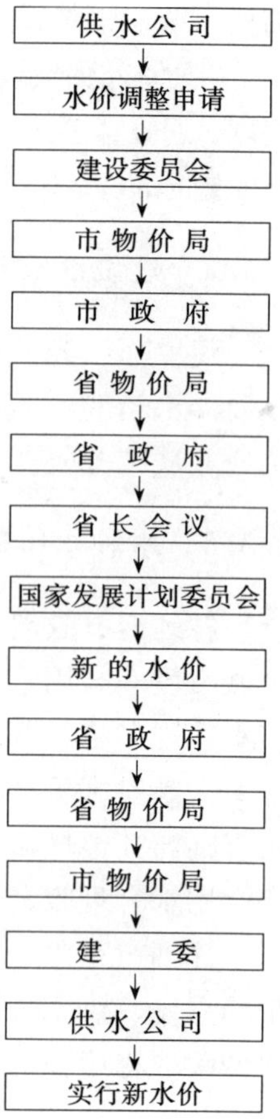

供水公司
↓
水价调整申请
↓
建设委员会
↓
市物价局
↓
市政府
↓
省物价局
↓
省政府
↓
省长会议
↓
国家发展计划委员会
↓
新的水价
↓
省政府
↓
省物价局
↓
市物价局
↓
建委
↓
供水公司
↓
实行新水价

图2.3 水价审批程序

如果地方部门不能严格执行新的水价，例如随意提高涨价幅度，这是一种违法行为，会受到处罚。《价格法》将对现行的价格审批程序作一些修改。该法规定：应举行公众听证会，提供公众参与价格调整的机会。它为公众民主参与价格决策提供了法律基础。基层政府应根据该条例制定具体的实施办法。

2.5 供水公司财务状况

2.5.1 会计系统

准确、详细和综合性的财务报告对于有效的管理极为重要，这些报告为水价计算、成本补偿的评价以及成本控制的分析提供良好的基础。随着会计制度的改革，国营企业开始采用国际通用的会计标准，以此标准为基础建立的财务报表将更有利于水价的计算。

现行财务报表的一个潜在缺点是：公司的运行、维护和管理成本细目分类不适合某些水价项目的计算，因为这些水价项目的计算需要将成本按功能分类。如表3.20所示，供水公司会计中的成本是根据对象本身而非成本的功能来分类，按功能分类是根据供水公司的详细功能活动来确定成本的类型。

供水公司详细的成本功能分类可采用下列分类细目：供水水源、水处理、泵水、输水、配水、贮水、用户服务、防火、用户水表、用户记账和收费，管理和资本利润(如利息和特许经营费)。

这个成本按功能分类细目可与按对象的成本分类细目参考对照，可更完整地制定成本会计编制标准，根据这些编制标准就可编制按功能分类的成本会计报表。

如果成本没有按功能分成细目，利用一些间接信息如运营数据和资料也可编制成本功能细目表。

现有会计报表中的一些项目可现成的纳入功能成本细目中，如水资源成本和购水成本可归入供水水源成本中，原料成本大部分是水处理的化学药剂成本；管网成本可纳入输水和配水成本；电费可在供水水源与输配水成本之间按比例分配，比例的大小取决于开泵的台数和时间，应仔细研究详细的折旧报表，将折旧费用归入合适的功能成本中，可利用职工情况报表和工作情况的一些信息将劳动力成本纳入适当的功能成本中。

供水公司会计中功能成本的详细程度取决于以下几个方面：

(1) 运行管理所需的信息；

(2) 水价制定方法的复杂性。

例如，没有固定收费的单一水价计算只需要总成本，而具有递增或递减特性的两部制水价计算则需要成本功能细目，具有单一计量收费和水表收费的两部制水价的计算需要用户成本(水表、服务、计账和收费)，管理、防火和其他成本(均属计量收费)方面的信息。

只要努力去做，财务报告就会作得很细，但成本报表编制的详细程度必须根据当地的实际情况和要求。

2.5.2 成本会计

1993年供水公司进行了财务和会计改革，在此之前供水公司以现金结账，固定资产投资由政府承担，其他相关成本记入年费用支出。1993年新的会计标准建立，采用商业复式计账法来记录供水公司的收入和成本。

供水公司的支出分类应按照有关文件，如《工业企业财务会计系统》，其主要特征如下：

- 直接材料成本包括：材料成本、供材、购买原水和能源消耗及存货净变化；
- 直接工资包括：工资、奖金、补贴和其他福利；
- 直接生产费用包括：管理工资、生产性固定资产折旧和设备维护成本、保险费及其他生产费用；折旧通常采用直线法计算，折旧率计算的服务年限在文件《分类固定资产折旧年限表》中有具体规定；
- 其他支出还包括生产工人的福利；
- 管理费用包括：管理人员工资和福利费、租赁费、会计及其他专业费、工会费、职工培训费、非生产性资产折旧、存货损失及其他行政费用；
- 财务支出包括：净利息费用、净外汇调换费用、借款费用、佣金等其他与财务有关的费用；
- 市场费用包括：销售人员的工资和福利支出、保险费、交通费、折旧费及其他与市场活动和客户服务有关的费用；
- 税金包括：增值税、所得税和3%印花税，增值税和所得税率由政府和供水公司协商，所得税一般为33%，增值税率为13%或6%。

表2.22是1996年的一个综合会计表样本。表2.23是1996年试点城市自来水公司的3个标准财务报表，其成本是根据目的而不是根据功能分类。

供水公司成本典型分类 **表2.22**

1. 工资	10. 咨询费	19. 教育、培训	27. 污泥清除
2. 社会福利	11. 绿化费	20. 税金	28. 利息
3. 折旧	12. 材料与供应	21. 水电费	29. 动力费
4. 办公费	13. 耗材供应	22. 水表	30. 水资源、购水
5. 差旅费	14. 租借付款	23. 印刷、宣传	31. 原材料
6. 交通费	15. 呆账损失	24. 职工劳保	32. 杂物
7. 保险	16. 研究与开发	25. 工作保险	33. 重点维修
8. 租赁费	17. 招待费	26. 实验费用	34. 管网
9. 维修费	18. 工会费		

财务报表样本(1000 元) **表 2.23**

资产负债表	1996	应付工资	3645.0
年末资产		应付福利费	426.9
流动资产		应付税收	2810.0
现金	19713.2	应付利润	0.0
短期投资	5310.3	其他活期债务	28877.7
应收票据	0.0	流动负债	
应收账款	11738.7	运营公积金	3442.3
备抵坏账	0.0	递延税金	0.0
应收账款净值	11738.7	当年到期的长期债务	0.0
预提费用	431.0	其他短期债务	0.0
其他应收账款	16211.6	特殊应付账款	19539.1
存货	4090.7	流动债务总值	70726.9
待提费用	810.3	**长期债务**	
流动资产调节	0.0	长期借款	1159.1
1年内到期的长期债券投资	0.0	债券	0.0
其他流动资产	0.0	长期应付账款	0.0
拨付所属资金	3729.4	住房公积金	5103.6
流动资产总值	62035.2	其他长期债务	40924.0
长期投资		长期债务总值	47186.7
长期投资	32825.6	**所有者权益**	
固定资产		实收资本	352646.5
固定资产原值	476560.4	资本公积金	28624.7
减累计折旧	129234.6	盈余公积金	511.4
固定资产净值	347325.8	提留利润	784.6
固定资产清理	0.0	所有者权益合计	382567.3
在建工程	58294.4	负债及所有者权益合计	500480.9
固定资产净损失调节	0.0	**损益表**	**1996 年**
固定资产总值	405620.0	售水收入	78307.1
无形资产和递延资产合计		减：售水成本	58022.0
无形资产	0.0	售水费用	1132.0
递延资产	0.0	售水税及其他成本	750.2
无形资产与递延资产合计	0.0	售水利润	18403.0
其他资产		加：其他经营利润	672.4
其他长期资产	0.0	减：管理费用	9484.0
资产总值	500481.0	财务费用	8903.9
年末负债及所有者权益		营业利润	687.5
流动负债		加：投资收益	169.9
短期借款	0.0	营业外收入	176.5
应付票据	0.0	减：营业外支出	248.7
应付账款	926.9	损益表	1996 年
递延收入	804.7	资源税	0.0
其他应付账款	11108.1	弥补亏损	0.0

续表

利润总额	785.2	当年平均	213.74
生产成本表	**1996 年**	当月总成本	
产水量(1000m³)		以上年平均吨水成本计算	4868.4
当月产水	20748	以上年同月吨水成本计算	0.0
当年产水	271457	以当月成本计算	7832.9
吨水成本(元/m³)		当年总成本	
上年平均	209.09	以上年平均吨水成本计算	56758.9
上年同月	234.64	以预算成本计算	0.0
当月	377.52	以当年成本计算	58022.0

尽管现有的财务报表遵循国际会计标准，但还是难以确知水价究竟与供水系统真正的供给和运营成本有什么关系。供水系统的维修和运行成本在供水公司报表中记录得较为详尽，因而不成什么问题。之所以出现问题，是因为供水公司账目还没有提供一个完全的资金成本会计。

对于大多数供水公司而言，基础设施由市政府通过财政局或其他部门出资。例如，在 1996 年，政府出资占到供水公司总投资的 36.6%，一旦工程通过验收，新建成的基础工程就移交给供水公司，该项投资也就进入了供水公司账目中。随后供水公司财务报告中开始出现折旧成本这一项。然而，真正的投资成本可能由市政府以债务成本或抽取市政资金储备而导致，因此由举债而引起的利息成本没有出现在供水公司会计账中，这种基础设施建设与供水公司财务相分离的状况表明，水价不能反映供水的真正成本。

完全成本补偿的第一步，供水公司财务体系必须提供必要的信息来计算服务成本，但由于供水事业是由供水公司和政府的几个部门来承担，因此，完成上述工作比较困难，同样的情况在北美也有发生，即供水由一个政府部门经营但与供水有关的工程、财政及其他服务由另外的市政部门来完成。在这一情况下，通常的做法是让其他市政部门来记录用于供水的时间和资源，向供水部门收费作为部门间收费。例如，财政局可利用从供水公司的收费来偿还供水投资的债务成本，建委和其他市政部门也向供水公司收费用来建设供水辅助工程。

通过部门间的收费系统，供水公司的财务报告应该包括所有与供水有关的直接和间接成本。这有助于更加准确的反映供水服务完全成本，也有助于了解通过水价来补偿成本的实际情况，一旦完全成本定价确定下来，部门间的收费将把供水成本从总税单转移到水价上来。

2.5.3 财务计划

一年一度的预算是财务计划的主要形式和组成部分，包括来年成本预算和收入预测，收入预测经常是不确定的，因为供水公司如果计划申请调整水价，这个水价明年能否批准本身就是不确定的。而电费上涨和补贴水平也是预算不确定的因素。

水价审批过程中的不确定性，可能会鼓励政府机构和大商业企业(但不包括在竞争市场中运营的企业)产生这样一种预算态度，其主要特点是利用年度预算获得额外的资金，例如提交一个高额预算就有可能得到较多的款项，但在按竞争机制运营的企业不会有这种情况。

在试点城市供水企业中很少有长期财务计划，一个年度的预算框架在财务计划中极为常见，并且作为财务预算和水价计算的主要手段。这种短期行为的根源可能是由于物价快速上涨，不可预见的水价调整和审批产生的不确定性造成的。

2.5.4 资金需求

1978～1993 年之间，建设部和地方政府在供水方面投入资金达 300 亿元，同时中央政府大约投入

8000 亿元进行水资源开发。

1990 年至 1998 年，供水企业的固定资产总值从 133 亿元增长到 798 亿元，共计增加了 5 倍。从 1994 年开始，中央政府加大了城市供水的投资，如表 2.24 所示，彻底改变了供需之间的关系。目前全国大多数城市的供水量都不再短缺，而是有所富余。

全国城市供水总投资

表 2.24

年　份	1990	1991	1992	1993	1994	1995	1996	1997	1998
投资额(亿元)	133	156	160	214	329	479	599	708	798

资料来源：《城市供水统计年鉴》(1990～1999)

城市供水的增长必须有足够的资金。除了由中央政府、地方政府和企业投资之外，外商投资也发挥着十分重要的作用，例如利用日本海外经济合作基金、世界银行和亚行的贷款以及来自其他国家的双边贷款等等。

在目前的供水服务区内，由于与投资有关的财务成本较高，而需水量呈逐渐下降的趋势，所以增加售水量的压力越来越大。如果供水公司需向新用户区域供水，就需要在新的供水服务区内敷设输配水管网。这样，在产水能力投资需求下降的同时，输配水管网的投资需求将有所增加。总体看来，供水行业的投资将继续保持适度增加。

表 2.25 是到 2000 年和 2010 年期间的基建投资需求预测。尽管这些预测数据并不完全一致，也没必要进行直接相互比较。但是它们都处在同一数量级，这些数值意味着城市水和污水建设所需投资的单位成本在 1.0～2.0 元/m^3 之间，是当时水价的 2 倍以上。

全国水和污水投资需求预测

表 2.25

投资方向	投资阶段	所需资金(10^8 元)	新增能力($10^6 m^3/d$)	吨水成本*(元/m^3)
供水水源开发(亚行，1997)	1996～2001	640	64	0.38
供水水源开发(亚行，1997)	2000～2010	800	66	0.46
城市供水设施(建设部，1995)	1994～2000	590	31	0.72
城市污水设施(建设部，1995)	1994～2000	400	31**	0.49
城市供水(水利部，亚行报告，1997)***	1996～2000	840	42	0.75
城市污水设施(水利部，亚行报告 1997)	1996～2000	550	42**	0.50

*估计值，等于每年的分摊投资/年产水量估计值，假设投资服务周期为 25 年，10%的折扣率，设备平均负荷为 80%；**假设同等的供水能力；***包括供水水源。

2.5.5 主要资金来源

供水基建资金主要来源包括：

1) 政府投资——大、中城市的供水基础设施投资来源于政府预算，这种情况目前依然存在，但正在被其他来源取代。

2) 国内贷款——商业银行以市场利率提供贷款，开发银行提供优惠贷款。开发银行具有优惠条件的资金有限，对高风险贷款比较谨慎，有的要求有保证人(单位)或连带担保。商业银行贷款期一般为3～5年。

3) 来自用户水费的基金——例如，在水费中加收设施建设费以获取资金。

4) 国内私人投资者——通过企业合资以及购买债券和股票。

5) 国际私人投资者——通常以合资公司、BOT 项目和特别合同等形式进行投资。

6) 多边贷款——来自世界银行、亚行等机构的贷款，通常需要财政部和中国人民银行的安排。这类贷款一般有优惠条件。

7）双边贷款——日本海外经济合作基金会是一个最大的双边援助机构。澳大利亚、加拿大、德国、法国和意大利也提供双边援助。此类贷款一般都有优惠条件，地方商业银行作为金融中介机构，收取利率来补偿成本和风险。

8）双边合作援助——双边政府贷款和私人贷款相结合。沈阳自来水公司就利用了这种方式引进法国贷款500万美元，其中42.5%为年息2.5%，长达30年的双边贷款；57.5%为年息8.3%、期限为13年的私人贷款。

2.5.6 供水成本

对于供水公司近年来的亏损是由于成本增长过快还是水价未能提高而引起，人们还有争议。因而在本部分研究中，了解各种成本就很重要，因为水价提高是建立在成本上升和供水公司现有赤字基础之上的。为此，以下从生产水平、成本构成、通货膨胀率和资源利用水平来分析成本增长的原因(表2.26)。

供水公司产水与资源利用 **表2.26**

	1986	1991	1996	平均年增长率
总供水量(10^9m^3)	13.1	17.9	26.0	9.8%
未计量水(%)	7.29	7.29	9.79	3.1%
服务人口(10^9)	95.3	131.7	159.8	7.1%
生产能力(10^6m^3)	42.1	63.8	100.1	9.0%
管道总长度(10^3km)	52.3	73.4	107.8	7.5%
总劳动力(10^3)	146.1	190.6	261.4	6.0%
用电量(kWh/10^3m^3)	316.2	329.7	329.7	0.4%
平均售水成本(元/10^3m^3)	90.8	204.2	581.3	20.4%

资料来源：中国水协《城镇供水统计年鉴》。

1986～1996年期间，自来水生产以每年9.8%的速度增长，同时服务人口、管道总长度、总生产能力每年分别以7.1%、7.5%和9.0%速度增长。

在供水公司工作的人数，从1980年的14.61万人增长到1996年的26.14万人，平均年增长率为6%。劳动力的增长低于生产水平的增长，这正是我们希望的资本密集型产业表现出的规模生产经济特征。

在这10年中，每吨水耗电量相对平稳。年终报告中每年用电量的变化，可能是需水量变化和其他因素影响了水泵运行效率。

由表2.26可以看出，城市售水平均成本比10年前增加了5倍，年平均增长20%。

从表2.27的试点城市自来水公司数据中可以看出供水成本的快速增长。4个自来水公司的总成本以平均每年20%～40%的速度增长。在成本构成中，4个公司的劳动力成本及其他成本增长速度都很快。其他成本包括行政管理、税收、利息和各种正常开支。其余的成本虽然数据不全但也显示出相对较快的增长速度。

试点城市供水成本构成及上升情况 **表2.27**

	成　都	福　州	上　海	深　圳	张家口	宣化区*
1996年成本构成						
劳动力费	16.3%	17.7%	9.2%	10.5%	26.3%	30.6%
动力费	11.2%	23.3%	17.5%	12.9%	20.2%	20.6%
折旧费	27.5%	27.7%	5.7%	27.7%	16.4%	15.3%

续表

	成　都	福　州	上　海	深　圳	张家口	宣化区*
1996年成本构成						
利息	5.3%	6.7%	0.0%	−1.3%	0.0%	2.2%
维修费	10.8%	6.5%	7.4%	4.9%	12.8%	0.0%
水资源费	0.0%	0.0%	36.6%	29.8%	0.0%	0.0%
原材料费	15.4%	4.3	8.9%	3.8%	0.5%	4.9%
其他费用	13.5%	13.8%	14.7%	11.6%	23.8%	26.5%
合计	100.0%	100.0%	100.0%	100.0%	100.0%	100.0%
1990～1996年均增长率						
劳动力费	36.9%	35.1%	41.7%	52.3%	25.6%	39.0%
动力费	18.6%	18.2%	26.2%	28.7%	10.1%	22.3%
折旧费	28.7%	70.7%	24.9%	97.9%	8.5%	22.2%
利息	31.4%**	—	—	—	—	—
维修费	68.8%	−1.8%	10.2%	—	40.4%	—
水资源费	—	—	86.7%#	45.3%	—	—
原材料费	20.0%	10.5%	23.0%	47.5%	−13.0%	25.8%
其他费用	33.7%	34.2%	30.5%	33.6%	19.0%	41.5%
总体增长	24.3%	28.4%	28.0%	42.0%	13.7%	31.7%

*1990～1995；**1993～1996；#1992～1996

供水公司之间制水成本的构成差别很大，如表2.27所示，主要制水成本为动力、劳动力、折旧和维修。上海的原水费较高，主要是由于上海市自来水公司从两家股份公司购买原水和净水的缘故。

2.5.7　财务状况

1996年供水公司总计售水量为225.63亿m^3，售水收入137亿元。总体来说，供水行业微盈利0.44亿元，相当于净资产的0.1%，见表2.28。通过对中国水协数据库的1996年个别城市数据研究，提供了有关盈利能力的信息：

全国各地区自来水公司财务状况(1996)　　表2.28

地　区	收入(10^6元)	利润(10^6元)	单位成本*(元/m^3)	年终净资产(10^6元)	利润率**
全国合计	13696	44	0.606	44805	0.10%
北　京	350	(186)	0.843	3874	−4.81%
天　津	284	(62)	0.647	1513	−4.11%
河　北	392	30	0.548	1261	2.40%
山　西	343	38	0.680	754	5.05%
内　蒙	140	15	0.566	260	5.93%
辽　宁	1430	86	0.891	5245	1.63%
吉　林	411	(49)	1.034	1125	−4.37%
黑龙江	744	75	0.877	2035	3.68%
上　海	728	81	—	1985	4.08%
江　苏	961	(30)	0.549	3480	−0.87%
浙　江	629	26	0.576	2426	1.09%

续表

地　　区	收入(10^6 元)	利润(10^6 元)	单位成本*(元/m^3)	年终净资产(10^6 元)	利润率**
安　　徽	279	11	0.457	932	1.20%
福　　建	314	(2)	0.434	—	—
江　　西	188	(15)	0.342	544	−2.85%
山　　东	696	(14)	0.787	2164	−0.63%
河　　南	613	(40)	0.581	1489	−2.68%
湖　　北	703	92	0.339	2176	4.21%
湖　　南	258	(27)	0.391	—	—
广　　东	2385	44	0.724	7118	0.62%
广　　西	295	0	0.403	757	0.01%
海　　南	140	(6)	0.862	282	−2.24%
四　　川	486	(24)	0.562	2266	−1.07%
贵　　州	85	(9)	0.501	379	−2.33%
云　　南	186	16	0.519	494	3.30%
陕　　西	164	(7)	0.489	498	−1.33%
甘　　肃	229	1	0.380	729	0.12%
青　　海	52	3	0.629	199	1.69%
宁　　夏	31	(2)	0.357	96	−1.70%
新　　疆	180	(1)	0.731	723	−0.16%

资料来源：中国水协；*各城市单位成本加权平均；**总利润除以净资产×100。

- 65%的供水公司报告有利润(551个城市中359个有利润)；
- 有利润的供水公司其加权平均利润率为2.6%，平均每个自来水公司利润220万元；
- 亏损供水公司中的加权平均亏损为4.3%，平均每个供水公司亏损470万元。

盈利能力数据表明，1996年有近1/3的供水公司亏损，这些亏损公司经营很差，以致全部抵掉了盈利公司的净收益。净资产利润率如图2.4所示。

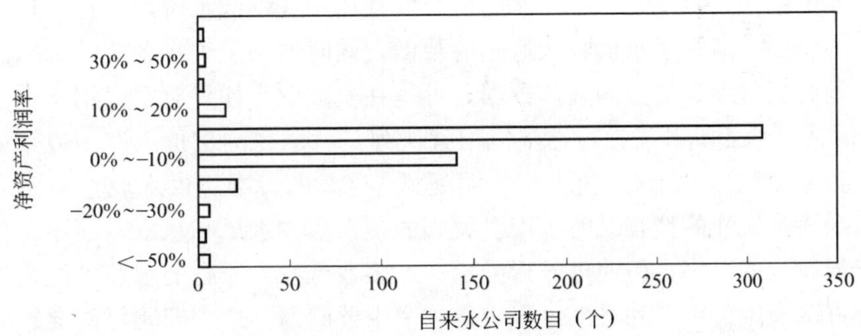

图2.4　自来水公司净资产利润率分布图

2.6　水　　价

2.6.1　水价制定目标

成本补偿、承受能力和通货膨胀控制似乎是地方政府制定水价的主要目标。供水公司强调的是成本补偿，而地方政府相关机构在水价审核时比较强调用户的承受能力和通货膨胀。供水成本在不同用户之间的分配是与承受能力有关的一个重要问题。

自来水公司只补偿列入财务报告的运行成本和折旧，至于与债务有关的基建成本通常都由当地政府用税收收入和国有企业的收入加以补偿。

承受能力和通货膨胀控制与国务院对1979～1994年间通货膨胀率对家庭的不利影响的控制目标密切相关。1994年和1995年，国务院发布命令禁止日用消费品涨价。此后国务院采用宏观手段控制通货膨胀，但对水价和其他物价仍加以控制。

地方政府控制水价增长的态度和能力取决于他们对自来水公司运行成本的补助能力以及当地企业对家庭用户的交叉补贴能力。水费账单上的特别收费实际上是限制通货膨胀的手段，同时也增加售水收入。在这种情况下，事实上放弃了通过制定水价来控制通货膨胀的目标。

2.6.1.1 成本补偿

完全成本补偿是指所有与供水有关的财务成本的补偿，包括直接和间接运营维护成本，折旧，税务成本，债务利息及资产利润。如果供水公司的经营和管理要保持可持续发展，完全成本补偿一定是一个基本目标。

过去，用户的水费只是补偿了部分供水成本。近年来，为了增加成本的补偿，导致了水价和其他收费的增长。但是，许多供水公司仍没有补偿他们所报告的成本，而是通过政府补贴来弥补经营赤字，这一情况将不会长期持续下去，由于政府政策变化，依靠政府补贴的状况将会逐步改变。

即使供水公司通过水费收入完全补偿了所有成本，对于那些依靠政府补贴或未将基建成本列入而由政府担负这些基建成本的供水公司来说，水价仍然太低。

按照完全成本补偿来确保供水持续运营是非常必要的，但迅速实行完全成本补偿是不可行的。阻碍水价快速调整的社会和政治力量会很强大，尤其是当公众不相信供水公司能有效地控制其成本时。达到完全成本补偿必然是一个渐进的过程，这一过程要获得公众认可，可通过有效的公众参与和形成有效的固定程序来控制成本，以期将调价需求降低到最低限度。

2.6.1.2 承受能力

在水价审核过程中，承受能力没有一个清晰规定的目标，也没有任何标准来指导评估承受能力。特别是没有客观的方法来评估家庭支付水费的能力，没有明显的和合适的方法对低收入家庭支付能力进行评估。对支付水费能力的担心，其结果必然是向所有家庭用户提供低水价，并且客观上帮助了那些不需要帮助的中、高收入家庭，减少了给低收入家庭的帮助，同时增加了供水企业的负担。

社会经济研究没有提供承受能力的具体数据，可是在实践中，如果对家庭用于水费的开支少于家庭可支配收入的4%的话，像亚洲开发银行这类机构就认为是可承受的水价。许多数据证明，大部分家庭仅用了不到1%的家庭可支配收入来支付水费，明显低于4%的标准。供水成本对家庭用户来说并非重要因素，在北京，上海和天津的调查说明了用户关心的是水质、水量和水压，而不是供水成本。这一结论虽不完全适用于低收入的家庭，但通过分析显示，大多数低收入家庭的水费可能超过了收入的3%。

承受能力在地方政府水价审核和批准过程中是一个主要问题，这一问题可能会影响供水公司对完全成本补偿所做的努力，并且会因低水价而延长政府给供水公司补贴的时间。在市场改革中，承受能力使某些行业产生经济困境是绝对本质的东西，但承受能力应该用客观、科学的态度来看，维持可承受的水价应该体现在减少供水公司的财务亏损和取消非居民用户对居民用户的交叉补贴两个目标上。通过水价结构让真正需要帮助的家庭得到帮助，以此来实现这两个目标。

为帮助贫穷家庭可考虑两个方案，即最低限水价和直接帮助计划。最低限水价是向居民家庭提供基本水量而只收取通常可承受的水费。合理的最低限水价原则是，水价只补偿直接的运行和维护成本，净折旧或其他资本支出。这是一个有效的帮助贫穷家庭的手段，但对所有家庭用户同样给予了经济帮助，因为它适用于所有家庭用户，而不是只对那些真正需要帮助的贫困家庭。

直接帮助计划是任何家庭可根据水费账单申请救济，申请救济的用户要提供家庭经济困难的证明。如果申请获得同意，则收取较低的水费或在水费单上打折扣。对于那些领取最低生活补贴或最低工资的家庭，也可以主动给予水费补贴，这一方式针对那些最需要帮助的用户，但供水公司须在行政管理上作出更大的努力。

如果没有评价承受能力的标准，无论采用什么方法来制定可承受的水价结构，都不可能确定承受能力的目标。因此，必须有一个清晰的、科学的承受能力定义和切合实际的承受能力的评价方法，这一方法将考虑收入分配、当地生活费用计算方法、其他市政服务费用、非现金收入(如房贴)、绝对和相对贫困的标准等一系列因素。

2.6.1.3 通货膨胀

在地方一级，通货膨胀控制目标是从当地消费价格指数的分析来评价的。例如，海南省三亚市物价局用5%的权重来决定水价增长对地方消费价格指数的影响，这一权重的涵义是水费占所有支出的5%。事实上，家庭水费开支平均约为总开支的1%，这意味着水费对消费价格指数的影响非常小。根据1993年北京市水费和消费价格指数间关系的分析，估计平均水价增加一倍时消费物价指数仅增加1.4%。

水价对那些消费品生产和服务企业的供水成本，同样有间接的通货膨胀影响。中国城镇供水协会对供水成本的评价显示，对大部分行业来说其水费约为1%，而对高耗水行业如造纸业来说其供水成本可能达4%。其他研究者认为，供水成本总体上占企业总生产成本的0.3%～0.5%。表2.29为特殊行业的供水成本，这些数据表明，适当提高水价对通货膨胀的影响可忽略不计。然而，总的来说，过去水价的增长是非常大的，将会对通货膨胀产生影响。水价的快速增长将与中国保持通货膨胀小于3%的目标不相符合。

特殊行业供水成本占工业总生产成本的比例 表2.29

行业	济南*	青岛**	成都
啤酒、酒	1.6%		0.05%
化工产品		1.3%	
日用品	0.6%		
机械制造			0.69%
冶金			0.24%
造纸	0.5%	4.2%	0.22%
软饮料	0.7%		0.14%
纺织	0.1%	0.4%	
橡胶塑料		0.5%	
印染		0.8%	
轻工业		0.45	
总计		0.8%	

*1995年赵禄德提供，**青岛供水公司1995年提供。

国家的通货膨胀控制方法已经从微观经济价格管理转向宏观经济调控，如货币发行、利率和规模经济的调控。实践证明这一方法在国家达到通货膨胀控制目标方面非常有效。

用宏观经济手段能有效地达到控制通货膨胀的目的，而水价通常对消费价格指数影响较小，因此，制定水价时，可以较少考虑对通货膨胀控制的影响。政府能依靠宏观经济手段来控制通货膨胀，因而逐步放弃控制水价等不太有效的微观经济方法。

然而，这并不是说水价不应该加以控制，水价必须进行严格管理，因为供水是垄断性行业，如果缺乏明确规定将会导致不合理的高水价。也并不意味通货膨胀对水价制定不起作用，通货膨胀是水价制定时应考虑的问题，但关注点应放在生产成本增长上，对那些超过劳动力成本及其他生产成本增长幅度的提价要求不能给予审批。

2.6.1.4 其他目标

在试点城市研究中，某些供水公司指出，节水应该是制定水价时考虑的一个目标。从国际上的经验来看，节水也被视为水价制定时的一个常用目标。其他被国际上采用的目标包括：(1)易于被消费者理解的简单价格；(2)切合实际的水价设计以便于水价计算和运用；(3)公平合理的方式来设置水价，让用户支付有关的成本。尽管制定水价时须考虑多方面的目标，但完全成本补偿应是最重要的目标。

实现节水目标可通过计量收费而不是固定收费方式。中国的供水企业几乎都采用计量收费的水价结构，偶尔也使用固定收费方式的最小账单。对超定额工业用水实施严格的计量罚款来改善节水，才是节水收费所应达到的效果。由于中国普遍存在水的短缺问题，因此，节水目标应在水价制定中优先考虑。

简单且切合实际是水价制定的重要目标，中国现有的水价结构已基本达到这一目标。但是由于地方政府在水费账单中增加新的收费项目，有可能使这种简单和切合实际性逐渐消失。供水公司和地方政府有必要改变目前在水费账单中增加新收费项目的现实，重新回到简单水费原则上来，这对于供水成本补偿是有好处的。简单而切合实际是现存水价最理想的特征，应该在任何水价改革中保持下去。因此，大多数非水价收费应尽量避免，水费应该被用来补偿所有供水成本，只有这样，水费才能反映水的真正价值。

公平目标即用户付费目标。它要求每位用户按照服务于用户的供水成本或供水服务量来付费。举几个例子说明这一目标如何在实践中应用。

- 在北美，服务于大工业用户的供水成本比家庭用户的成本要小。其理由，一是为工业服务的配水管网输送单位水量的成本较少，漏失的可能性也小；二是工业用户的季节需水量常常变化较小，因此，对高峰期供水能力的要求较低。许多水价结构都考虑到为工业用户服务的供水成本较低，所以对大工业用户收取较低的水价。
- 那些距水源地较远或地势较高的用户常须用泵站加压。运行和维护这些泵站的额外成本，可以通过压力供水区内用户的水价差异得到合理的补偿。

如果在水价结构中不能达到公平性，那就使一类用户支付高于供水成本的水费，而另一类用户支付的是低于成本的水费，这种用户之间供水成本和水费的差异，就是对较低付费用户的交叉补贴。本项研究根据供水公司报告的水价对交叉补贴进行评估、分析研究时，合理地假设各类用户的供水服务成本没有明显的差别。如果各类用户的供水服务成本相差不大，则从公平目标就要求相同的水价结构，即所有用户支付相同的计量水价。但是中国的一般水价结构中，家庭用户比其他用户支付较低的水价。平均来说，家庭用户的水价约为行政机关水价的78%，工业水价的66%，商业水价的57%，这种水价差异使家庭用户得到了交叉补贴。另外，从4个试点城市供水公司按用户类型的水费收入所做的分析，可以看出水价结构中的交叉补贴。这些供水公司来自家庭用户的水费收入是居民用户供水服务成本的65%～93%，而非家庭用户的水费收入则为非家庭用户服务成本的103%～124%。

公平目标直接与承受能力目标相抵触，因为后者鼓励使用低于非居民水价的居民水价。公平目标还可能与节水目标相冲突。因此，公平目标在目前中国现实条件下并不适用。从长远观点来看，通过经济改革改善了总体生活水平，那时将公平目标引入水价制定中是合理的。消除不同用户类型间的水价差异，就是在公平和承受能力目标之间的一种折衷办法，然而这在近期并不符合实际，从长期观点来看却是可行的。

2.6.2 水价管理和审批

2.6.2.1 管理的原因

普遍认为，城市的供水公司应该予以规范和管理，因为供水公司是供水服务的垄断者，对用户有绝对的权力。没有强有力的管理，供水公司就可能为了获取自身的最大利润来收取不合理的高水费。

管理的主要目的是一方面要保护用户的利益，另一方面又要使供水公司有资金来源来持续实现其满足用户的服务标准。这并不是说使水价尽可能的低，而是要根据供水服务成本来建立水价，同时，通过合理的水价来补偿成本，这样的水价标准才能使企业得以高效运营。

私有化并不排除必需的管理。通过私有化产生竞争，即参与竞争投标，中标者按照固定合同的严格条款进行服务。私有化的竞争过程自然需要政府的管理。在投标过程中，为了保证这一过程的的合法性和保证用户获得最好一笔交易的有效性，就需要政府的规定和监督。投标过程和合同是一种管理手段，这一手段可用来保证以最小的价格来提供最好的服务。

在某些情况下，私有化包括动用供水公司的资产来创建股份公司。一般在新建公司中政府保持控股地位，并将公司的股票向社会出售以便融资。这样既有助与筹集基建资金，也可能在新公司内通过激励机制来提高经营效率。但并没有排除供水公司的垄断地位，因为售水没有竞争，所以仍需要严格的价格管理。

2.6.2.2 审批权限

目前，中国的水价调整审批过程由各级政府负责，地方政府所作的审批要经过省或国家一级的审核。

在北美，对于由政府水部门或政府所属供水公司提供的供水服务，地方政府常常直接控制水价。北美的省或州管理委员会的规定对私人投资者所拥有的供水公司仍属有效。

在中国，地方政府有权审核(批)水价，因为供水公司完全属市政府所有，而当地居民也完全可以依靠地方政府来维护他们的最大利益。由上级政府对地方政府决定的审核进一步加强了对用户的保护。通过建立公开的上诉程序，使居民用户和非居民用户都可对地方政府批准的不公平水价进行上诉。为了客观和公正，这一上诉程序应同样适于供水公司，当地方政府的决定不利于供水公司的时候，供水公司有一个要求调价的机会。

当供水公司转换成为由政府和私人投资者共有的股份制公司时，难免会发生利益冲突。如果参与批准水价的部门或人从规章制定过程中使股份制公司财政上获益，那么，这种利益冲突肯定存在。例如，这些人或其亲属可能持有该公司的股票，如果作出有利于公司的决定，所持股票就会升值并从中获利。为了避免这种情况，国家负责对股份公司所收取的原水或净水价格作出规定。此外，任何参与审核(批)或决策的人都不能持有该公司的股票。在任何股票市场交易中(包括与供水公司有联系的股份公司)，限制内部人员交易的法律都必经严格执行。

2.6.2.3 调价步骤

目前水价调整的程序涉及到多个不同的市政部门，既复杂又费时。如果水价管理办法能够明确水价调整程序，供水公司将从中受益：

水价调整申请的准备与评估；

水价调整的频率；

水价审批程序所需时间。

作为水价调整过程的开始，供水公司应向政府提出水价调整申请。调价申请由供水公司单独负责并由供水公司来准备这一申请，申请书仅涉及成本和其他直接与供水有关的问题。

水价制定的目标是承受能力、成本补偿和通货膨胀控制，这些目标没有明确的定义，也没有较好的评估方法。深圳市对供水公司管理的要求是，水价基于成本，并规定允许的净资产最大利润率。

如果水价审批过程的目的性明确和透明度增加，用户将会得到更好的服务，这可在审批过程中通过听证会来达到。如果水价调整申请书包括详细的水价计算(基于完整的、详细的成本和预算的财务数据)，就会进一步增加透明度。

2.6.2.4 价格管理的准则——价格指数或利润率

水价管理的一个最重要作用是控制资产利润，因为供水是一个垄断行业，其资产利润可能超出合理的范围，中国的水价管理就是部分基于此种目的。地方政府在制定和批准水价时，应考虑成本补偿、净资产利润率、承受能力和通货膨胀的影响。

在几个试点城市中，水价管理规定了具体的净资产利润率，例如，深圳规定的最大利润率为8%。水价管理规定可按净资产的来源区别对待，允许私人投资比政府投资获得较高的利润率。

现有的水价管理规定并没有允许成本的明确定义，供水公司的成本报表虽按照详细的国家会计标准，但因这只是一个工业标准，并未强调水价管理问题。有效的水价管理规定应有明确的允许成本和利润率。

允许的运营、维护和管理成本只包括供水服务的成本，如运营成本、维修成本、折旧成本、支付利息及其他成本，不包括与供水无关的成本。

对于供水公司来说，基于净资产利润率的规定会产生一定的负面影响，即促使供水公司对基建工程大量投资，以便获得较大的允许利润。这种情况只能通过“在供水经营中被使用和有用的投资才能获得补偿”的规定来抑制。这样，供水公司即使过早的对水井或水厂进行投资，也只能在投入运行时才能开始获利。

如果对水价的年增加率加以规定，就可制止上述过度投资的行为。英国就是这样做的，在英国，将水价增长与零售物价指数联系起来。这一规定并不是在控制通货膨胀，而是利用物价上涨更快地作出提高水价的决定。这和中国以限制物价来控制通货膨胀的情况有所不同。

根据通货膨胀进行水价调整的规定促使供水公司提高经营效率，因为只有降低成本，供水公司才能增加利润，中国应该按这种思路来制定水价。尽管通过价格指数的调整规定与当前的方法不相适应，也与国家为控制通货膨胀而采取的价格控制措施不相符合，但是，在水价调整过程中充分考虑物价上涨仍然是可能的。要获得真正的效果，基于资产或净资产利润的水价调整，必须对水价调整申请进行广泛全面的评价，不仅要考虑投资人的利润，更要着眼于成本控制、服务水平及企业运行的各项指标。价格指数为全面评价成本提供了一个标准。

2.6.2.5 水价调整过程中的投资利润

水价管理者能够控制固定资产或利润的净值。固定资产净值可用于衡量供水的净投资，其中包括资产投资以及由债务负担的投资。因此固定资产净值的总利润率应包括债务利息和资产利润率。债务利率是对贷款机构的利润，利率是由金融市场决定的，地方部门不能加以控制和调整。资产利润率可通过水价审批过程来确定。

根据固定资产净值允许利润率的水价调整规定必须包括债务的利率，以便有效地控制资产利润，当水价审批基于允许的资产利润时，情况就不同了，这样可以简化水价审查步骤，并且避免了因债务利息成本变动而引起资产利润率的任意变化。

当固定资产净值总利润率经过调整并确定后，增加债务成本就会降低资产利润率。如表2.30所示，如果债务利率是6%，就会实现10%的资产利润率，但是，如果债务利率增加到10%，则资产利润率降到了6%。

净资产利润的计算 **表2.30**

	低利息成本	高利息成本
允许的净资产利润率	8%	8%
债务利率	6%	10%
净资产	1000000	1000000
净资产负债部分	500000	500000
净资产投资者权益部分	500000	500000
年度债务成本	30000	50000
净资产允许总利润	80000	80000
资产投资者利润	50000	30000
资产利润率	10%	6%

如果水价调整针对的是净资产的利润而不是固定资产净值的利润，就会避免资产利润的任意变化，中国目前使用的就是这种方法，这种方法简单，易于理解和应用。

2.6.3 水价结构

在《管理办法》发布前，水价结构是按照不同用户类型的水价差异用单一的计量水价。水价结构中没有固定收费，但有些城市使用最小账单设计以建立小的固定收费。通过城市节水条例对工业用户采取的处罚性收费并不是水价结构的一部分，但从用户的角度看，它具有递增式水价的作用。

在此分两步评价这种水价结构。第一步考虑总体水价结构，把单一的计量水价结构与两部制水价结构相比较；第二步仔细考查计量水价结构。

两部制水价结构包含固定收费与计量收费。比较常见的固定收费方式是水表收费，水费随用户水表或连接管的口径而变化，在一个账单期间该项收费是固定的。另一种固定收费形式是需求收费，常用于电力工业。用户目前或前阶段的用水峰值决定其固定收费的多少。供水公司只能通过账单期最大的用水量来计量用户的用水峰值，因为在供水行业，用户不使用能表示需求峰值的水表。在这一节的分析中，假设用水需求收费建立在上一年的高峰季节需求的基础上，而用户在当年按每个账单期来支付水费。3种可选择的水价结构其优缺点见表 2.31。

三种可选择水价结构的比较 表 2.31

	优　点	缺　点
单一计量水价	收费易于确定； 易于管理； 用户易于理解； 由于所有费用都通过计量水费补偿，有利于节水	由于销售量变化影响总收入，增加了收入的不稳定性
按水表收费的两部制水价	固定收费增加了收入的稳定性； 相对来说管理比较简单	比较复杂，用户较难理解 水价计算比较复杂； 由于较少的成本是从计量水费中补偿，所以不太利于鼓励节水
按需求收费的两部制水价	额外的固定收费增加了收入的稳定性； 计算相对简单； 按需求收费，极大地鼓励了节水	比较复杂，用户理解比较困难； 管理更复杂

相对于其他水价结构，单一的计量水价结构鼓励节水，也易于管理。按水表收费的两部制水价优点不多，而且，难以得到按水表大小的用户记录，因此，这种水价结构不符合供水公司的现实情况。按需求收费的两部制水价优点是增加收入的稳定性而且加强了节水意识，因此，极大地改善了收入和节水目标，这些优点使其成为首选的水价结构。不论采取何种水价结构，都要根据当地的实际情况，没有一种惟一的水价结构会满足所有需要。

在水价结构中，有 3 种基本的方法来设计计量收费：

- 所有用户的计量收费采用统一的收费标准；
- 通过递增收费对超额用水进行高价格收费；
- 通过递减收费对超过用户计量需求的超额用水进行低价收费。

表 2.32 对每种收费进行了简单评价，进一步说明了递增收费和递减收费水价结构的缺点，而这些缺点不能被它的优点所弥补。这两种水价结构最主要的缺点是其复杂性，这一复杂性使用户不易理解，而且给管理带来不必要的困难。统一的计量收费水价结构是首选方案。

统一的计量收费并不对特定的用户或用户类型收取较高或较低的水费。在某种情况下这是它的缺点，在中国，通过对不同类型用户制定不同的收费标准来克服这一缺点。

计量收费方案的比较　　表 2.32

	优　点	缺　点
统一收费	易于管理，也易于理解； 所有需求的收费较高	不特别针对大用户或小用户
递增收费	可使大用户增强节水意识	由于大用户用水量的不确定性，依靠其收入会增加收入的不稳定性； 未能使小用户增强节水意识； 没有考虑服务于大用户和小用户的成本差异； 复杂而难于计算； 用户可能不易理解
递减收费	由于收入大多来自比较稳定的小用户，增加了收入的稳定性； 加强小用户的节水意识； 考虑了服务于大用户和小用户的成本	未能使大用户增强节水意识； 复杂而难于计算； 用户可能不易理解

注：表中的评述是假定所制定的水价能补偿所批准的成本和利润水平。由于水价的有效管理，自来水公司的补偿不能超此标准。

统一的水价结构有两种变化情况，即季节性水价和最低限水价，使供水公司可以更加准确的对待用户。季节性水价是季节性用水高峰需求时用一种水价，而非高峰季节用另一种较低的水价。在旅游城市，为了减少季节性用水高峰的压力，这确实是一个重要的需求管理手段。当然，季节用水高峰期的水价必须高于非季节高峰期的水价才会起作用。在水价处于低起点时，10%或20%的季节性水价差异一般不会引起用户的重视。

最低限水价是对满足基本生活需要的水收取最低的水价，超过此水量时则收取较高的水价。这种水价仅适用于居民用户，它保证贫穷家庭也能得到基本的供水服务。当不能向贫穷家庭直接予以援助时，这是一种很有用的手段，但缺点是所有的家庭用户都能从中受益，而不仅仅是那些低收入的家庭。另外，如果公寓内有许多家庭用户，而供水公司却不对每个家庭分别读表计量时，这种方法就很难适用了。

目前全国通用的水价结构非常简单，即根据装表用户的用水量统一收取容量费，费率随用户类型而变化。标准用户类型分为：家庭、商业、机关、工业、供水站和卫生机构。总站向各供水站售水。

各城市对用户类型的定义不尽相同，例如：家庭类用户有时包括一些机关用水，在旅游区将宾馆划为特种用户类型等。

水价结构中没有固定收费，但实际操作中有最低水费的例子。在福州，最低收费与最小用水量相关联，最小用水量是无需向用户收取水费的水量。这种最低水费仅适用于非家庭用户并随水表类型而变化。一些自来水公司采用季节水费结构以控制用户的需求，例如江苏省季节水费的加价幅度是15%。深圳市对居民用户采用递增水价结构，即当家庭用水量超过30m^3/月，或有多个住户的住宅每人每月的用水量超过6m^{3}时采用高费率。

对于未在规定时间内付费的用户收取滞纳金，但大多数用户都按时付费。

从表2.33中各类用户的平均水费数据可以看出，对家庭用户的收费水平通常是最低的，其次是机关，然后是工业水费。自来水公司的绝大多数收费水平低于1元/m^3，但也有许多收费远高于此(表2.34)，这一点尤其体现在商业用户的水价上，因为商业用户的水价是最高的。

水　价　水　平　　表 2.33

	水价(元/m^3)					
用户类型	供水公司数	最小值	中间值	平均值	最大值	标准偏差
家庭	552	0.20	0.60	0.68	3.00	0.30
机关	470	0.25	0.73	0.87	4.50	0.52

续表

用户类型	水价(元/m³)					
	供水公司数	最小值	中间值	平均值	最大值	标准偏差
商业	535	0.28	1.00	1.19	6.00	0.69
工业*	126	0.12	0.90	1.03	2.70	0.51
工业**	386	0.35	0.80	0.89	2.70	0.39
水站	153	0.20	0.69	0.78	2.89	0.42
市政***	252	0.20	0.66	0.83	4.00	0.61
平均水价	492	0.23	0.72	0.82	2.90	0.39

数据来源：中国城镇供水协会；*沉淀水；**过滤水；***用于公园浇灌、城市清洁等。

水价结构中的收费分布 **表 2.34**

用户类型	频率分布的下限及上限*(元/m³)											
	0.00～0.25	0.26～0.50	0.51～0.75	0.76～1.00	1.01～1.25	1.26～1.50	1.51～1.75	1.76～2.00	2.26～2.25	2.51～2.50	2.76～2.76	2.76～+
工业**	3	14	23	36	12	21	6	7	1	1	2	0
工业***	0	40	132	123	37	31	8	7	1	4	3	0
家庭	3	165	220	119	26	8	5	2	1	2	0	1
机关	1	97	148	116	41	27	12	11	3	6	3	5
商业	0	26	93	189	80	52	12	30	9	18	7	19
水站	2	45	42	37	13	6	2	4	0	1	0	1
市政#	6	69	88	46	13	9	1	6	2	3	1	8
平均水价	1	69	201	111	49	31	17	5	2	4	1	1

数据来源：中国城镇供水协会；*在指定范围内收费的自来水公司的频率数；**沉淀水；***过滤水；#用于公园浇灌、城市清洁等。

2.6.4 水价调整

由于历史的原因，建国后水价有 30 多年几乎未作调整，供水服务长期处于无偿或低偿状态。20 世纪 80 年代后期，经济改革带来的用水需求增长和供水成本上升已使调价成为势在必行。一些城市在建国后第一次调价的时间是：如大连为 1992 年、北京为 1987 年、太原为 1984 年。

1986～1996 的 10 年中水价上涨很快。表 2.35 的数据说明了国内城市平均水价的增长史。这些数据说明水价变化非常快，10 年中平均增长了 348%，年增长率 16%；10 年的最大增长率为 570%，年增长率 21%。同期综合消费价格指数从 106.5 上升到 327.9，总增长率 208%，年增长率 11.9%，因此水价比消费价格指数上涨更快。表 2.35 所列 32 个省市中，只有 6 个城市的水价增长率低于通货膨胀率。

城市水价增长史 **表 2.35**

	1986 年平均水价(元/m³)	1996 年平均水价(元/m³)	价格调整的年数	调整频率	从 1986 年到 1996 年水价增长率##(%)
北　京	0.17	0.64	10 年中有 6 年	60%	276%
天　津	0.21	0.59	10 年中有 6 年	60%	181%
河　北	0.11	0.57	3 年中有 1 年	33%	418%
重　庆	0.18*	0.80	9 年中有 6 年	67%	344%***

续表

	1986年平均水价（元/m³）	1996年平均水价（元/m³）	价格调整的年数	调整频率	从1986年到1996年水价增长率##（%）
石家庄	0.07	0.45	8年中有3年	38%	543%
张家口	0.17	0.73**	9年中有6年	67%	329%***
济南	0.14	0.68	7年中有4年	57%	386%
南京	0.13*	0.47	4年中有2年	50%	262%***
杭州	0.09	0.54	10年中有8年	80%	500%
福建	0.09	0.53	5年中有4年	80%	489%
广州	0.15	0.80	10年中有8年	80%	433%
深圳	0.20	1.34	8年中有7年	88%	570%
南京	0.13	0.39	10年中有6年	60%	200%
海口	0.15	0.89	10年上有7年	70%	493%
哈尔滨	0.15	0.97	8年中有7年	88%	547%
长春	0.24	0.95	10年中有6年	60%	296%
沈阳	0.12	0.75	10年中有6年	60%	525%
呼和浩特	0.10	0.64	10年中有6年	60%	540%
太原	0.16	0.85	8年中有6年	75%	431%
郑州	0.12	0.67	10年中有7年	70%	458%
武汉	0.10	0.55	8年中有3年	38%	450%
长江	0.10	0.45	7年中有5年	71%	350%
南昌	0.12	0.54	10年中有4年	40%	350%
合肥	0.12	0.48	10年中有5年	50%	300%
西安	0.15	0.47	10年中有5年	50%	213%
兰州	0.10	0.67	10年中有8年	80%	570%
银川	0.15	0.52	8年中有3年	38%	247%
西宁	0.18	0.31	10年中有3年	30%	72%
乌鲁木齐	0.15	0.44	3年中有1年	33%	193%
成都	0.14	0.43	4年中有3年	75%	207%
贵阳	0.12	0.40	8年中有4年	50%	233%
昆明	0.15*	0.57	3年中有1年	33%	280%
平均	0.14	0.63	—	59%	348%

资料来源：中国城镇供水协会“城市供水统计年鉴”，*1987年价格；**1995年价格；***九年中的变化，而不是十年中的变化；#基于连续观测的数据；##按（$100\%\times(T^{1996}-T^{1986})/T^{1986}$）计算出来的数据。

水价调整的频率很高，表2.35中的许多城市几乎每年调整一次，这些城市10年中平均调整了6次（约每两年一次）。

2.6.5 水价计算

水价的计算基于供水成本，但计算时成本的处理则依据成本补偿目标。成本补偿目标是政府政策问题，可以从完全成本补偿到部分经营成本补偿。

成本分析可用来支持水价调整，但并不一定要包含在调价申请中。批准的水价反映了政府在考察了地方经济的具体条件和水价趋势之后所做的决定。

就简单的计量水价结构来说，平均水价等于总成本除以总销售水量，也可以应用以预算成本为依据的通货膨胀指数进行计算。

不同用户类型的水价差异，是以水价审批机构和供水公司的意向为基础，还没有正式的评估程序和成本分摊方法来确定差价。

2.6.6 相关收费和评估

许多供水公司有各种附加收费，这些收费标准一般只需经地方政府批准。有些供水公司将附加收费并入水价中，有些则单独分列在用户水费账单上。单独分列时，附加费用并没有记入现有的统计资料中。这种不按照水价审批程序而增加供水收入的附加收费是用户普遍关心的问题。

大部分非水价性收费都像水价那样的计量收费，但也有另外的收费，它们用不同基数向用户收费。计量收费常常通过水费账单来收回，收费上交政府，用于供水设施建设或其他市政服务。以下是供水公司非水价收费的例子。

• 供水增容费(也称扩容费)——对非居民用户一次性的开发费。对新用户按每年总用水量而原有用户按扩大经营所增加的用水量来征收的费用，主要用来补偿供水工程的成本。

• 节水费——这是提高水价的一种收费，它只是当非居民用户的用水量超过定额时才收取。

• 管道连接费——对新用户进行的一次性收费以补偿连接供水系统所需成本。在沈阳，这种连接费随服务管线大小及用户类型而异。家庭用户的服务管线直径从 15mm 到 25mm 时，收费 300 到 1760 元。工业和商业用户的连接费，当管径为 15mm 到 200mm 时，收取 3200 到 320000 元。

• 建设费——用来支付供水公司基建工程费用。资金可以特别建设基金形式来积累。江苏省的建设费是按计量收费来收取的；张家口市收取的建设费是 0.13 元/m^3，沈阳市收取的建设费是管道连接费的 50%。

• 水压提升费——为了补偿维持供水系统压力(用户可能在特定的压力区或较高的建筑物内)的加压泵成本，向用户收取的费用。

• 价格调整基金费——在某些城市，在水费账单上加入特别费来作为价格调整基金。南京市就征收这类基金，收费额是 0.42 元/m^3。征收这一基金的目的是用作自来水公司的利润稳定金，它由地方物价局管理。存入这种基金的存款常常是自来水公司的额外利润。

• 城市建设费和城市公用事业费——用于城市和公用事业基础项目的资金，有时是通过水费账单上的特别收费来收取。如自贡市按照用户类型不同，收取 0.74 元/m^3 到 1.15 元/m^3 不等的费用。

• 水资源费——抽取原水的费用。张家口收取 0.07 元/m^3 的地下水资源费，自贡市则收取水资源和开发费 0.30 元/m^3。水资源费上交给政府，用于支持水资源事业。

• 地方政府和下属供水公司用各种非水价收费来补偿与水资源有关的成本。总起来说这些收费可分为 3 类：

a. 由供水公司征收的补偿供水成本的费用，作为供水公司的收入。例如，管道连接费和扩容费。

b. 由地方政府征收的费用，主要用来补偿供水公司的基建工程成本，这一费用由供水公司代收但上交地方政府，例如建设费。

c. 地方政府征收的水资源管理成本费。水资源管理成本与供水公司经营没有直接的关系。这一费用由供水公司或节水办公室这样的机构来代为收取，该项收入上交地方政府。节水费和水资源费属于此类。

前两种收费都是用来补偿供水公司的成本，其中的一些收费并没有经过像水价那样的审核批准程序。这些收费占据用户特别是非居民用户的供水总成本很大的比例。这些非水价收费不仅会对供水公司水费收入产生明显的影响，而且使收入产生过程复杂化，使用户和其他有关方面对供水公司的融资及供水的确切成本难于理解。此外，还增加了管理的复杂性和供水公司及政府的成本。供水公司对这些收费的好处也许在于避免了复杂而费时的评估和审批程序。

绝大多数用以补偿供水公司成本的非水价收费应该取消，通过这些收费来补偿的成本改为通过水价来补偿。惟一应该保留的非水价收费是那些为补偿对个别用户提供特别服务的直接成本的收费，例如给新用户接通街道干管的成本收费。从所有用户中补偿这些成本是不公平的，可从管理角度估算适当的价格，同时向接受这一服务的用户收取费用。

建立这种类型收费的主要标准是：

1）收费是针对具体的特殊服务；

2）服务的成本易于确定也易于向用户收取；

3）能有效的实施和管理。

所有用来补偿供水公司成本的其他收费应该纳入水价，使水价成为补偿供水服务成本的手段。即使供水公司成本的某一部分由政府而非由供水公司来筹措时也应该这样做。当用调整水价来补偿供水完全成本时，这些成本就可被转移到供水公司，或者将部分水费收入从供水公司转交到地方政府，以补偿地方政府曾为供水公司支付的那部分成本。

许多理由表明，用来补偿其他水资源管理成本的收费应该在政府的控制之下。这些收费中有一些是用来补偿废水处理的成本，这些收入显然应该用于排水服务。其他收费，如水资源费、节水费等实际上是一种资源税，不应该与供水公司的完全成本补偿联系起来，后者应是水价应起的作用。资源税有几种功能，其中最重要的功能是通过鼓励使用者高效率地利用资源，以实现对资源利用的管理，资源税是获取原始资源的价格，并将该价格返还给国家。在经济分析中，这一价格称为资源租金。最后，资源税可被用来补偿政府进行资源规划和管理服务方面所发生的成本。

由于水资源费和节水费是资源税，这些收费的价格应以原水资源的经济价值为基础。可用边际成本分析来估算这一价格。通常，边际成本分析是一种前瞻性分析。例如，如果供水系统是不可长期持续的，则现在供水系统的成本不能反映水的经济成本。水的经济价值最好是从其他可持续的供水方案，如流域内输水工程的供水成本来衡量。在水短缺地区，可持续供水的价格常常比目前大城市供水成本高2～3倍，这一成本就是供水的边际成本。

资源税的收费收入应由政府保留，可用于水资源规划和管理，或用来帮助解决那些供水公司不能解决的问题，例如，供水公司富余人员的重新分配，促进节约用水，帮助低收入家庭和没有能力支付供水成本的国有企业等。

2.6.7 私有部门在供水行业中的作用

2.6.7.1 私有部门参与模式

私有部门参与供水的主要模式如表2.36和2.37所示，参与的范围由简单的服务合同到供水公司的部分或全部私有化，BOT项目和部分私有化计划在中国只是在尝试阶段，正在不断地从这些尝试中取得经验和教训。采取哪种方式最为合理，要根据当地的具体情况而定，必须对各种可行的方法进行仔细和全面的评估、分析和对比，以保证对用户有最好的结果。

私有部门参与模式 **表2.36**

参与模式	说明
服务合同	订约者为某些具体的任务如工程设计提供服务，也可从事某些经营活动如水厂维修、读表等，服务合同一般为期1～3年
管理合同	订约者可为整个供水公司运行或某些重要部分如净水厂提供综合管理服务，订约者还可代表政府进行记账和收费活动，此类合同一般为3～5年或者更长
租赁合同	订约者全面负责企业的运行、计划、管理和基础设施维护，合同规定有明确的行为准则，一般期限为10～20年

续表

参与模式	说明
转让合同	订约者全面负责企业的运行、计划、管理和基础设施维护，基建投资，一般期限为20～30年
BOT	订约者进行工程设施建设，运行一段时间后将所有权和运营权交给政府或政府指定部门。BOT项目合同一般至少为10年，成都供水公司就有一个BOT项目
私有化	政府成立一个新公司，将供水公司资产转移给该公司，并以公开出售股份的形式将公司私有化，新公司作为一个私有公司运行，并依法提供标准的服务和进行水价调整

私有部门参与模式的主要特点 表2.37

私有部门参与模式	水价制定	投资活动	工资与报酬来源	资产所有权
服务合同	政府	政府	合同费用	政府
管理合同	政府	政府	合同费用但结构可能变化	政府
租赁合同	订约者	政府	水费收入	政府
转让合同	订约者	订约者根据既定合同进行	水费收入	政府/订约者
BOT	政府	订约者	合同费用根据供水能力而定	订约者在一定时间内
私有化	私有公司	私有公司	水费收入	私有公司

2.6.7.2 私有部门参与的目标

政府让私有成分参与供水行业的主要目的是增强供水公司的收益，改善投资资金的来源。引入私有成分后通过竞争可以改善效率，建立高效的运行机制。通过这一过程，政府获得先进的技术、设备和管理经验，并且能够提高职工的技能，同时也因为新体制创造了引入基于成本的水价的机会。

私有部门的目标是在一个可接受的风险水平上投资能够得到合理利润。对私有投资者的主要风险因素有：(1)财政、法制和规章制度的变化；(2)未能达到建设或运营的标准；(3)由于售水量低、低水价和汇率变动等因素的影响，未能实现收入目标。在特定的情况下，这些风险的严重程度取决于私有部门参与的形式、合同条款以及与风险分摊和管理有关的条件。

当引入私有成分时，水价政策在风险管理中起着重要作用，尤其是当私有部门直接负责水价时，当市政府和供水公司仍然负责水价时也是这样。如果有明确的政策和合同，规定完全补偿供水成本的价格，同时要建立独立的、透明的法定程序来保护用户不受超额利润的损害，则在上述两种情况下，收入风险就会减少到最低程度。

在现行机构体制下，某些与低水价有关的收入风险由于地方政府的原因减少了，因为地方政府可以单独向用户收取费用来补偿基建投资(而非运行费用)的成本，在水价收入过低时，这种收费的收入可用来向合同人支付合同规定的款项，有许多私有成分的合同可长达10年或10年以上。随着新水价制度的引入，非水价收费可能会逐渐消失。因此，保证从水价那里获得完全成本补偿的体制给私有投资者以极大的安全感。吸引私有投资者的最好办法是建立水价政策、法规和规章，以保证完全成本补偿，包括合理的权益投资利润。

2.6.7.3 私有投资的利润率

对私有投资者吸引力的大小主要取决于成本补偿包括基建投资利润的前景。从这点上讲，按表2.38提供的利润率，供水公司要想获得投资利润，成功的吸引私有部门资金还需要一段时间。水价改革和改善成本控制是提高供水公司盈利能力的最重要方式。

只有私有部门在供水方面的投资利润和风险方面与它在其他方面的投资可以比较时，才能吸引私有部门的资金。适当的投资利润率随时间和城市的不同而变化，取决于地方的风险因素，水价制定过程必须有足够的灵活性以适应这一变化。同时，必须杜绝超额利润，因此国家和省级价格管理办法应该有明确而又灵活的有关允许投资利润的规定。

中国的利率和利润率(1996) 表 2.38

	1996 年
1 年定期存款利率(1996 年 8 月)	7.5%
5 年定期存款利率(1996 年 8 月)	9.0%
1 年期普通贷款成本(1996 年 8 月)	10.1%
3～5 年基本建设贷款成本(1996 年 8 月)	11.7%
大型和中型企业批发和零售利润(销售利润/权益)*	37.2%
建筑企业利润包括所有企业(税前利润/权益)*	15.2%
建筑企业盈利能力，指国有企业(税前利润/权益)*	11.7%
建筑企业盈利能力，股份制企业(税前利润/权益)*	16.7%
乡镇企业盈利能力(税前利润/资本)	4.6%
工业企业盈利能力——包括所有企业(税前利润/权益)*	16.2%
工业企业盈利能力——指国有企业(税前利润/权益)*	14.8%
工业企业盈利能力——指股份制企业(税前利润/权益)*	15.8%
工业企业盈利能力——指电力行业(税前利润/权益)*	16.3%
工业企业盈利能力——供水行业(税前利润/权益)*	5.2%

资料来源，中国统计年鉴，1997；* 指从报告中估计。

供水公司制定财务计划时应尽可能将基建投资成本降到最低水平。当供水公司有多种资金来源(包括债务和权益两种来源)，应进行公开竞争，这样供水公司就有更多的机会来控制财务成本。在公开和竞争的融资市场上，竞争过程将在不同投资来源的成本之间形成合理的差别。水价管理办法对不同资金来源(如国内投资者和国外投资者)之间利润率的武断规定，只会使供水公司作出具有偏见性的融资决定，而不会导致高效的财务计划。因此，水价政策不应该对不同的投资来源规定不同的利润率。

2.6.7.4 私有部门参与的合资公司状况

对私有部门合资的供水企业状况进行确切的评估还为时过早，但至今为止，上海的一个 BOT 项目向我们提供了丰富的信息。该 BOT 项目第一期 20 万 m^3/d 的净水厂已经建成并通过验收，第二期 40 万 m^3/d 的净水厂正在建设之中，用于该项目的总投资为 7300 万美元，合同期限为 22.5 年，其中 2.5 年为建设期。

本 BOT 项目被认为是一次吸引外资、引进先进技术和有效管理经验的机会。然而，通过对项目第一期的调查表明，该项目在引进资金方面是很昂贵的。项目引进的先进技术主要是在自动化领域，上海自来水公司和 BOT 水厂方认为设计不当，使自动控制系统中仍存在一些未能解决的问题，这些问题也许能很好的解决，但是，如果 BOT 签约方不能继续对设备进行升级，那么随着时间的推移，这些新技术的先进性就会慢慢地消失。

从管理的角度看，尽管 BOT 厂方雇有工作人员 70 名，比与此类似的上海自来水公司水厂要少 30 多人，但是 BOT 厂方实行高工资，致使劳动力成本比上海供水公司的水厂要高，事实上，BOT 水厂的总运行成本要比其他水厂高得多。

这并不是说 BOT 不能作为一种融资、引进先进技术和经验的方式，而正是意味着那些正在考虑 BOT 项目的供水公司，必须仔细地评估其财务状况和技术水平，以确保 BOT 项目能够提供其他方法所不能达到的优势。进行长期的财务预测，将 BOT 成本与其他方式的成本进行综合比较，然后进行基建工程，这是在进行此类评估过程中必须高度重视的问题。

2.7 试点城市情况

2.7.1 机构组织

试点城市的多数自来水公司由公用事业局负责管理，而公用事业局一般是在建设委员会的领导下。深圳自来水公司是由深圳投资管理公司和水务局共同管理，前者管理资产，后者管理运营。

由于自来水公司的服务处于垄断地位，国家为保护公众利益，有许多政策和法规以规范自来水公司的行为，例如，水价调整就需要严格的审批过程，用户水表可由其他机构来校验其计量情况等。

自来水公司用人数量受到劳动政策的影响，领导人选和公司的预算须经公用事业局会同其他政府部门批准。福州自来水公司则属例外，用人由工会作出决策，财务准则和合理的利润是由建委制定，但实际预算只由工会批准即可。

自来水公司负责供水系统的运行、维护和修理以及小型的项目投资，其余由其他部门负责，例如，大型基建项目由其他政府部门进行计划、审批和建设。节水工作一般由独立的节约用水机构负责。

试点城市自来水公司还有其他的业务，这些业务和供水运行并无关系。例如福州、上海和深圳自来水公司还有制造、承包、房地产和贸易等业务，可以解决富余人员就业，还可获得利润以弥补亏损。自来水公司的这些业务与公司的运行互相结合，因此很难单纯就自来水公司的运行进行客观的评价。从管理的角度来看，如果按供水运行的需要来配置公司的人员，并且售水收入能维持公司的支出，当然最为理想。

在上海和成都，政府已经将自来水公司的一些职能分离开来，以利于供水投资。例如上海的原水公司和一些供应净水的公司，成都是以 BOT 的方式扩建供水能力。在这些城市，自来水公司不再是惟一的负责供水和输水的公司。

BOT 是一种投资方通过建造水厂、经过运行再移交给自来水公司的新融资方式。目前还没有单独将运行或维护分离出来的事例，但可由承包商来进行一些特殊的工作，如读水表，这是一个检查工作效率的新途径。

各地政府的政策不同，例如，张家口市属于刚开放地区，自来水公司只能通过政策的调整增加利润。深圳市是一个经济特区，这样的环境有助于供水系统的扩建和财务的良性循环。成都市是一个利用 BOT 方式融资的试点城市，有望通过这种途径改变现有状况。

2.7.2 供水能力

作为本次试点研究的有成都、福州和张家口 3 个城市的 4 个自来水公司。其中张家口有 2 个，即张家口市供水总公司(负责张家口市主要城区的供水)和宣化供水有限责任(以下简称宣化供水公司)公司(负责宣化区的供水)。

随着城市人口的增长、城市的发展和居民生活水平的提高，城市供水量日益增加。图 2.5 为 3 个试点城市的供水量增长情况，各城市的供水变化趋势颇为相似。在 1998 年之前供水量均处于攀升状态(张家口为 1997 年之前)，到 1999 年开始有所下降。这一情况从一个侧面反映了全国供水的总趋势和国内大部分供水公司的供水趋势。

2.7.2.1 成都

为满足经济发展的需要，1990 年至 1999 年成都市的供水能力有了较大的发展，表 2.39 为成都市自来水公司的供水能力和最大日供水量。

成都市自来水公司 1990 年的的供水能力为 65 万 m^3/d，1999 年增长到 105 万 m^3/d。尽管如此，10 年中仍有 6 年的最大日供水量超过了供水能力。1999 年供水能力正好等于最大日供水量。

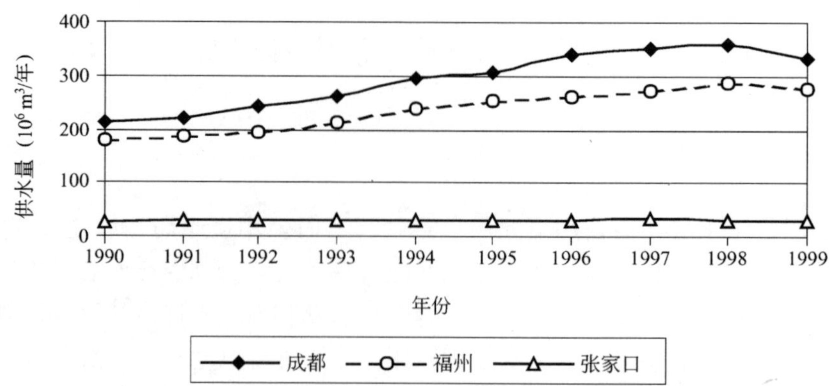

图 2.5 成都、福州、张家口市供水总公司供水曲线图

成都市自来水公司供水能力和最大日供水量 **表 2.39**

年　份	供水能力(m^3/d)	最大日供水量(m^3/d)	供水能力与最大日供水量之比
1990	650000	709000	0.9
1991	650000	711500	0.9
1992	850000	805700	1.1
1993	850000	812600	1.0
1994	850000	1018000	0.8
1995	855000	120000	0.8
1996	1050000	1104300	1.0
1997	1050000	1116800	0.9
1998	1050000	1127200	0.9
1999	1050000	1050000	1.0

资料来源：成都市自来水公司，2000。

为了满足今后的需求，还需要再建两个项目。成都市第六水厂 BOT 项目第四期工程的供水能力为 40 万 m^3/d，这一项目包括原水输送管线，水处理设施和配水系统。成都第六水厂第五期工程的供水能力也是 40 万 m^3/d，这一项目包括水处理设施和配水系统，预计将于 2005 年建成。成都供水能力发展计划见表 2.40。

成都市自来水公司供水能力发展计划 **表 2.40**

年　份	2005	2010
供水能力(m^3/d)	1780000	1780000
最大日需水量(m^3/d)	1440000	1610000

资料来源：成都市自来水公司，2000 年。

成都第六水厂第五期工程可行性研究报告(1999 年)使用了两种方法预测成都市城区的需水量。一种是用居民生活用水量标准，另一种是用居民生活用水量年增长率，两种方法的预测结果十分接近。前一种方法用水量的数值选在设计标准范围内，并接近于实际值。后一种方法考虑到了家庭和工业用水量增长趋势。需水量预测的最终值是取两种方法预测结果的平均值。表 2.39 说明供水能力的发展能够充分满足需水量的增长。

2.7.2.2 福州

为满足发展需要，福州市供水能力不断增加，表 2.41 为 1990 年至 1999 年的供水能力和最大日供水量。

福州市自来水公司供水能力的发展　　表 2.41

年　份	供水能力(m^3/d)	最大日供水量(m^3/d)	供水能力与最大日供水量之比
1990	435000	563400	0.77
1991	435000	580600	0.75
1992	435000	591800	0.74
1993	585000	671400	0.87
1994	585000	778600	0.75
1995	735000	791900	0.93
1996	835000	813200	1.03
1997	835000	841200	0.99
1998	968000	870500	1.11
1999	965000	831200	1.16

资料来源：福州市自来水公司，2000。

从上表可见，福州市自来水公司在这 10 年中有 7 年的供水能力小于最大日供水量。从 1998 年开始，福州的供需矛盾有所缓和，1999 年供水能力已达最大日供水量的 1.16 倍。

为了增加供水能力，福州市正在进行两个项目的建设。一是西水厂扩建项目(二期第二阶段)，可新增供水能力 15 万 m^3/d。另一是福州第二水源筹建项目，即亚行敖江项目，该项目的源水输送能力为 70 万 m^3/d，一期处理能力为 30 万 m^3/d。福州市供水公司 2010 年前的供水能力如表 2.42 所示，排除因不可预见因素造成需水量猛增的情况外，到 2010 年供水能力仍能满足供水需求。

福州市自来水公司供水能力　　表 2.42

年　份	2005	2010
供水能力(m^3/d)	1780000	1780000
最大日需水量(m^3/d)	1000000	1170000

资料来源：福州自来水公司，2000。

福州的主要水厂均位于江北地区，但是福州市 1/3 的人口居住在江南地区。为了满足江南地区用水的需求，须增建输水管线和管网，将水从江北地区输送到江南地区。目前的配水系统还不能完全满足供水能力的需要，管网的建设是当前和今后都需要解决的问题。

2.7.2.3 张家口

为满足城市各项事业的发展，张家口市的供水能力有了很大的增加。表 2.43 为 1990 年至 1999 年张家口市的供水能力和产水量。

张家口市供水总公司的供水能力通常都高于最大日供水量。目前的供水能力为最大日供水量的 2 倍。由于张家口市供水总公司目前的供水能力可以满足 2010 年高峰日需水量，因此无须再建新的供水工程。

张家口市供水总公司供水能力和产水量　　表 2.43

年　份	供水能力(m^3/d)	最大日供水量(m^3/d)	供水能力与最大日供水量之比
1990	95300	87700	1.09
1991	95300	92200	1.03
1992	95300	92900	1.03
1993	95300	95100	1.00
1994	120000	92100	1.30

续表

年　份	供水能力(m^3/d)	最大日供水量(m^3/d)	供水能力与最大日供水量之比
1995	120000	99900	1.20
1996	120000	97400	1.23
1997	300000	111700	2.69
1998	300000	100266	2.99
1999	300000	112973	2.66

2.7.3　用水量

试点城市供水公司的所有用户都实行装表计量，而且对用户的用水量有详细的记录，都能提供不同用户类型的用水量信息，见表2.44。在1990～1996年，有2/3城市的用水量年平均增长率在3%～6%之间，张家口(1.8%)和深圳(13.1%)除外。张家口市居民用水所占比重最小。上海市居民用水量增长最慢。

按用户类型的用水量增长情况和用水量分配　　表2.44

	成　都	张家口	宣化区	上　海	深　圳	福　州
1990～1996年平均增长率						
居　民	15.8%	5%	13.1%	4.2%	15.8%	9.3%
商　业	4.4%	4.9%		8.9%	12%	1.1%
工　业	−7.8%	0.9%	−2.8%	−3.8%	8.5%	2.7%
机　关	2.1%	−1.5%	1.6%	−7.5%		4.6%
其　他	4.5%	0.5%		390.8%	−20.2%	−0.7%
总　计	4.8%	1.8%	5.7%	3.5%	13.1%	4.8%
1996年用水量分配						
居　民	48.8%	26.6%	41.1%	28%	44.4%	31.2%
商　业	12%	11.3%	4%	26.2%	26.5%	11.6%
工　业	24.3%	44.1%	30.2%	31%	23.8%	29.4%
机　关	13.3%	16.8%	17.8%	1.8%	5%	20.1%
其　他	1.6%	1.2%	6.8%	12.9%	0.4%	7.7%

大部分城市的工业用水量增长很少，甚至呈下降趋势，这主要是由于减少工业用水的政策目标在起作用。为达到这个目标，实行了节约用水计划，包括制定工业用水定额，而工业重组也是工业用水减少的一个原因。深圳的工业用水则属例外，年增长率达到8.5%，主要是因为深圳的大部分工业属于新兴工业，用水效率非常低的老工业很少或已经关闭。

2.7.4　未计量水

未计量水是水厂产水量和用水量之间的差值，即没有带来销售收入的水量，可用漏失率表示：

漏失率(%)=[(年产水量−年售水量)/年产水量]×100

试点城市1996年的漏失率如下：

成都　　17%

张家口　　9%

宣化区　　8%

上海　　15%

深圳　　　　8%

福州　　　　16%

与西方国家15%的漏失率相比，试点城市的情况还算合理。漏失率低有几个原因，一方面，中国的人口密度和工业密度较大，一定的供水量流经的管道较短，漏水的概率小，所以漏失率较低；另一方面，所用的水表形式不同，并且水表随着使用时间其精确度会不断下降。在北美和许多其他国家，普遍采用容积式水表，这些水表显示的读数一般比实际流出的水量要小，因此增加了漏失率。在中国，普遍采用的是叶轮式水表，这种水表使用时间越长，读数越容易偏大或偏小，如果显示的用水量偏大，漏失率相对会低一些。

2.7.5 节约用水

20世纪80年代初期中国就开始实行节约用水，一般是由独立的机构负责节约用水。节约用水工作中，有针对工业用水的计划，还采用各种宣传方式，如电视、报纸、电影的片头、公共汽车上的标语等，以提高人们的节水意识。

由于居民用水必须优先于工业用水，所以节约用水的重点是工业用水。国家制定了工业用水定额制度，用水的定额随着行业和地区的不同而有所差异。如果超定额用水，就要交纳一定的罚款。工业企业如安装节约用水设备，国家可提供经济补助。除成都因缺乏1990年的数据外，试点城市工业用水的比例从1990年的42.1%下降到1996年的31.7%。

居民用水的增长是用水需求增长的一个主要因素，而用水量增长就需要资金来扩建供水系统，因此自来水公司应重视居民用水量。但是可以通过各种途径来减少居民用水，如维修漏水的卫生洁具，替换效率低的卫生洁具，检修漏水的管道等。

对居民用户采用优惠水价。居民用水价格通常低于工业用水价格。如果通过节约用水能减少供水设施的扩建需求时，也可以考虑提高居民用水价格。

不注重总体经济影响的工业节水，将会阻碍经济的发展。供水行业曾说过水价太低不足以鼓励节约用水。另外，如果能放宽工业用水定额，工业用户宁愿支付较高的水价。他们更愿意根据实际的供水成本作出用水管理的决策，因为限制用水会阻碍生产能力的扩大。

2.7.6 水价和相关收费

试点城市供水公司都对不同类型的用户实行差异水价，居民用水价格最低，这符合“居民用水保本微利，工业和商业用水取得合理的利润”的国家政策。

深圳的水价最高，为1.0元/m³。上海的水价最低。其他城市基本相似，在0.5～0.7元/m³之间。深圳、成都、福州采用了阶梯式水价，以成都为例：

居民

每月0～15m³(基本水价)	0.85元/m³
超过15m³	1.70元/m³

非居民

基本用水量	基本水价的100%
基本用水量的100%～110%	基本水价的150%
基本用水量的110%～120%	基本水价的180%
超过基本用水量的120%	基本水价的220%

居民水价见图2.6，1996年比1990年的水价提高了很多。深圳的水价增长稳定。成都、福州和张家口的水价在1994年以前一直未变，1994年后价格上调。上海水价上调较早，但1994年以后再没有增加，反而有些下降，因此水价最低。试点城市各种水价的比较见图2.7。

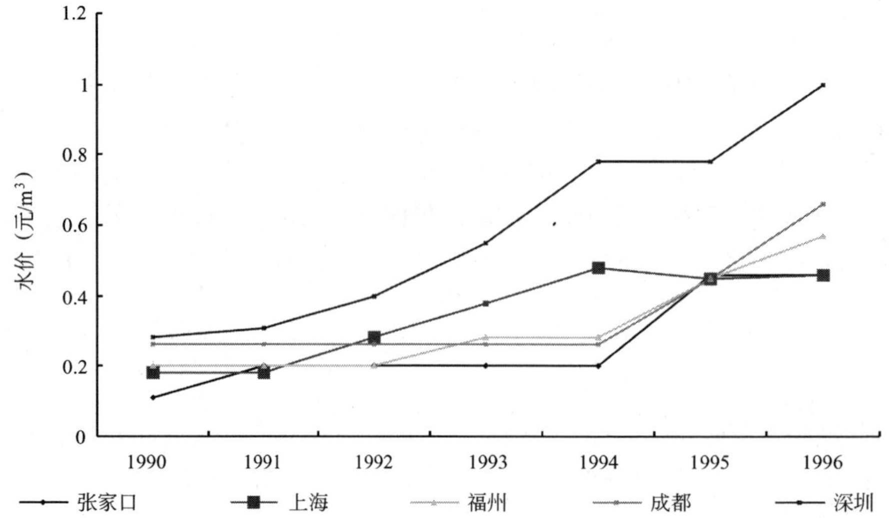

图 2.6 居民水价(1990～1996)年

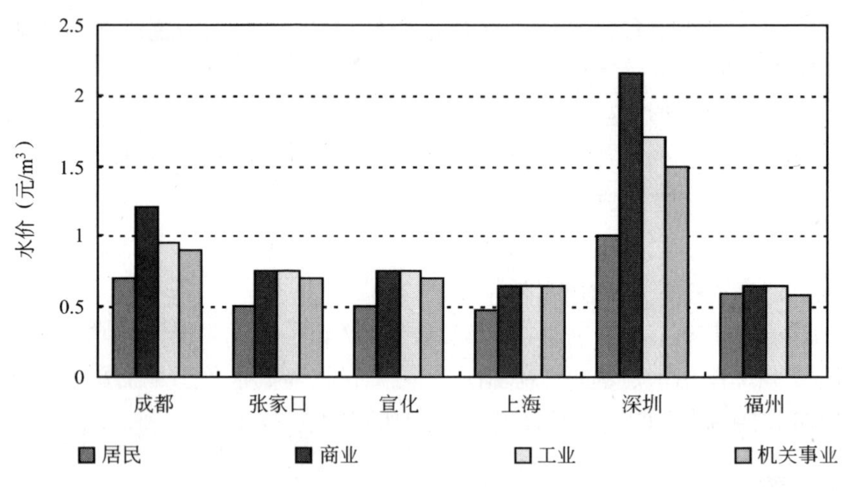

图 2.7 水价比较(1996)

供水设施的规模受季节性用水量的影响，因此季节性用水量会影响水价的制定，用水高峰期应采用较高的水价，递减阶梯式水价是按季节用水的水价结构例子。在试点城市的研究中，深圳、成都和上海的最大月用水量比平均每月用水量高出 17%，用水量最大月一般是在 8 月份。福州的最大月用水量仅为平均月用水量的 1.05 倍，用水量最大月一般在 7 月份。地处北方的张家口和宣化供水公司，高峰期在夏季，最大月用水量仅为平均月用水量的 1.08 倍。根据季节性需求制定的水价，如季节水价和递减阶梯式水价，在北方的城市并不适用，但可能适用于南方的条件。

自来水公司除了基本水价外还收取其他费用。以下是几种典型的收费种类：

——建设费：根据水费账单上的用水量计算，用来补偿投资成本；

——水资源费：水费账单的一个组成部分，上交给水资源管理机构；

——城市建设发展费：包括在水费账单中，上交市政府，用于供水或其他市政设施的建设；

——管道连接费：连接管道时的一次性收费；

——投资资金成本：对新用户的一次性收费，用于基本设施的建设和供水系统扩建，对于非居民用户采取增容费的形式；

——新设施费：开发商支付的新管线的费用，建成后转交给自来水公司。

收取与新供水设施成本有关的费用是一种较好的方法，其他的收费像水资源费也是有法律规定的。

用户账单中经常包括上述一些收费。在一些城市中，即使为其他部门代收的费用如水资源费、城市建设费也算在水价中。这种收费最好在水费账单中单独列出，以便使用户了解是什么机构、收取何种费用，收多少，这样可以提高供水公司服务的透明度。图 2.8 是建议采用的水费账单形式，该账单很清楚地列出了各种收费。

自来水公司水费账单

用户姓名，住址

交费期间　　从 1998 年 6 月 1 日到 1998 年 7 月 1 日

用水量

本次读表	$1520m^3$			
上次读表	$1500m^3$			
用水量	$20m^3$			
收费类型		体积	单价	水费
自来水公司收费				
基本收费				2.00
用水量收费		$20m^3$	0.3 元/m^3	6.00
建设费		$20m^3$	0.10 元/m^3	2.00
			小计	10.00
其他收费				
水资源费		$20m^3$	0.09 元/m^3	1.80
			小计	11.80
市政建设费			10%	1.18
			小计	12.98
增值税			6%	0.79
			总计	**13.76 元**
付款截止日期				年　月　日

图 2.8　建议采用的水费账单形式

2.7.7　水价调整

自来水公司在财务状况恶化导致亏损的情况下提出调价申请。如果调价申请未被批准，亏损会更严重，这时就需要政府给予补贴以维持自来水公司的运行。有些地方政府有权力决定通过调价以弥补亏损，但也有许多地方要求通过降低成本或增加收入来弥补亏损。

自来水公司提供的调价报告中，包括一些比较数据和财务状况以及调价的依据，但是通常没有附上详细的财务计划和综合的预算信息。

水价受政府政策的约束。完全成本补偿和自来水公司自负盈亏是决定水价的两个标准，其结果，大多数试点城市的自来水公司都处于亏损状态。

定价的标准因地制宜，各试点城市稍有不同，例如上海和深圳就有很大差别。上海水价在试点城市中最低，自来水公司承担与供水有关的成本包括基建成本，但不允许调整水价，所以长期处于亏损状态。深圳自来水公司采取稳定增长的水价，它的水价是上海的两倍，而且当地政府提供资金进行供水设施的建设，所以财务情况较好。

还有许多需要改进的地方：

- 应增加调价申请、评估和批准过程的透明度；
- 在水价批准过程中，应简化程序提高工作效率；
- 调价过程应有利于防止亏损和财务状况恶化；
- 价格申请应包括综合的财务信息和支持调价的理由，如果调价申请特别是其中的财务计划写得越详细，将有助于水价审批过程。申请中应至少包括未来 5 年的财务计划和运行、维护、管理、基建成本。水价应与财务需要密切结合。

在一些试点城市，水价决策中强调居民承受能力和政策的福利性，而不顾自来水公司的财务状况。水价决策通常按国家和地方的社会经济策略作出，常用补贴和拨款等形式直接满足自来水公司的资金需求，而不是为自来水公司制定财务上自负盈亏的发展战略。

2.7.8 财务状况

试点城市提供的财务报表表明，运行、维护和管理成本从1990年的280%增加到1996年的600%左右，见图2.9。报表中的成本除以每年的用水量可得出单位成本，从不同运行类别的单位成本可以看出对成本增加影响最大的因素(表2.45)。将1995年的成本按1990年的物价水平进行调整，城市居民价格指数为1990=202.7，1995=377.0。

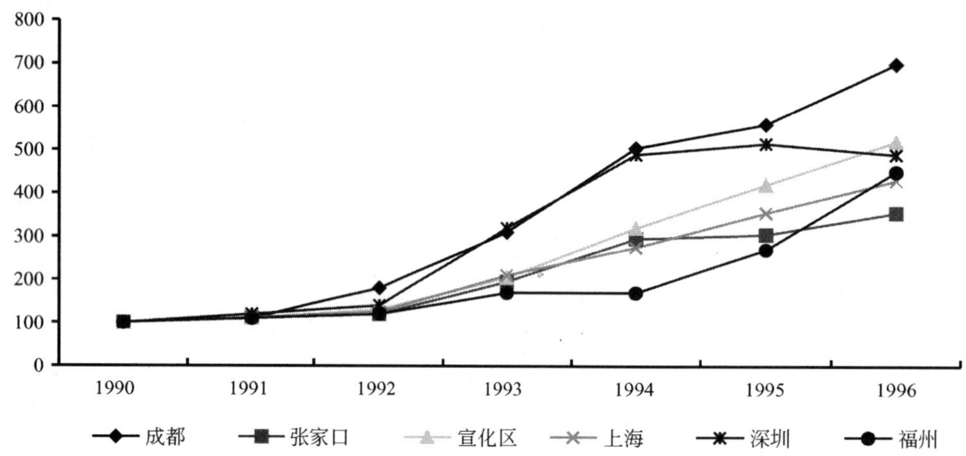

图2.9 运行、维修和管理成本年增长曲线

1995年与1990年单位供水成本比较(元/m³) **表2.45**

	劳动力	动力	折旧	利息	维修	水资源费	原材料	其他	总计
张家口									
1990年	0.05	0.09	0.08	0.00	0.01	0.00	0.01	0.06	0.30
1995(以90年价)	0.09	0.06	0.05	0.00	0.04	0.00	0.00	0.08	0.33
95年与90年相比	0.04	0.02	0.03	0.00	0.03	0.00	0.01	0.01	0.02
宣化区									
1990年	0.05	0.06	0.05	0.00	0.00	0.00	0.01	0.04	0.21
1995(以90年价)	0.10	0.07	0.05	0.01	0.00	0.00	0.02	0.08	0.32
95年与90年相比	0.05	0.00	0.00	0.01	0.00	0.00	0.00	0.05	0.11
上海									
1990年	0.01	0.04	0.02	0.00	0.04	0.00	0.03	0.03	0.17
1995(以90年价)	0.05	0.07	0.02	0.00	0.02	0.13	0.04	0.01	0.34
95年与90年相比	0.04	0.03	0.01	0.00	0.02	0.13	0.01	0.03	0.17
深圳									
1990年	0.03	0.09	0.00	0.00	0.00	0.10	0.01	0.06	0.28
95(以90年价)	0.05	0.10	0.20	0.02	0.00	0.18	0.02	0.09	0.62
95年与90年相比	0.03	0.01	0.20	0.02	0.00	0.08	0.01	0.03	0.34
福州									
1990年	0.02	0.05	0.01	0.00	0.04	0.00	0.01	0.02	0.14
95(以90年价)	0.03	0.04	0.05	0.01	0.01	0.00	0.01	0.03	0.18
95年与90年相比	0.01	0.01	0.04	0.01	0.02	0.00	0.00	0.01	0.04

由于物价上涨和供水量增加，有几种成本，如动力费、利息、原材料和维护费呈直线上升。

以下的几种成本比预计的有较大变化。

- 在任何一个试点城市，劳动力成本增加快于物价上涨和供水量增长；
- 折旧上涨是深圳自来水公司成本上涨的主要原因，福州也是如此；
- 水资源费和原水增加是上海自来水公司成本上涨的一个主要原因，该成本与原水股份公司、凌桥水厂和以 BOT 方式运营的水厂有关。

通过对试点城市的运行、维护和管理成本控制的讨论，得出要点如下：

- 许多成本的增加是由于通货膨胀和供水量的增加；
- 国家政策规定了工资标准；
- 工资水平提高了；
- 由于国家劳动用工政策的规定，劳动力成本很难控制；
- 凡属自来水公司控制的成本都有所下降。如果自来水公司有更多的权力，成本还会有所下降。

会计制度中规定采用借贷制进行成本核算。一般将成本分为运行、维护、管理成本、财务费、折旧和利润。尽管这种分类方法看起来很合理，但不能完全满足自来水公司的需要。

各自来水公司偿还基本建设贷款的情况不同。在一些试点城市中，当地政府进行资产投资，这些资产包括在资产负债表中，并且计提折旧。自来水公司在成本计算中包括这部分折旧，其收入用于支付贷款成本和向股东支付股利。1990 年的资产很少，所以大部分折旧是新建项目所提的折旧。根据老资产提取的折旧产生的现金流量也很少。近几年较高的通货膨胀率使得折旧计算不符合实际情况。由于自来水公司的资金来源于折旧和利润，因大部分公司的利润水平低于 1.0%，所以并不能产生足够的现金流量。

售水收入和运行、维护和管理成本以及折旧的比较见图 2.10。该图表明售水收入达到多少时可以补偿成本。要使自来水公司的财务状况合理，水费收入应能补偿运行、维护和管理成本，并取得一定的利润。从图中可以看出，有 71%的时间收入可以弥补运行、维护和管理成本以及折旧，并取得一定的利润。有 29%的时间没有取得利润，而最大利润占收入的 28%。在分析的时间段里，有 85% 的时间收入完全可以补偿成本，这就是说有 15%的时间，收入不能完全补偿运行、维护和管理成本。这种情况通常是难以接受的。用户水价应能完全补偿运行、维护和管理成本。

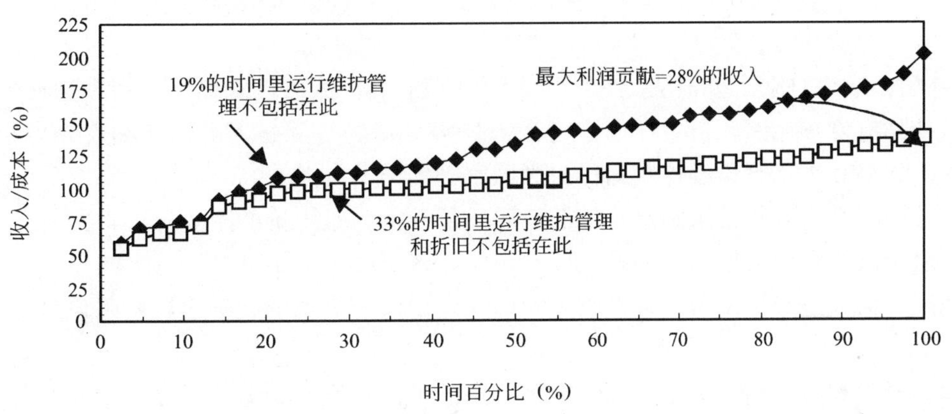

图 2.10 1990～1996 年收入对成本的补偿

2.7.9 基本建设资金

基本建设项目如水处理厂建设所需的资金一直是由国家提供的。随着资金的短缺，这种方式逐渐发生了变化。

尽管是由政府安排建设资金，但是要用自来水公司的售水收入来偿还。福州就是由自来水公司负责贷款的偿还，而张家口供水总公司就没有这个负担。

政府已经决定发展其他的融资方式，至今已有几例，包括上海的三个项目和成都的一个项目。上海的项目最初是需要 20 亿元资金来建设主要的供水设施。传统的融资来源已有困难，而自来水公司又没有能力自筹资金。上海原水股份公司是市建设委员会下属的股份公司，目的是要投资建设一个大型原水处理厂，投资成本通过自来水公司的原水计量收费来补偿。上海的凌桥公司是另一个股份制公司的例子，公司发行股票来筹集建设水厂所需的资金，也是通过水价来补偿成本。BOT 项目是投资方通过水厂建设、运行，然后转移给自来水公司的方式，成都在 1998 年 7 月也开始进行一个新的 BOT 项目，它是国家以这种方式融资的试点。

专家组收到上海和成都对这种融资方式的一些反馈信息。采用该方式成功地取得了建设所需的资金。尽管 BOT 项目还有很大的潜力，但这并不是说任何情况都可以采取 BOT 方式，自来水公司反映，中国水厂的设计还是采用国际咨询的方式效率高，中国的供水设施不像西方建设那么快，所以要求快速建设的项目不宜采用 BOT 方式。

这些融资方式并没有改变自来水公司偿还贷款的能力。上海自来水公司的财务状况已处于亏损，必须将有限的资金用于维持经营。由于水价不足以补偿成本，需要大量的补贴。1996 年，公司只能提供 90％的自来水需求和 2/3 的原水需求，售水收入仅收回 64％。1996 年，长期贷款达到 20 亿元，应付账款超过 12 亿元。股票融资也没能解决水价不足以补偿成本的根本问题。因此，这种融资方式并不一定能满足资金需求，也不能改变自来水公司的财务状况。

2.7.10　拨款和补贴

自来水公司正从低水价的福利性企业转变成自负盈亏的企业，但补贴依然存在。在几个试点城市中，拨款和补贴有以下几种：

a. 国家投资建设的项目。国家向许多自来水公司无偿提供建设资金。张家口、宣化区和深圳的主要建设项目都是由政府出资。福州则不同，自 1993 年起，福州自来水公司自己负担 70％的供水建设资金，以后将提高到 95％。

b. 增值税。自来水公司的增值税包含在水价中，税率为 6％。深圳自来水公司的增值税被减免了。

c. 所得税。正常情况下税率为 33％。在福州，如果自来水公司用利润来偿还贷款，则政府免收所得税。

d. 经营补贴。上海自来水公司从 1993～1996 年收到的补贴超过 10 亿元，用来弥补每年的亏损。

继续实行补贴有许多原因，最主要的是自来水公司是提供生活必需品的垄断性企业，它必须运行，不允许被淘汰。如果收入不足以维持其运行，则国家必须给予补贴。

许多年来，由于受国家政策限制水价较低。居民承受能力是定价的主要标准，并且还将继续放在首位考虑。尽管水价已经上调，但仍不能补偿成本，所以政府必须给予补贴。

在有些地区，为促进经济发展，政府政策明确规定由政府提供资金来建设基础设施。深圳就是这样的一个范例。

许多管理、财务和机关的人员在研究自来水公司的可持续发展。新的所有制结构和各种直接或间接的补贴已应用于该行业。这些措施虽然能改善自来水公司的运行状况，但从长远来看，还不能替代从政策上允许自来水公司建立合理的水价机制。适当的政策干预是必要的，这将有利于自来水公司制定水价和财务计划，促使其建立公平、有效的价格机制。

2.8 存在的问题

完全成本补偿也许是许多供水公司面临的最迫切问题。其他问题都与供水和废水公司未能补偿成本、扩大生产能力、增加水处理设施投资及加强资源管理间接或直接有关。35％的供水公司未能在1996年实现盈利，说明了供水行业的危机状况。危机不仅仅是水价太低的问题，有水价太低的因素，但同样有部分供水公司未能控制其成本的因素。此外，供水公司的书面报表中并没有反映所有供水成本。另一方面，与制水无关的成本和收入也常常包括进来了，所以该行业的确切财务状况很难评估。有必要进行水价改革以建立可持续的供水经营，但这必须与体制改革同时进行，以保证水价改革能产生预期效果。

3 国际水价经验

本章介绍北美、英国和其他国家在水价方面的背景资料，并提供了有关水价的机构和法律框架、水价结构以及计算方法方面的内容。

3.1 概　　述

本节对多边贷款机构的情况作了总结，之后3节对水价结构、成本计算和影响水价制定的因素作了概括。表3.1是本次国际经验调查所涉及的国家和机构。

表3.1　本次国际经验调查的国家和机构

国家或机构	主要机构特点	主　要　特　点
世界银行	多边贷款机构	完全成本价格，不再提倡边际成本价格
美洲开发银行	多边贷款机构	可持续性，不再提倡边际成本价格
加拿大	供水公司为市政府所有，部分由省管理	有工业标准，水价形式据地方情况而定，很少调整
美国	供水公司为市政府和私有部门所有，州政府管理	有工业标准，水价形式据地方情况而定，经常调整
英格兰	私有化的供水公司，联邦水务办公室规定水价	已标准化的两部制水价，以长期边际成本为依据
法国	地方政府负责，私有部门广泛参与	完全成本价格，递减式阶梯水价
智利	卫生服务联邦检查团计算水价	完全成本价格，两部制水价，季节性水价

3.2 多边贷款机构

3.2.1 世界银行

世界银行是一个多边贷款机构，它支持全世界的项目，包括满足一定标准的供水项目，项目的审批要受一定条件制约。其所属水和卫生部门负责管理供水和废水项目资金的申请，并考虑一切与水价有关的问题。

项目的经济分析是项目评估过程的一部分。最小成本分析是每个供水项目必须完成的一个基本分析，这一分析有时足以批准一个项目。简单的经济评价是将水价与项目的平均增益成本作比较：

"……如果分析仅仅是保证项目的经济可行性而不是考虑净现值或经济回报率，那么，假设满足一定的条件，收益的估计就没有必要了。如果水的平均增益成本等于或小于水价，同时合理估计建立在这一水价基础上的需水量，那么即使在没有进一步分析的情况下，也可以说项目的经济回报率不会比资本的机会成本少。

评估通常包括净现值的分析或财务内部回报率分析及其他非量化利益的分析。这种分析要进行收入预测，并进行价格和需求量预测。价格水平取决于成本及这样的决策：即什么成本需要计算在水价中和什么成本可在其他地方回收。

多年来，银行鼓励使用边际成本价格。例如，1983年世界银行得出如下结论：

"……它值得在结论中重申：只有正确的边际成本价格才能提供上述信息和效率的收益。在某种意义上，不管在实际中如何折衷，这样的价格应保持这个目标。相反，经济学家倾向于强调分配问题的重要性，当他们作如下申明的时候，他们的回答必然如此，如果经济学家不强调效益，则没有其他人会这样做”。

在供水定价方面：

“决定投资最小经济价值的惟一方式是，通过收取能反映供水的完全经济成本的费用，使用户有机会让有关机构知道他们的服务价值。

然而，世界银行指出，在实践中大部分经营良好的供水部门并没有利用边际成本的计价方式，主要是因为边际成本所产生的收入无法满足这些部门的财务需求。在那些供水能力充足但需要改善供水系统的地方，例如东欧，边际成本计价方式无法获得所需要的资金使系统能保持目前标准。世界银行不再鼓励供水系统使用边际成本的计价方式。

近年来，尝试过各种计费方式来加强公正性和可承受能力并鼓励节水，其中常用的是阶梯式递增水价和生活最低限水价。这两者均为计量水价，水价随用水量的增加而增加。阶梯式递增水价使用逐级增大的水价来鼓励节水。生活最低限水价是递增水价的最低一级，以用户可承受能力为依据。对于大部分未得到供水服务的贫困地区用户来说，最低限水价不起作用。他们最终是付钱给那些接受供水服务的用户，这些用户卖给他们水并收取最高的水费。

世界银行对水价感兴趣的原因来源于对成本补偿的兴趣，世界银行最近的调查发现：

“由世界银行资助的城市供水项目的最近调查显示，水费大约只补偿了供水平均成本的35%左右，欠缺部分由补贴或减少对供水设施的维护来补偿……，更糟的是，政府常常将供水部门仅仅看作是增加就业的方式”。

世界银行把智利作为最好的榜样，目前在智利，供水行业不再需要银行的财政资助。其成功的关键因素是在水价制定过程中不将社会政策作为先决条件，社会政策如承受能力应单独给予考虑。水价应按水的成本补偿来制定。

3.2.2 美洲开发银行

美洲开发银行(IDB)是一个地区性的多边贷款机构，它与世界银行的办事方式相似。

在1983年，IDB出版了基于边际成本计价的水电计价手册。基于边际成本的水价制定方法直到目前才被该银行放弃。IDB现在不再使用该方法来规定水价，但在定价过程中强调可持续性，这就是说，用城区的用户水价来补偿运行和基建成本。承受能力必须予以考虑，因为贫困地区的居民就可能支付不起完全成本补偿的水价。

可以说明目前IDB作法的项目是“厄瓜多尔的基多市供水和污水工程”，该项工程在1994年获得批准。项目建议书叙述了如下有关用户水费的内容：

“4.13 市政府条例规定，水费应以财务自足和提供有效服务为目标。所以，水费价格应针对长期的边际成本而且能获得足够的收入来补偿所有运行成本，产生足够的内部资源来满足债务和进行扩建工程的融资。这一为供水公司制定的水价目标与银行有关价格的政策是一致的”。

“5.8……建议：远期贷款合同应规定，水务当局必须采取所有必要的手段来保证收费能足够补偿各种经营成本，包括管理、运行、维护和固定资产的折旧等”。

项目资金批准的要求是有95%的零售用户有水表计量。调查表明，低收入家庭愿意将其收入的12%来支付给良好的供水服务，这相当于平均用户收入的8%。

IDB目前将可持续性作为水费制定时的主要目标，不再把边际成本计价来作为目标考虑。

3.3 水 价 结 构

全世界的供水公司使用多种多样的水价结构。本节将叙述这些水价结构，并以加拿大的城市供水为例加以说明。

3.3.1 一部制和两部制水价

最常用的水价结构是一部制和两部制水价，主要区别在于水价结构中采用的是一种还是两种类型收费。收费类型分为固定收费和计量收费两种，固定收费在一个收费账单期内保持不变，而计量收费随着用水量的增长而变化。在我们调研过的国家中，两部制水价使用较为普遍。一部制水价只用固定收费或用计量收费。

两部制水价的计算较为复杂，必须使用系统的、合理的方法将成本分摊到固定收费和计量收费上。

3.3.2 固定收费

固定收费可以是对所有用户在每个收费账单期内使用的一种收费，可按水表口径大小或用户其他属性来收费。只使用固定收费而不使用计量收费的水价结构称为统一水价，这时水费收入是稳定的，不随消费者用水需求的变化而波动。

统一水价收费通常在用户没有水表计量的城市中使用，几十年前在北美各地使用非常普遍，后来水表计量逐渐被采用并成为标准，这种收费只在一些无法确定水表计量成本的小社区中使用。统一水价收费一般只适用于家庭用户，所有的非家庭用户都必须计量收费。统一水价收费有时因家庭人口的多少、家庭用水器具数量或其他因素不同而有所差异。

发达国家最常见的两部制水价是和具有计量收费形式的水表收费结合起来。有两种方法用来制定水表收费，一种是较小的收费但缓慢增加，另一种是较高的收费且随水表增大而有较大的增加。较高的收费用以补偿与消防系统能力有关的成本。加拿大达汉地区使用按水表大小收费的方式为：直径 15mm 水表收费 5.69 加元/月，25mm 水表收费 53.17 加元/月，150mm 水表收费 345.45 加元/月。

3.3.3 单一水价

单一水价结构是对所有用户收取单一计量水费(图 3.1)。固定收费可以包括也可以不包括在水价结构中。无固定收费的单一水价在中国极为普遍，易于计算，也易于应用，但无其他特点。

加拿大安大略省的皮爱尔地区的零售水采用单一水价，售水价格 0.396 加元/m^3，废水费 0.491 加元/m^3。

在最简单的情况下，单一水价的计算是将从水价补偿的总预算成本除以预计总售水量。

如果水价因用户类型而异，可用收费差异的比例即费率比来计算。

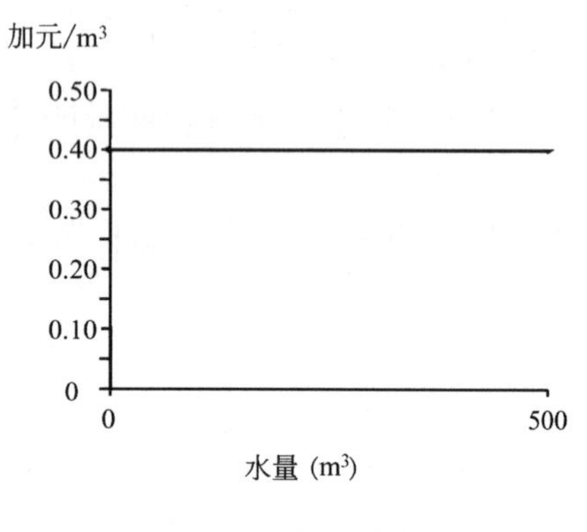

图 3.1 单一水价

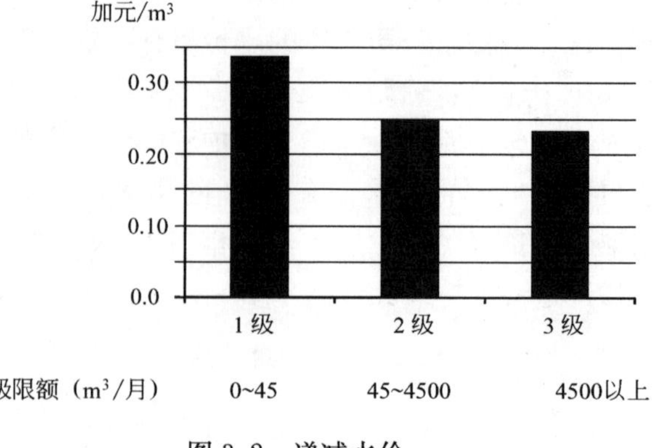

图 3.2 递减水价

3.3.4 递减水价

递减水价结构(图 3.2)是小用户支付最高的计量水费，随着用水量的增加，计量水费减少。如果以小用户高峰期用水量为控制目标，则此法为节水型。水价系基于成本。第一级的用水限量常包括单一家庭可能使用的最大水量。以后各级的用水限量常包括大型的商业用水(第二级水价)和大的工业用水(第三级水价)。大部分递降水价结构分 3 级，至于分级多少则要视地方具体情况而定。这种水价一般包括固定的水表收费。

加拿大达汉市采用的递减水价示例如下：

第一级　0～38m^3/月　　0.40 加元/m^3

第二级　38～3800m^3/月　0.32 加元/m^3

第三级　＞3800m^3/月　　0.28 加元/m^3

供水公司为了满足由小居民用户造成的高峰日和高峰时用水量，需要付出较高的成本，这时可采用递减水价。高峰时期较高的成本是和设备超负荷运行密切相关。

递减水价的计算以成本为基础，常用的计算方法称为超额基本能力法。该方法要求所有的基建、运行、维护和管理成本要首先分摊到下面的功能成本类型中：基本需求、最高日超额需求、最高时超额需求、用户水表和服务、用户记账和收费及消防。然后根据不同类型用户在平均日、高峰日和高峰时造成额外成本的多少，将这些分摊的成本分配给家庭用户、商业用户和工业用户。用户水表、服务记账和收费以及消防成本通过水表收费来补偿，而高峰日、高峰时和平均日的需求成本通过计量收费来补偿。要合理的制定水价，还需要用户数量和需水量方面的详细数据。

递减水价的设计是用来从产生成本的用户那里来补偿成本。在北美，用水量小的用户常在此类水价中支付较高的水费，因为他们是产生高峰期需水量成本的主要原因。然而递减水价的设计并不是为促进经济发展而给工业用户以优惠的水价。

因为递减水价随着用水量增加而降低，所以并不利于节约用水。但并不总是如此，特别是当小用户多数是低效率用水时。因为递减水价向小用户收取较高水费，这就形成了促进节约用水的正确机制。递减水价的选用要根据当地的具体情况。这种水价结构在北美非常普遍，但近年来慢慢在消失，主要是因为它不是节水型的水价结构。

3.3.5 递增水价

这是一种随用水量增加价格也上升的水价结构，因为最大用户付最高的水费，如果大用户需求是水价目标，则此方法是节水型的水价结构。按其制定方式，不像递减水价那样是以成本为基础，因为小用户常常是造成高峰需水量的主要因素，而满足高峰需水量是高成本的。这种结构最常用于减少用水量作为优先考虑目标和大工业用户不多的城市。

应用递增水价时，水价可因用户类型而异。例如，加拿大安大略省柯堡公用事业委员会对居民用户使用这样的水价结构(图 3.3)。但是工业、商业和机关用水水价则使用递减水价收费，如第一级是用水不到 455m^3 时为 0.411 加元/m^3，超过此用水量则为 0.378 加元/m^3。

每一用户类型的递增水价的第一级应是该类型中平均用户的正常用水量，以后各级收费水平应该从激励用户节水角度出发而有明显的差别，例如水价可相差 5%、10%甚至 25%。

3.3.6 季节性水价

这种水价在需水高峰季节收费高，常用在将季节性用水作为节水目标的城市，以鼓励节水。例如，每年 6 月到 9 月用夏季水价，对所有家庭用户在夏季均按夏季水价收费。常年供水设备的能力不足以满足季节性高峰需水量时，需要扩大供水设备，此时季节性水价要调高。

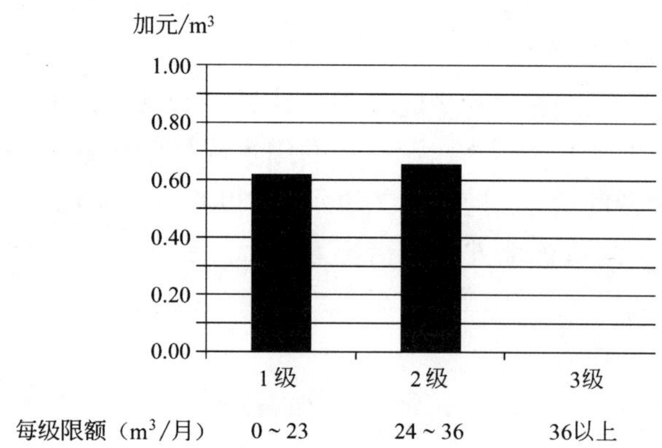

图 3.3 递增水价

（以节水为主，如果以大用户的高峰用水量为目标，则大用户付最高的水价率）

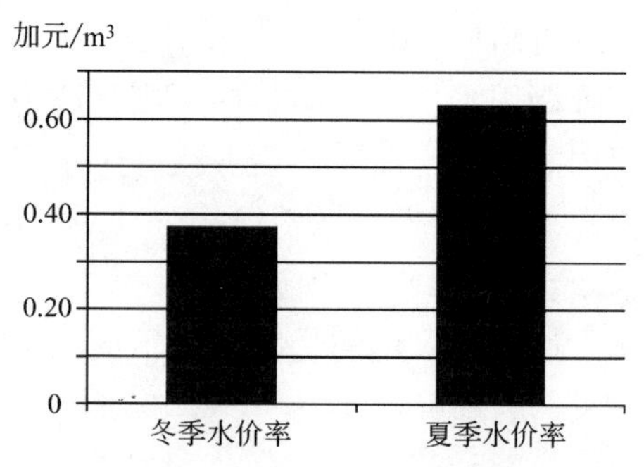

图 3.4 居民的季节性水价

（夏季水价率用于 6 月至 9 月份所有的夏季生活用水都用夏季水价率）

计算季节性水价的方法通常分为简单季节性水价和超用量季节性水价。简单季节性水价结构是在夏季用水高峰季节对所有用户收取较高的费用，其余时间则按非高峰季节水价收费。加拿大安大略省皮列维公用事业委员会对居民用户在夏季用水高峰期使用较高的水价，见图 3.4。也许是因为与冬季的水价相差不太大的关系，似乎没有对夏季用水量产生明显影响。

超用量季节性水价结构是，对所有家庭用户在非高峰季节用水量以及一定限额以下的高峰季节用水的一部分使用基本的收费价格，超过此用水量限额则使用较高的收费价格。这一用水量限额是按非高峰季节平均用水量来计算，或用这一量乘一个较小的倍数，例如冬季用水量的 1.3 倍。

加拿大威舍公用事业委员会在 1989 采用这种超量计价结构。在夏季，用户比照上年冬季平均用水量按冬季的水价交费，超过这一水量，则按冬季水价加上夏季超价来计费。夏季的收费总额几乎是冬季的两倍(图 3.5)。季节性水价减少了用水总量和夏季高峰用水量。

3.3.7 最低承受水价

这种水价也叫做生活最低限水价，第一级是以低收入家庭能承受的水平来制定。它可以有选择地用于那些符合要求的用户也可用于所有用户，但不能用于非居民用户。第一级只包括满足最低家庭用水量的水，这一级水价可以等于平均的运行、维护和管理成本，或等于平均可变的运行、维护和管理成本。由于社会福利制度能帮助低收入家庭，北美已不再用这种水价。

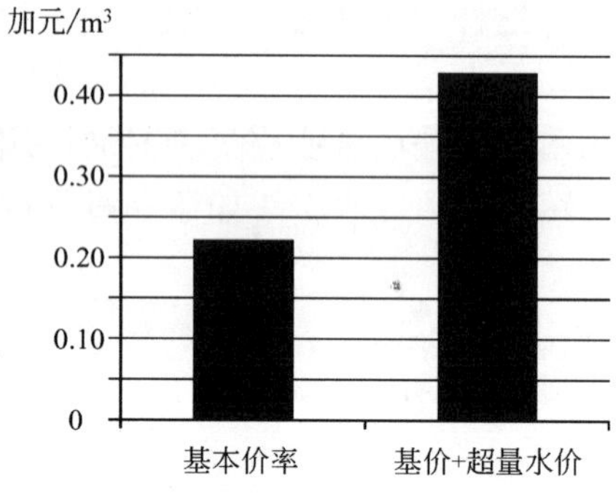

图 3.5 超量计价

（基本价率适用于所有用户，超量水价应用于超过用水指标的用户）

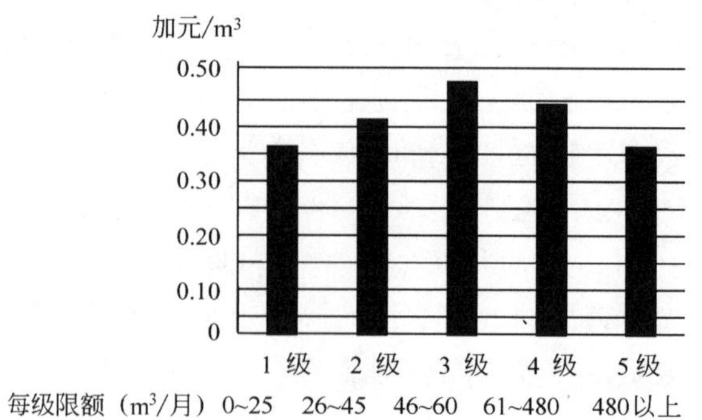

图 3.6 拱形水价

（特制水价以满足地方要求，这个例子是针对用水浪费居民户）

在发展中国家，最低承受水价通常不是很有效的方法，因为许多贫困家庭没有连接到公共供水系统，只能以较高的价格从地方供水商那里买水。即使连接到公共供水系统，但由于生活困难，仍然不能支付这种所谓的最低承受水价。

3.3.8 混合水价

混合水价是上述各种水价的变种或混合，拱形水价(图 3.6)就是其中的一个例子。加拿大安大略省哈达地区市政部门采用共分 5 级的拱形水价结构。收费价格开始时上升，到第三级的最高总用水量为每月 60m^3，之后，价格开始下降，到第五级时恢复到第一级的水平。

拱形水价结构通常较为复杂，不易被用户理解，一般不常使用，只有当某些地方情况较为特殊，也找不到别的水价结构时，才采用这种水价。

3.3.9 最小收费

最小收费是指用户不论用水与否都要在每一收费期间支付的水费。最小收费的水价结构可以按用水允许量或无用水允许量来制定。在无用水允许量时，用户支付最小收费加上用户所用水的水费。如果是按用水允许量，则用户支付最小收费再加上超过用水允许量的水费。

通过最小收费可以稳定供水公司的收入。

3.4 水价影响因素

3.4.1 机构与法律框架

水价通常在地方一级形成。上级政府虽有批准权力，但其作用常常不同。在美国和加拿大，联邦政府对水价无司法权，权力在州或省一级政府那里，州或省一级通过市政府来提供当地的供水服务。

北美的州和省有权调整水价，但大部分省都不这样做。美国州政府对私有供水公司进行调价，水价的批准权因此归地方市政府当局掌握。加拿大的大部分省份主要考虑财务上的健全和市政府的负债情况，而不是水价和其他市政用户收费。水价常常每年由市供水部门制定而由市政委员会批准，市政委员会同时还要回答选民提出的问题。

某些州和省对水价及其他服务都加以管理，并通过称为委员会的立法机构来执行。例如加拿大诺瓦斯科夏省就是这样，所有水价的制定必须遵守省的方针政策，并接受省供水管理部门组织的听证。北美省或州一级立法部门规定，水价必须以服务成本为基础，允许适当的资金投资回报率。

加拿大的省和美国的州没有直接的水价批准机制，只对水价产生间接的影响。在新勃鲁维克省，市政预算(包括供水经营预算)必须由省批准，但就水价来说，省只是批准预算，而水价的计算由地方政府来完成。

在司法上，政府对地方供水部门并无实权，如在北美，只能通过颁布的服务标准对地方供水部门产生影响。有条件的拨款和补贴也可用来控制地方服务。值得注意的是，上级政府给基本建设的拨款是很经常的，这会对建设项目的范围和类型有很大影响。

英国供水是国家政府负责制。供水服务是由大的私有水企业提供，而水价则接受国家权力部门的规定。水价制定不以成本为依据，而是与零售价格的通货膨胀率相联系。权力部门通过制定规章来控制供水成本并将其盈利保持在合理的范围之内。

不同的水价制定方法各有其优点和缺点。在加拿大，通过政治程序来控制水价，导致因选举因素产生的短期观点，以致因政治因素而非经济因素来阻止调整水价，或导致利用借贷而促使短期内经济的好转。资本投资利润率的规定又会使公用事业部门加大投资以期增加总的利润。

近些年，许多国家企图让市场经济来发挥作用，并且拨款数量在逐渐减少。在某些情况下会使立法机关放松对水价的控制。例如，加拿大爱特华王子岛省将省公用事业委员会的水价批准权限完全移交给了地方一级市政府，然而高级政府权力机构和银行贷款机构继续用拨款和补贴来鼓励实现政策目标。

3.4.2 定价原则和目标

水价结构的制定需要现有的或计划中的财政投入及用水量和用户的数据。至于这些数据如何能转化成水价则取决于水价计算的原则。以下提出了一系列原则和目标，其中有些有互补性，其他一些则相互冲突或不一致。

- 公平性与用户付费原则——水价制定的基本目标是：对用水户和排污户作为一个整体来说是公平的，供水和废水费都应尽量与所提供服务的实际成本密切联系，这基本上是用户付费的原则与供水和废水系统成本分摊相结合。供水系统的关键成本因素是提供设施满足高峰期的用水需求。北美在高峰期的服务费用较贵，所以对导致用水高峰需求的居民用户采用较高水价的政策。
- 完全成本价格——即从供水事业直接受益者那里补偿全部成本，要求供水公司依靠用户收费来补偿成本，它意味着没有税收优惠、补贴和拨款，但不得使用任何特殊的水价结构或用户收费。
- 用水效率——这一目标是为了高效率用水及减少水的浪费，有助于克服季节性或长年的缺水，或者通过减少用水量以降低基建扩建的成本，达到延期或减少计划投资的目标。可用计量水价来达到这一目的，它将用水与实际生产成本联系起来，使用户更加有效地用水。
- 简明性——简明的水价结构可减少计费成本，也有利于对水费账单的普遍理解。因此，最终的水价结构应越简明越好。在一个城市里，只使用一种水价结构并减少其他收费项目，可以使所建立的水价结构更具有简明性。可能的话，可把相近的用户类型合并收取相同的费用。
- 其他基本目标——其他基本目标包括合适的水费收入（满足收入需求）、合适的服务水平（收入足以提供投资以使供水系统持续发展）、实用性（水价结构可以合理的方式来计算和运用）和合法性（水价结构合法）。

3.4.3 水价结构

在北美，对水价结构一般没有特别的限制，只是水价是由州委员会还是省管部门来审批，可能会对水价有一定影响。

为满足实际需要，多年来水价结构一直在发展变化，其趋势是两部制水价结构，即固定收费和简单计量收费相结合。递减水价仍在使用。递增水价和季节性水价用得越来越普遍。

美国给水工程协会（AWWA）和加拿大供水和废水协会（CWWA）在水价结构发展中起了很大的作用。给水工程专业人员常参加一个或两个这种由会员支持的民间工业协会。尤其是，AWWA还出版月刊、手册和提出水价的政策及建议。地方上负责制定水价的人员都能得到这些信息和资料。

3.4.4 水价计算方法

在北美，如何计算水价的方针和材料有不少，但没有对水价的计算方法作出规定。AWWA和CWWA都出版了手册和水价计算的指导材料。两个协会都提倡基于服务成本分析的水价。

在北美，水价在历史上是基于平均服务成本来计算的。曾有人尝试将成本增长因素计入水价，特别是那些重视节水的地方。1993年CWWA出版了一本价格手册，该手册中的水价考虑了成本增长的因素，但它只用于补偿供水和废水服务的完全成本的水价计算。

3.5 成本会计方法

本节提供了供水系统成本，如何用会计系统来跟踪和控制成本，以及成本信息如何用来建立成本补偿机制的概况。

3.5.1 供水系统成本

下面概述供水系统从水源到用户连接管之间的供水、运行和维修及基建等成本。

运行、维护和管理成本。这是正在发生的也是周期性的供水系统成本，包括材料(化学药剂、燃料、配件等)，设施(动力、电话)，设备(工具、交通车辆)和劳动力(操作人员、工程师、职员、管理人员)等成本。成本可分成如下3类：

- 运行——其成本与供水设施包括泵站的运行有关；
- 维护——一般来说，指输水、配水系统的维护和供给用户水表及维护水表等成本；
- 管理——包括日常管理、支付工资、监督、抄读水表、账单、用户服务的成本和市政税等成本。

基建成本——包括供水、水泵、贮水、消防龙头、主干管线和服务管线。基建成本包括：

- 设施增长——供水系统扩展到新地区并提供服务，包括从主干管线到新地区的用户服务管线，主干管线到新地区的管线以及其他如供水、贮水和泵站等主要设施的扩大容量；
- 更换——主要设备需要更换，某些还须频繁更换，如泵，而有些设备则有较长的使用寿命，如主管线。一旦设备的有效经济寿命到期，更换就不可避免；
- 升级——为了达到较高的服务标准，或者因为新的标准要求较好的水质，或是因为原来的服务标准无法满足目前用户的需求，有时须替换主要设备。

利润和红利——超出供水系统经营所需的资金，要么作为分红付给自来水公司权益所有者，要么作为保留收益。一般由市政府部门管理的供水服务，并没有允许利润或权益回报的规定，当供水系统私有化时才会有利润规定。如果市政府所有的供水系统是作为独立的公共事业部门经营时也会有利润规定。

3.5.2 成本会计

供水企业有两种基本的成本会计方法：现金法和公用事业法。两种方法以同样的方式来计算经营、维护和管理成本，区别在于基建成本的记账方式。

现金法记录了偿付债务开支(本金及利息)和现行收入的资金支出情况，着眼于提供供水服务所需的每年现金来源。北美的水政当局采用该方法，水政当局是市政府的一个部门，并不由国家或省来单独管理。

公用事业法记录了折旧和按基建成本的率基数的回报。率基数用以衡量能够算出利润的净资产。率基数的回报包括率基数的负债部分的利息成本和所有者权益的回报。它比现金法需要更多的会计程序。在北美，投资者所有的公用事业公司及其管理下的市政公司都用这种方法。更详细的内容如下：

- 折旧——折旧是供水设施在其有效使用期内损失的价值。每年的折旧费可补偿使用期内的资产成本。企业用这一回收资金来偿付本金，扩大生产，改善和更新主要设施。
- 率基数回报——用来偿付每年的负债利息成本并给权益资本提供一定的回报率。以率基数的回报用来提供基建工程的建设资金，如果是投资者所有的公用事业，则可作为股份持有人的红利。

这一方法产生更为稳定的逐年财政需求，因为折旧费用比本金债务偿还是在更长的时期内分摊出去。公用事业方法所记录的成本在短期内对系统资本花费不会像现金会计系统所记录的成本那样敏感。

两种方法的年现金需求相似。现金法能准确跟踪需求，公用事业法不能跟踪现金需求。因此，常须准备现金流量的独立报表，作为公共事业系统财务报告的一部分。而且，公用事业法要求更加详细的财务计划以保证满足现金的需求。

对政府所属的公用事业来说，现金法和公用事业法常常导致相同的总成本。具有相同成本结构的投资者所有的公用事业公司，倾向于有一个较高的资本成分来满足红利发放和支付所得税。

3.5.3 基建工程的筹资

通过贷款来筹集基建工程资金常常是必要的，因为工程必须在投产使用前完工，而贷款方式可以在设施使用过程中来归还借款。许多人认为这一方法是提供基建所需资金的最好方法；而一些人则倾向于尽量减少贷款，而是主要依靠现金资源来为工程付款，但是这对于小工程还是可以的，而对大工程就很难行得通。

应该注意，贷款不是收入来源，而是筹资手段，当基建投资必须由收入来偿付时，只不过是延长用收入来支付基建投资的时间。

3.6 加拿大的情况

3.6.1 背景

在加拿大，有3个级别的政府机构：联邦政府、10个省政府和许多地方市政府。联邦政府和省政府具有独立的权限，地方政府在省政府授权下行使职能，城市供水归省一级管辖权限，省政府通常将地方供水服务的责任交给市政府。

大部分省份很少直接控制水价。地方市政厅负责审批水价。省立法部门对成本补偿方面会提出一些意见。在诺瓦斯科夏省，由公用事业部门来管理水价。

3.6.2 行业的组织结构

加拿大有国家级的供水和废水协会(CWWA)和许多省级的分支机构。它们是独立的服务机构，经费来自会员，会员参加协会是自愿的。

国家一级的CWWA做了很多工作，包括出版通讯、月刊和各种技术报告以及手册，如水价手册，还开展工业方面的专项研究，代表工业界与政府对话，参加各种国家政策委员会。省一级组织则在省级进行与上述相似的工作。

3.6.3 水价管理办法

大部分省份都没有对制定水价的方法作出规定。水价结构常常不断更新以满足地方需要。应用结构化的计算方法来制定水价时，常常参考AWWA手册。CWWA编写了综合性的有关水价的手册，即“城市水和废水价格手册”。较老的一本手册“安大略省的水价——原则和实践”，给安大略省各城市提供了水价制定和调整的方法。

联邦政府不直接控制水价，但却间接通过拨款和补贴来努力改善供水和废水服务。政府在CWWA价格手册编写过程中提供经济资助，以鼓励使用合理的成本补偿方法。

3.6.4 安大略省的成本补偿方法

加拿大最大省份安大略省可作为供水系统成本补偿方法的一个例子。以下从新建设施的基建成本法定补偿方法开始，接着讨论用以补偿其他成本的用户收费。

对于新供水服务区，安大略省立法规定了补偿供水系统基础设施基建成本的方法。市政法(省通过的法律)制定了许多规章。例如下述的一些条文就为市政府建造的供水设施的成本补偿建立了框架。

首先，经过市政委员会的同意，负责废水工程或供水工程建设的地方市政厅才可以通过细则，给土地的所有者制定废水或供水工程价格，这种价格足以补偿整个或部分或一定比例的基建成本，而土地所有者可从废水工程、供水工程中得到、可能得到、将会得到收益。随着经验积累，细则可以不断加以修正或替换。

特别收费用来补偿用于新区服务设施的基建成本，这些收费根据设施类型有所不同。

• 主要设施的基建成本——主要设施包括水厂、蓄水池、泵站和服务于新区的总干管。这些设施的成本可通过开发费来补偿。开发费是指新区开发的收费，例如，向新区房屋建造者收取费用。

• 地方总干管的成本——在市政府提供供水服务的地方，可用财产收费来补偿地方总干管的成本。这一收费可采用以下任一方式：

a. 对工程中直接收益的土地收取地界费；

b. 对工程中延迟收益的土地收取地界费；

c. 对已指定的土地收取费用；

d. 对已估的财产价值收取厂盘费；

e. 以水费为依据，对与污水厂连接的土地部分收取费用。

私人开发商承包的地方工程，成本由开发商承担，无需向市政府支付地方成本费。

• 服务管道成本——服务管道是指从主干管道到用户之间的连接管道。在由市政府建设时，公共财产部分即到达产权线为止的供水管道，其成本由用户以管道连接费的形式支付。如果由开发商承包建设，应该以财产价格形式将成本转嫁给新用户。服务管道为私人财产的部分则完全由财产所有者自负。

有关这类价格的制定，市政厅法案还规定：

“在建立价格结构时，市政厅考虑几种工程类型之间的差别、收益类型及其他有关的问题，以保证价格建立在平等、合理以及易于批准的基础之上。规定价格结构的细则可以不断地修正和替换”。

总之，可按法定的方法从受益用户那里收取为新区供水服务的基建成本。今后维护和更新基础设施的成本，则从现行收入或其他费用中支付，不再对个人用户专项收费。

供水系统成本主要由用户水费来补偿，这些成本包括：

• 运行、维护和管理成本——即逐年的供水系统经营成本，从用户水费中回收。这种成本不允许贷款。

• 基建成本——为新服务区提供的主要设施其大部分成本由服务区收费来补偿，有时由上级政府拨款补偿。新服务区其余的成本以及与更新和升级有关的基建成本由用户水费补偿。

现行的运行、维护、管理以及基建成本主要由用户水费来补偿。加拿大市政联邦委员会在1985年完成的研究发现，供水系统成本的85%是由用户水费来补偿，其余则来自地方税收或政府补贴。

安大略省立法没有对水费计算方式进行限制：

“在制定供水设施的租金、费用或水价时，公司可以向不同类型用户收取租金及费用，并区别对待”。

省一级要求，水费收入必须用于收取费用的目的，因此供水系统的收入必须用于供水系统。然而，用户费用的制定则由市政府负责。

根据地方的具体情况，由市政府制定地方的水价，因此现在所用的水价结构多种多样。在正常情况下，水价基本上是“两部制”，即水价包括固定收费和计量收费。一个城市采用什么水价结构取决于公用事业的目标，总的趋势是向单一水价方向发展，也有几个城市尝试较为特别的水价如季节性水价或拱型水价。安大略省的水价研究中介绍了水价结构的几种形式，如表3.2所示。

安大略省水价结构形式(1995) 表 3.2

形　式	采用的城市数量	形　式	采用的城市数量
单一水价	83	递增水价	6
递减水价	25		

3.7 美国的情况

3.7.1 背景

在美国，州政府负责管理城市水价。州政府所属的地方市政当局负责包括城市供水在内的各种公共服务。在某些情况下，供水的功能以地区为基础。联邦政府只是通过制定国家标准和拨款程序来影响供水服务，但对水价没有直接的管理权力。

水价管理的等级不尽相同，在 50 个州中，45 个州有州公用事业委员会来负责水价。总的来说，管理着重于会计方法、制定私营企业的允许利润水平和分摊给用户的成本水平。

3.7.2 行业的组织机构

通过独立的行业机构的努力，水价结构的制定方法一直在不断发展。对水价制定最具影响力的组织是美国给水工程协会(AWWA)，它是一个拥有超过 54000 个个人、公司和政府会员的水工业组织，遍及美国和其他国家。

AWWA 涉及每一个公共供水领域，并为供水信息和技术交流提供服务。服务内容包括学术会议、专业杂志以及几百种出版物其中包括 AWWA 标准。

AWWA 是美国最重要的有关水价制定方针的来源。AWWA 通过杂志、会议、研讨班及手册来提供帮助。AWWA 杂志创刊于 1914 年，在第一卷中就有一篇文章题为“水表对水价的影响”。

除了会议论文集和 AWWA 杂志的许多文章外，还有几种手册为水价制定提供了重要指导。以下就是现在 AWWA 出版目录的标题：

• 水价(M1)(第四版)——提供了一种确定和分摊不同类型用户的服务成本以及公平地补偿这些成本的水价制定方法。

• 水价和有关收费(M26)(第二版)——研究增加公用事业现金流量的改革思路。还包括消防用水价格、扩大供水服务的收费以及水批发服务的价格。

• 可选择价格(M34)——研究可供选择的水价结构，讨论了每种水价结构的利弊及其对用户的影响。包括选定水价结构的五个步骤和法律法规问题。

• 水公用事业的成本分摊和价格设计——研究水成本分摊及水价设计结构。提供有助于保证水公用事业财务的安全性，并且不给用户造成不合理负担的财务实践经验。

• 水公用事业的财务计划模式——为水公用事业开发的 PC 机软件程序——水价制定工具，包括具体、详尽的操作说明。

• 水公用事业会计(第三版)——提供公用事业会计管理和财务管理的材料，说明其对水公用事业经营的总体影响，并提供有关规章制定机构的背景。

• 收入需求(M35)——概括说明如何为良好的经营、维护、系统发展及合理的水价制定提供足够的资本。

• 水公用事业融资(M29)——提供了传统的和较新的水公用事业融资方案，以满足短期和长期的资本需求。

公用事业委员会协会(NARUC)是美国公用事业管理者的会员组织，其成员是水、电讯、电力和燃气服务方面的管理者。其附属机构——国家管理研究院协调并出版公用事业管理研究材料。这一机构为公用事业出版了一套完整的会计系统。

3.7.3 水价制定方法

在美国，由地方政府负责制定水价，所使用的水价结构和计算方法像加拿大一样，多种多样。

美国和加拿大所用的水价调查结果，在 1998 年由 AWWA 出版的"主流"杂志中有详细介绍。从本次调查的结果来看，在美国统一而单一的价格显然是最为流行的水价结构(表 3.3)，递减水价仍有广泛市场，而季节性或高峰期水价已很少使用。

北美水价结构的使用频率 **表 3.3**

地　区	统一水价	递减水价	递增水价	其　他*
加 拿 大	48%	10%	10%	32%
美 国 西 部	46%	3%	36%	15%
美国中西部	34%	58%	3%	5%
美国东南部	31%	40%	27%	2%
美国东北部	48%	32%	19%	1%

* 其他水价类型包括季节性水价和高峰期水价。

3.8 英国的情况

3.8.1 背景

1973 年的《水法》使英格兰和威尔士成立了地区性水管理局，这些机构把约 200 个供水和 1400 个废水服务者联合为一整体，负责供水、废水和河流流域管理。在开始获利以后，他们面临着完成大规模资本密集型项目的困难，从而引起供水和废水系统的投资不足。

1989 年的《水法》取消了地区性水管理局，成立了 10 个私有化的供水和废水服务公司。水务公司(CWSC)负责提供水和废水服务，而新建立的政府机构则起到管理职能，包括两个方面：

• 水质管理机构——这是政府组织，参与水务公司水质方面的管理。这些政府组织包括环境部门、环境机构和饮用水检测部门。满足欧共体最低水质标准的要求给供水公司带来了极大的影响。

• 经济管理机构——水务办公室(OFWAT)管理的是用户服务和水价制定，并保证水务公司有适当的基金，也努力于提高效率。

水务公司成立以来已有近十余年时间，但在英国，相对而言水公用事业的管理则时间不长。无疑，政策和规定在实践中不断发展，其中总会有新问题和各方面的压力出现。一个特别引起争议的话题是用户的水费在不断增加，而服务水平并不总是以相同的程度得到提高。

3.8.2 管理因素

有几个因素会影响水务公司，这些因素与影响其他公用事业公司的因素不同：

• 垄断性——不像电话、供气和电力公司，城市供水系统没有直接的竞争；

• 地方行为——供水是地方或地区功能。地区性及地区之间的差别是对水行业进行规范管理的重要因素，尤其在地区一级需要强而有力的用户代表；

• 投资需求——基础设施的不断恶化和水质标准的不断提高势必需要相当多的基建投资。因此，自1989年其他公用事业服务的价格实际下降时，供水和废水服务的价格则连续不断地上升。

按照《水工业法，1991》规定的管理职责，水务办公室是保证供水公司的职能能充分发挥，而且保证供水公司能通过合理的资本补偿来为基建工程融资。按以上要求，水务办公室必须：

- 就收费和服务质量方面，保护用户的利益；
- 促使供水公司努力提高经济效益；
- 促使有效的竞争。

水务办公室主任对水务办公室的管理提出以下要求：

“经常把注意力放在保护用户利益。公司只有在考虑用户利益即向用户提供良好服务时才能完成他们的职能，为此必须有足够的资金。实际上，由于目前的职责框架，水务办公室并没有考虑用户应有的地位。重视保护用户利益并不会损害供水公司的利益。相应地，建议通过保护用户利益的单一职责来加强对供水系统的信心，无论是收费还是服务质量，其他所有职责均服从于此。这将进一步明确目前管理者的位置和为未来的管理者树立明确的目标。”

3.8.3 定价

私有化过程包括水价实践的考察和研究。考察和研究安排10年一次。如果管理者或服务公司另有要求，也可改为5年一次。其他关键因素如规章制定的环境发生变化时，考察研究可能会在两个预先安排好的考察和研究之间进行。第一次考察没等到10年就完成了，而新的定价限制在1995年生效。还须指出，管理者要以长期边际成本作为水价制定的基础。价格调整有RPI＋K＋U公式可依，式中：

- RPI是零售物价指数，是通货膨胀的一种度量方式；
- K是对每个供水服务公司制定的调整因子，其值取决于公司的规章和商业环境。它是两个其他因子即“X”和“Q”因子的组合，X因子指维持目前服务水平并包括增长的成本，Q因子是调节与辖区环境质量标准一致的成本。由于K因子在10年内可能会发生变化，所以应提前10年制定，以允许价格增长快于或慢于RPI；
- U是在以前几年没有调整的K值。

允许的水价增长应用于所谓的收费“价格篮子”。供水和废水公司有五个篮子项目：未计量的水，计量的水，未计量的废水，计量的废水和工业废水。总的来说，这些篮子项目平均价格增长不应高于RPI＋K＋U，在这一总的价格幅度内，篮子项目可以不同的数量和百分率增长。

在供水和废水用户之间没有交叉补贴也是一种政策。得到某一种服务的用户不应该补偿提供其他服务的成本。公司从每一种服务中获得的总收入等于提供每一种服务的总成本的分项。就价格公式来说，K因子应调整到使供水和废水系统都能得到相同的回报率。

这一框架允许那些达到经营效率的公司获得超过公式允许的投资回报之外的额外利润。水务办公室的结论是，服务公司在开始的5年经营中能获得13％的投资回报率。由于新私有化程序的不确定性和风险性，这一回报率是适宜的。管理者将今后时期的投资回报率定在5％到6％。效率增加时就可有较高的回报率。

英国的大部分用户没有计量水表，约90％的居民用户和21％的非居民用户使用未经水表计量的水，其水费单中包括固定收费加上基于地产可估价值(RV)的收费，而不去估计用水量。随着地方税务的变化，新的可估价值在1990年5月以后不再发布。目前，许多公司被允许在2000年前仍用现在的可估价值作为收费基础。对于新地产范围的用户，则使用另一收费方法，这就是新地产内用户常常装水表的一个原因。

下面是英国西北供水公司的一个用户在1997年到1998年的水费单计算例子：

固定收费＝31.00英镑/年

可估价值收费＝(39.30便士)×(地产可估价值，以英镑计)

据此，1997 年到 1998 年的平均水费估计为 100 英镑。

用水量无需依照可估价值的上升而增加。在大多数情况下，较低可估价值的用户所付水费较少，而较高可估值的用户则付费较高。大多数供水公司使用“可估价值修正”来减少最高可估价值地产与最低可估价值地产之间的用户水费账单的差别。在使用中，引入可估值修正意味着所有未经水表计量的用户在其账单中将有相同的固定因素，但是与可估价值有关的因素则很少变化。

一般说来，未经水表计量的家庭用户得到较多的水和废水服务。用来计算未计量用户收费的方法与通过未计量用户的总用水量来计算用户收费是有差别的。这样就保持了对计量用户家庭收费的公平合理性。

水务办公室预计计量用户和非计量用户账单之间的平均差别不会超过安装水表服务的额外成本。这一差别按如下方式来计算：将公司计量收费应用于公司给一个非计量用户家庭提供的平均水量，并将所得的计量账单与平均未计量家庭账单加以比较。

水务办公室计算的计量附加成本不超过 28 英镑(以 1997 年到 1998 年供水和废水价格计算)。水务办公室主张将供水和废水的服务成本进行适当分解，其中 2/3 为供水，1/3 为废水。因此，供水差别不再高于 19 英镑，废水差别则不再高于 9 英镑(以 1997 年～1998 年物价计算)。

计量用户的水价结构有两部分：

- 固定收费——固定不变的收费，用以补偿与用户数有关的成本而不是所供水量的成本。
- 计量收费——它反映额外成本，即是公司为了长期满足计量用户的需求所发生的成本。

近些年的经验表明：当降雨量在平均降雨量以下，水资源紧张的时候，有必要给计量用户以正确的水价信号，以鼓励他们提高用水效率，但不给计量用户以高固定收费的信息。

水务办公室相信，供水和废水固定收费总量一般不应该大于未计量用户的年成本加上计量的额外成本。未计量用户的年成本估计不会大于 6 英镑(按 1997 年至 1998 年价格计算)，加上 28 英镑的计量额外成本，供水和废水总的固定计量收费按 1997～1998 价格计算不应该大于 34 英镑。按 2/3 供水和 1/3 废水的比例，固定计量水费不应该高于 23 英镑，废水费不应该高于 11 英镑。

西北供水公司的家庭用户在 1997～1998 年的计量水费是：固定收费 23.00 英镑/年，再加计量收费 0.615 英镑/m^3，平均账单为 89 英镑。对于居民和非居民用户，其计量水价相同。固定收费按水表口径增大而增长。以西北供水公司为例，其固定收费是：

25mm 水表——56.00 英镑/年

150mm 水表——1380.00 英镑/年

不鼓励使用最小收费，因为它与用户有权控制账单的原则相矛盾。在 1997 年，两家供水公司对居民用户的较小水表取消了最小收费。

水价明显增长的部分原因是由于私有化供水企业需要增加投资，而此前的二十年一直处于投资不足状态。此外，必须提高水的质量标准，这项投资由家庭用户支付，其结果使家庭用户的水和废水年平均服务成本从 165 美元/户增加到 320 美元/户。

增长的水费中还包括服务公司的利润。在 1995 年 5 月为止的这一年，英国供水公司的收入约 93 亿美元，创造了约 28 亿美元的税前利润，由于利润太高，政府宣布供水公司必须支付约 25 亿美元的超额利润税。

政府的规章允许供水服务公司回收基础设施成本来服务新用户。管道连接费可用来补偿从新用户的房屋到城市供水主管道之间的管道连接成本。在历史上，由供水公司来完成这一连接管。某些供水服务公司采用标准的固定收费，另一些则收取特别的连接成本费。逐渐增长的倾向是，在市政府监督下，用户雇人来完成这一连接。有人认为，竞争会减少连接成本。

公司可以征收家庭用户房屋与供水主管道第一次连接时的基础设施费。从 1989 年起，供水服务公司被允许用这种收费来补偿地方和主要基础设施的成本。水务办公室认为：这样的收费应该限制在地方管网开发成本上。从1994年起，这类收费被限制在200英镑以内，1997～1998年的收费限制是211英镑。

3.9 法国的情况

3.9.1 背景

在法国，地方政府和中央政府均以各种方式参与城市供水和污水排放服务。国家一级有3个管理层，加上地方政府一级共4个管理层，情况简述如下：

- 国家一级——中央政府的主要和直接责任是水质管理，在这方面，环境部是最重要的国家机构。
- 地区——法国共有22个地区。每一地区由中央政府指定的官员负责，执行国家规章制度，参与供水和污水系统资金筹措及当地收费标准的制定，由内贸部及经济财政部来负责。
- 流域财政机构——它与地区一级级别相同，分为6个流域财政机构。这些机构在财政上是独立的主体，主要任务是参与融资，不负政策或经营上的责任。其资金来自水费及污水排放费，通过用户的供水和污水账单来征收，公有和私有供水企业从所有用户中收取这些费用作为供水收费的一部分。所收集到的资金再按照需要以资金和经营拨款、回扣和补助等形式分配给社团、工业及商业。流域委员会由中央政府、地方政府、私有经营者及各种类型用户的代表组成，监督和指导流域财政机构工作。
- 部门——有96个处室。他们更直接的参与水质等问题的政策制定并保证城市财政的良好运转，每一部门的官员由中央政府指定。
- 最小行政区——这是最基层一级的政府，包括约3.6万个从城市到乡村大小不等的社区政府，这些基层政府由地方选举产生，包括市长和市政厅成员，其职责是提供供水和污水方面的服务并筹措资金。几个小行政区可以联合在一起形成地区性的供水和污水服务组织或称企业联合组织。

中央政府通过中央、地区和部门3级政府来实施其政策，但作为地方最小一级政府的最小行政区只负责供水和污水管道系统。

3.9.2 供水与排水

地方市政府或最小行政区提供供水和排水服务，或将任务委托给私人承包商。在由市政府提供服务的地方，这一服务可以是市政府工作的一部分，也可由最小行政区所属的自治董事会来完成。

有不同级别的私人承包商或授权的管理协议，如完全服务转让(包揽承建)、租赁或管理合同。法国对供水和废水系统以及其他公用事业有悠久的授权管理的历史，这主要通过私人承包商来完成，其中最大的两个私人承包商是Compagnie General des Eaux和Lyonnaise des Eaux，它们成立于19世纪。在1980年，大约有60%的市政府与私营公司订有合约。

有一段时期，国家有关规定确立了私营公司提供水和废水服务的有关框架，目前虽被广泛使用，但只是指导性方针。

3.9.3 成本补偿

供水和废水服务可以认为是工业或商业性服务，而不是社会性服务。虽然平衡机制可以结合到水价中，但水费必须补偿所有的经营成本和大部分投资成本。

最小行政区政府负责全部经营成本、提供水和废水服务、以及负责编制供水和废水投资以及经营成本的预算。投资成本可以通过贷款来筹措。但是这些成本必须通过售水收入和排水收费来补偿。

以下是一些可能会在供水和废水账单上出现的收费项目：

- 最小用水量的预定收费；
- 超过预定收费水量的超量使用收费；
- 水表维护费；
- 与基建投资成本有关的附加费或税；
- 污水固定收费；
- 污水计量收费；
- 用户服务管维护费；
- 流域污染控制收费；
- 流域机构取水费；
- 地方收费的增值税。

供水和排水账单包括固定和计量收费，这一收费可以完补偿供水和排水系统的所有成本。计量收费通常采用递减水价。账单还用来为私营承包商、最小行政区政府、地区流域机构和中央政府收取费用。

流域机构收费是流域财政机构的财政来源。流域财政机构基金来自用户的供水和排水账单上的取水费和污水排放费，再按基建成本 15%～50%的比例以拨款、折扣和补贴形式返还给最小行政区政府。这一方法使流域财政机构能将一部分基金分配给所需要的系统。虽然流域机构的收费只是账单的一小部分(约占 10%)，但这一收费的总金额的确是很大的。

3.10 智利的情况

智利分为 13 个地区。在每个地区，中央政府都为饮用水和卫生系统设施的运行和建设给予一定的特权或优惠。供水和污水企业是私人和政府持股的股份制企业，按股份制模式运营。

生产开发合作组织(COFRO)作为部一级的国家实体在供水和污水企业中是最大的股东。生产开发合作组织制定运行标准和政策，这些标准和政策要求企业进行改革，给用户提供优质服务以及提高企业技术和经济管理的效率。为达到这一目的，生产开发合作组织用运行指标来进行管理，这些指标包括财务的、经营的、服务质量的以及劳动生产率方面的内容。

企业服从以下几方面的监督：

- 卫生服务检查委员会(SSS)——这一组织形式上独立于政府，但通过公共工程部与政府发生联系。水价的计算及其正确应用都要受 SSS 的监督。水价审核的依据是管理效率；
- 公共卫生健康部——实施质量控制；
- 股份监察委员会——管理股份公司的行为。

供水企业有权力收取服务费，这些为提供服务的收费使企业在财务上可以自负盈亏。服务收费每五年审核一次，并且在此期间能按通货膨胀来调整，调整与物价指数有关，主要如钢材、水泥和劳动力成本等有代表性的指标。通货膨胀的补偿每年超过 10%。

价格结构由卫生服务检查委员会提出，企业也进行水价研究，发生争执时则通过仲裁程序来解决。

政策上是对所有用户实行水表计量，并用计量水价和固定水价相结合的两部制水价。水价以长期的成本增长的平均值为依据，固定收费以用户成本为基础，计量收费等于运行、维护和增长的投资成本等费用除以每年增加的用水量总和。水价计算的预测期是 35 年，1993 年的现值调整利率是 9.6%。

如果低收入家庭交水费有困难，智利政府补贴其差额部分。

以智利圣地亚哥供水企业(EMOS)为例，其 1993 年的价格是：

A 固定收费(美元/月/户)		B 变动收费(美元/m³)	
成本收费	0.24	饮用水费	1.14
饮用水费	0.58	12～5月间超消费收费	0.35
污 水 费	0.33	污水费(以自来水用量计)	0.17
月 总 计	1.15		

所有用户类型均按同样的收费率来付费。在夏季(即12月～5月)如果用户用水量超过该年其余季节的用水量，则加价收费，超量用水常常是由于花园浇水所致。加价反映了用水高峰季节的较高供水成本，而不是罚款或惩罚。污水并不加价收费。

用边际成本方法计算的水价不一定使收入和成本协调一致，在1989～1992年，收入常超过成本，如表3.4所示，而且成本与收入的比值在下降。圣地亚哥供水企业指出，这是由于企业提高了经营效率的缘故。比值的下降及效率的提高均与节水和经营管理有关。

每年的单位水价收入与成本的比较 **表3.4**

年 份	单位水价收入(美元/m³)	成本(美元/m³)	成本-收入比
1989	0.185	0.146	79%
1990	0.213	0.157	74%
1991	0.223	0.164	73%
1992	0.255	0.176	69%

多年来，圣地亚哥供水企业一直实行全部用户读表政策。为了使水表的使用充分有效而且被公众所接受，水表必须准确计量用水情况。合适的水表类型、水表大小与用水量配套、保持水表精度以及准确的读表等方面，必须予以注意，以免影响水表的效率。圣地亚哥供水企业认为，随着计量及读表实践的不断改善，用户普遍接受了水表计量而且对水表及读表不准确方面的意见明显减少。

智利供水和污水收费方式可作如下总结：

“在智利的大部分地区，供水及污水收费许多年来一直相当低。在大城市及万派累索地区，这一收费包括经营成本、债务成本和部分基建投资成本，而在其他地区，这一费用仅能补偿经营成本。1988年，经过许多年研究后，智利政府的供水和污水定价方法有了很大的改变，执行的是让市场机制来调节水价的政策。价格由卫生服务检查委员会来计算并由经济部批准。其依据是现有设备的更新成本、预期服务水平和15年的投资计划，其折扣率为9.6%。供水和污水单独定价。在用水类型和用水能力随着季节变化的地区，夏季(12月～5月)实行季节性加价收费，最高价格在5年期间固定，当通货膨胀超过3%时，则进行名义上的调整。一旦达到最终水平，水价对所有消费水平相同的用户保持不变，这种方法消除了对那些月用水量在20m³以下的居民用户的高额补贴。

ESVEL的水价是基于以上所述的框架。价格机制从1990年3月起开始生效，它代表了19.9%的实际年平均增长率，更进一步的年实际增长计划在每年的6月份，1995年将达到供水水价0.35美元/m³，污水价0.15美元/m³。这是按折扣率为9.6%的长期平均成本计算的。这以后的供水总增长率达56%，污水则达228%。在通货膨胀超过3%时就进行水价调整。

3.11 总 结

目前的水价政策和规定强调完全成本价格，这样在不需要外部资金的情况下就能保证供水设施的可持续发展。这需要从用户收费中补偿经营成本和基建成本，并理顺供水设施经营，更有效的经营能改善设施和资金筹措。

就水价制定来说，某些权威人士以前强调边际成本计价，现在却放弃了这一方法。正如上面指出的，目前更加强调财务上的可持续性而不是经济上的有效计价方法。智利政府是一个例外，它把长期平均成本增长作为水价制定的一部分。

美国的水价管理主要是基于投资利润率，而英国则以物价指数公式为基础。在法国，地方水管理机构制定价格并要求完全补偿成本，同时，上一级的政府利用控制地区税收来平衡成本。在智利，供水由地区负责，中央政府则监督地方水价的制定。

4 水价政策回顾与评估

4.1 回 顾

在《价格法》的指导下，政府负责制定公用事业价格，例如供水价格，政府还可颁布价格管理办法或在必要时调整价格。

《管理办法》是由国家发展计划委员会和建设部颁发的［计价格］第 1810 号文件，于 1998 年 9 月 23 日生效。《管理办法》共六章三十七条，主要内容有：

- 总则
- 水价分类与构成
- 水价的制定
- 水价申报与审批
- 水价执行与监督
- 附则

《管理办法》是国家部委制定的有关城市水价的管理规定。这一管理办法遵循《价格法》和国务院颁布的《城市供水条例》。《管理办法》阐明了城市供水价格的定义，规定了《管理办法》的管理权限和价格组成，制定了水价审批程序、调价管理规定和违反本规定有关内容的处罚措施等。

《管理办法》是一个全面的管理办法，涉及水价的各个方面，提出了与现行水价管理不同的新的概念和原则，《管理办法》要求各主管部门应做好供水价格管理工作，强化政府职能，提高成本补偿效率，保护消费者和供水公司的权益，促进节约用水。《管理办法》的实施是水价改革的重要组成部分。

《管理办法》是城市水价管理的第一个管理办法，也是城市公用事业部门的第一个管理办法。因此，《管理办法》在水价管理方面起着主导作用，对供水部门和其他公用事业部门的水价改革具有十分重要的影响。

《管理办法》适用于中华人民共和国境内的城市供水价格行为，供水价格中含有污水处理费。《管理办法》第三条规定城市供水价格是指城市供水企业通过一定的工程设施，将地表水、地下水进行必要的净化、消毒处理，使水质符合国家规定的标准后供给用户使用的商品水价格。城市供水价格的制定原则是补偿成本、合理收益、节约用水、公平负担。供水价格由供水成本、费用、税金和利润构成，污水处理费计入城市供水价格。

为实施《管理办法》和促进水价改革，国家计委和建设部在 1999 年 6 月 2 日颁布的［计价格］第 611 号关于实施《管理办法》的文件中，进一步加以强调。这一文件指出水价改革应积极稳妥地进行，先建立试点，获得经验，再加以推广。试点城市应集中进行示范试验，对居民用户实行阶梯式水价，对非居民用户实行两部制水价，并力求做到与水价改革相衔接。示范试验应符合目前的节水规定，对于超计划用水要另行收费。在水价改革中，用户的承受能力应与水价相一致，逐步达到《管理办法》所要求的资金利润率。财政补贴可以逐步减少，但为了实现新旧价格体系的平稳过渡，不要一次性取消。

尽管《管理办法》已不同程度地在一些城市实施，但还没有出台相应的城市实施细则。因此，进行试点城市研究是非常重要的，通过研究可以获得经验，为《管理办法》在全国范围内的实施奠定基础。

4.2 机 构 设 置

《管理办法》第四条为有关水价管理的规定。规定指出县级以上人民政府价格主管部门是城市供水价格的主管部门。物价主管部门通常是指物价局或物价委，在水价管理中起着十分重要的作用，其中包括制定《管理办法》实施细则，制定水价，对水价进行审核和监督。城市供水主管部门的职责是协助政府物价主管部门管理水价。

《管理办法》第二十条和二十一条是有关水价申请和审批程序的规定。这两条指出城市供水企业在需要调整供水价格时，应向所在城市人民政府价格主管部门提出书面申请，调价申报文件应抄送同级城市供水行政主管部门。城市供水行政主管部门应及时将意见函告同级人民政府价格主管部门。城市供水价格的调整，由供水企业所在地城市人民政府价格主管部门审核，并报上一级人民政府价格和供水行政主管部门备案。必要时，上一级人民政府主管部门可对城市供水价格实行审核，审核的具体办法由国务院价格主管部门规定。

市政府、价格和供水管理机构有权根据条件确定以下内容：

- 不同用户的价格比(第六条)；
- 合理的水损(第八条)；
- 供水公司的利润(第十一条)；
- 两部制水价(第十二条和第十六条)；
- 阶梯式水价(第十三条和十四条)；
- 季节水价(第十五条)；
- 趸售价格(第十八条)；
- 听证会(第二十二条)；
- 社会公告(第二十三条)；
- 水价审批(第二十四条)；
- 用户服务价格(第二十五条)。

《管理办法》规定调整水价时应实行听证会制度和公告制度。《价格法》(第二十三条)和《管理办法》(第五条和第二十二条)要求政府物价主管部门组织召开听证会，并在水价申请审批过程中邀请市人大、政协、政府各有关部门、消费者协会、居民委员会及其他有关单位参加。听证会通常在价格主管部门接到调价申报后召开。详细的听证会程序可参阅河北省、福建省、四川省价格听证会实施细则，它是在 1998 年 5 月 1 日《价格法》生效后颁布的。污水处理和其他公用事业费也应提交给听证会审核。

听证会制度给公众提供了参与讨论水价调整必要性和可行性的机会，也促进了公众对水价的审核。听证会制度规定政府有义务征求公众的意见，收集他们关于水价调整的影响、用户权利和其他有关方面的反馈意见。这种制度有利于增加水价审核程序的透明度，改进水价制定工作，保护消费者权益，协助政府作出水价调整决策。

《管理办法》要求市政府在执行新水价前应向社会公告，社会公告通常可借助于新闻媒体，如报纸、广播和电视等。

4.3 以市场为导向的政策

《管理办法》中具体的以市场为导向的政策包括水的定义、利润水平的确定、不同类型用户的水价差异、两部制水价、阶梯式水价和季节性水价等。

长期以来人们把供水服务看作是一种福利，而事实上，经过供水公司处理后的水应被视为一种商品。供水公司只有在实现了成本补偿并获得了合理的利润后，才能正常运营，实现可持续发展。《管理办法》在利润的定义和利润水平的确定上均作了总体规定，这是以往所没有的。

合理的利润可使供水公司实现供水的可持续发展，减少或完全不需要政府的财政补贴。供水公司通过贷款、吸收外国投资、发行债券、发行股票等方式筹集资金，所获得的利润率要高于通过政府筹资获得的利润率，所以供水公司更愿意通过较为广泛的渠道来吸引资金，以减少对政府筹资的依赖，这也从另一方面提高了资金的使用效率。"通过企业如私人投资企业、外商投资企业投资的，允许获得更高的利润"，这一规定将有助于扩大筹资来源。

水价随不同的用户类型而有所差异。特种行业或特殊用户通常需支付最高的水价，这主要是考虑到这类用户往往可获得较高的利润，所以应收取较高的水费。

在两部制水价中，容量水价用于补偿供水的固定资产成本，计量水价用于补偿供水的运营成本。两部制水价的目标是实现完全成本补偿。而阶梯式水价是对用水量大的用户征收较高的水价。

为达到节水目的，可在一些城市实行季节性水价，对于以旅游业为主或季节性消费特点明显的地区也可实行季节性水价。

4.4 现行水价与《管理办法》规定的水价比较

为了明确新旧价格管理办法之间的差异，以下对现行的各级管理办法和法规加以总结，并和新的《管理办法》进行比较。实地调研期间，成都、福州和张家口所提供的数据和资料都体现了现行价格体系的特点。

表 4.1 列出了以前的水价管理体系与《管理办法》所规定的新的水价管理体系之间的主要差异，在后面各章节中对这些差异将有更为详细的讨论。

水价体系的差异比较 **表 4.1**

条款	《管理办法》	以往水价体系	说明
3	水价中含污水处理费	张家口的水价中不含污水处理费	尚未征收污水处理费
5，22	应建立听证会制度和公告制度	张家口和福州召开了当地的第一次听证会	《管理办法》颁布前，在进行水价调整时无须召开此类会议
6	水价结构按用户类型分为 5 类：居民、工业、机关、商业和特殊用户	试点城市的水价结构按用户类型分成 3～5 类	用户类型定义有所差异
6	按各地实际情况制定不同类型用户的水价比例	试点城市最高水价与最低水价之比为 1.25：1 到 4.6：1	目前与《管理办法》一致
7	水价由供水成本、费用、税金和利润构成，费用是指组织和管理供水生产经营时所发生的销售费用、管理费用和财务费用	(1) 成都和张家口的费用类型不同； (2)宣化供水公司与张家口供水总公司使用同一水价	《管理办法》中说明了水价的构成要素
10	制定城市供水价格应遵循补偿成本、合理收益、节约用水、公平负担的原则	所有试点城市都遵循这一原则，但各有侧重	《管理办法》对水价目标作有说明
11	合理的利润应按以下原则确定：主要靠政府投资的企业净资产利润率不得高于6%，主要靠企业投资的净资产利润率不得高于12%	(1) 各城市使用成本利润率或销售利润率计算利润 (2) 利润水平在大多数时候不到6%，只有一个供水公司在以净资产为基础计算时才大于 6%	《管理办法》对利润水平和盈利的增长幅度作有说明
12 16 24	两部制水价包括容量水价和计量水价	所有的试点城市只使用计量水价	两部制水价实施中遇到的问题正在研究解决
13 14	居民生活用户可先实行阶梯式计量水价	除成都对居民用户实行两级水价，对非居民用户实行四级水价外，其他城市各类用户均采用单一制水价	阶梯式水价实施中遇到的问题正在研究解决

续表

条款	《管理办法》	以往水价体系	说　明
15	以旅游业为主或季节性消费特点明显的地区可实行季节性水价	福州具有类似于季节性水价的超定额用水累进加价	对于季节性需求不明显的城市不必使用季节性水价
20	城市供水企业需要调整水价时，应向所在城市人民政府价格主管部门提出书面申请，调价申请文件应抄送同级城市供水行政主管部门，城市供水行政主管部门应及时将意见函告同级人民政府价格主管部门	(1) 调价申请首先由供水公司提交给供水行政主管部门，然后由供水行政主管部门提交给物价部门； (2) 张家口市的物价主管部门和供水行政主管部门均有权向张家口政府提交水价申请	
21	城市供水价格的调整报请所在城市人民政府批准后执行，并报上一级人民政府价格和供水行政主管部门备案	成都和福州的水价调整须报省物价委审批。张家口若申请实行两部制水价和阶梯式水价要经河北省物价局审批	
27	城市供水应实行装表到户，抄表到户，计量收费	各城市均实行计量收费，但在某些地区还不能完全做到装表到户和抄表到户	供水公司向物业管理公司收费，物业管理公司再根据用户的分表向用户收费
29	混合用户应分表计量，未分表计量的从高收取水价	只有某些地区混合用户实行分表计量	对于未分表计量的用户很难征收高水价
36	各省、自治区、直辖市人民政府价格主管部门应会同同级城市供水行政主管部门根据本办法制定城市供水价格管理实施细则	福建省、河北省及四川省政府尚未出台相应的实施细则	省级城市供水价格管理办法实施细则的出台有助于各城市制定相应的地方实施细则。市级城市供水价格管理办法实施细则的出台有助于各地制定相应的地方实施细则

4.5 基于《管理办法》制定的水价

4.5.1 概述

《管理办法》中包含有很多原则、规定以及适用于不同情况下的水价制定方法。本部分回顾了《管理办法》中有关水价制定方面的内容，阐明了制定新水价的步骤，即：建立水价制定原则，确定水价结构，确定成本补偿要求，进行水价计算，提交水价调整申请，完成价格审批。本节还介绍《管理办法》中所提供的方法，并与目前的情况进行比较，提出了实施建议。在与试点城市座谈时，曾有人提出《管理办法》中的某些条款很难实施的问题，在此略加讨论。

4.5.2 水价制定原则

《管理办法》第十条规定水价的制定原则是：

"制定城市供水价格应遵循补偿成本、合理收益、节约用水、公平负担的原则。"

补偿成本是指完全成本补偿，合理收益是指取得净资产的收益率，节约用水是指水的有效利用，公平负担意味着用户要补偿同水有关的成本。

《管理办法》第二十四条规定了在水价审批时应遵循的原则：

(1) 有利于供水事业的发展、经济的发展和人们生活需要；

(2) 有利于节约用水；

(3) 充分考虑社会承受能力。水价调整应逐步实施。初次制定两部制水价时，容量水价不得超过居民每月平均水费的1/3；

(4) 有利于规范供水价格，健全供水企业成本约束机制。

这一条扩展了第十条中提到的水价原则。总的来看，第十条和第二十四条规定的水价制定原则如表 4.2 所示。

水价制定原则 表 4.2

完全成本补偿	补偿与供水有关的所有成本，包括销售成本，管理费和财务费
合理的利润	取得合理的净资产回报率
水的有效利用	促进水的有效使用，防止浪费
用户平等	从某类用户获得的成本补偿应与此类用户所享受到的服务成比例
发展	保证供水公司能按质、按量、可靠地供水，促进经济和社会的可持续发展
承受能力	保证贫困家庭有能力支付满足基本生活用水的费用
法律上的规定	实行中央和地方两级管理

试点城市在制定水价时主要考虑的是成本补偿。水价是建立在补偿全部成本或绝大部分成本的基础上的，这些成本包括运行成本、管理费用、财务费用、税金和利润。但是，张家口的利润计算是以成本为基础，而福州的利润计算是以销售收入为基础，这与《管理办法》中所规定的以净资产为基础来确定利润是不相符的。

针对不同用户的水价是有差异的。水价对居民用户倾斜主要是考虑到承受能力。节水主要是对非居民用户的超计划用水征收超计划加价水费。尽管财务制度上并无要求，但供水公司还是愿意从水价中取消特种收费。有两家供水公司按照《管理办法》的建议进行了两部制水价的试算，但公司认为并不能保证其最终实施。

通常，供水公司的水价目标与《管理办法》所规定的定价目标是一致的，其中包括成本补偿、合理的利润、水的有效使用、承受能力和水价改革。但是《管理办法》在实施过程中所遇到的困难和拖延表明，《管理办法》的目标并没有完全被供水公司所接受。

各城市应考虑当地的实际情况对《管理办法》进行改进，决定每一条原则的相对重要程度。表 4.3 说明如何根据当地的实际情况，对这些原则按相对重要程度进行排序。

应考虑的当地实际情况 表 4.3

完全成本补偿	• 最近几年成本能否补偿 • 未来几年是否会进行新的投资而使资金成本增加 • 是否有足够的现金，可满足财务的需要或特殊情况的需要
合理的利润	• 供水公司是否努力吸引私人投资 • 为了满足资金的需求，利润水平应达到多少 • 是否要支付红利
水的有效利用	• 供水公司是否有足够的供水能力，可以满足不断增长的用水需求 • 是否由于水源的质量和流量问题导致供水不足 • 是否由于节约用水导致了供水公司销售收入的减少，而使公司陷入困境
用户平等	• 不同用户的单位成本是否有很大差异 • 不同用户的水价差异是否反映了成本差异
发展	• 是否当地的人均收入水平较低 • 是否由于高的水价而影响当地经济的发展 • 是否由于缺少足够的供水设施而影响到当地经济的发展
承受能力	• 在该城市中，是否低收入家庭所占的比例较大 • 城市低收入家庭可以从哪里取得生活用水，是供水公司还是水的零售商 • 低收入家庭有代表性的用水成本是多少 • 是否社会以补贴的形式向低收入家庭提供帮助 • 现有的向低收入家庭提供补助的方式在补助标准或覆盖面方面是否满足需求
法律上的规定	• 法律规定是否能帮助供水公司改善财务和运行状况

4.5.3 水价结构

《管理办法》为水价制定了一个基本的结构，同时也可以针对地方的实际情况作一些变动。具体如下：

不同用户类型——城市供水实行分类水价。根据五种不同用户类型实行分类水价，即居民生活用水、工业用水、行政事业用水、经营服务用水和特种行业用水(第六条)。

- 两部制水价—水价结构应为容量水价和计量水价相结合的两部制水价(第十二条)。
- 阶梯式计量水价—计量水价可以统一征收或按阶梯式征收(第十二条)。
- 季节性水价—可实行季节性水价(第十五条)。
- 各类水价之间的差异或阶梯式水价的级差可结合本地实际情况确定(第六条和第十三条)。

《管理办法》为地方制定水价结构提供了相当大的空间，较好的水价结构应当根据当地的发展目标确定。

两部制水价包括“容量水价”和“计量水价”，容量水价是固定的部分，用于补偿固定资产的成本。用户的水费账单包括两个部分，每一部分如何收费在《管理办法》的“水价计算”中有所讨论。

试点城市提出了《管理办法》中一些潜在的问题以及有关水价计算中的一些疑问。他们对于居民用户实行阶梯式水价和单元楼内只有总水表并且共用一张水费账单，而没有分户安装水表来核算的用户实行两部水价也较为关注。这些问题及其解决途径将在下面的章节中讨论。

4.5.3.1 现行水价评价

试点城市现行的水价是按不同的用户类型实行的计量水价，见表4.4。商业、机关和工业水价都接近于平均成本，而居民水价则低于平均成本，建筑用水和服务业用水高于平均水价。

2000年试点城市水价(元/m^3) **表4.4**

	张家口和宣化区	成　都	福　州
居　民	0.75	0.85	1.00
机　关	1.23	1.15	1.00
工　业	1.46	1.15	1.00
商　业	1.46	1.55	1.00
建　筑	3.00	无	无
服务业	2.00*	无	1.25
特种行业	10.00	1.70	无

* 仅指饮食服务业。

所有的试点城市都有与供水有关的其他收费。供水公司可能会一次性向新用户收取增容费，以补偿新增生产能力的成本。在成都，这项收费是根据水表大小收取的，而在其他试点城市是根据用户日用水量确定。对一个大用户来说，该项收费可能达到几千元。

节约用水收费是对非居民用户超过限额用水时收取的超计划加价水费。这一收费以各个用户的水表计量为基础，按超过用水定额的部分收取超计划加价水费。

这些水价中包含了很多种收费，但也有一些没有计入水价，见表4.5。

水价中包含的其他收费 **表4.5**

	张家口市和宣化区	成　都	福　州
增值税	水价中全部费用的6%	水价中全部费用的6%	水价中全部费用的6%
地方税	在增值税和建设费之前征收8%	供水公司收费的9.1%，用于市政建设	0.06～0.1元/m^3，用于市政建设

续表

	张家口市和宣化区	成　都	福　州
供水公司建设费	0.1～0.2元/m^3，上缴财政局，在供水公司需要时返还	0.1元/m^3，供水公司留用，用于输水管网建设和其他项目	无
水资源费	张家口供水总公司0.05元/m^3，补偿取水费	无	无
污水处理费	无	用于污水处理，0.15～0.3元/m^3	用于污水处理，0.135元/m^3
季节性水价	无	无	由非居民用户根据超过用水限额的部分缴纳
其他收费	无	0.1元/m^3，用于建设新的BOT水厂	无

4.5.3.2　两部制水价

1. 概述

《管理办法》中建议采用下述方法计算水价：

第十二条　城市供水应逐步实行容量水价和计量水价相结合的两部制水价或阶梯式计量水价。

容量水价用于补偿供水的固定资产成本。计量水价用于补偿供水的运营成本。

两部制水价计算公式如下：

(1) 两部制水价＝容量水价＋计量水价；

(2) 容量水价＝容量基价×每户容量基数；

(3) 容量基价＝(年固定资产折旧额＋年固定资产投资利息)÷年制水能力；

(4) 居民生活用水容量水价基数＝每户平均人口×每人每月计划平均用水量；

(5) 非居民生活用水容量水价基数为前一年或前三年的平均用水量，新用水单位按审定后的用水量计算；

(6) 计量水价＝计量基价×实际用水量；

(7) 计量基价＝[成本＋费用＋税金＋利润－(年固定资产折旧额＋年固定资产投资利息)]÷年实际售水量

- 为了保证完全成本补偿，这一计价方法必须满足如下要求：
- 水价计算须有一段特定的时间，经过这段时间后水价将逐渐到位，通常是下一个预算年度；
- 水价应能补偿成本(这里的成本指总运营和基建预算成本减去其他来源的收入)；
- 对这段时间总售水量进行预测，根据水价结构对售水量进行分解(例如，按用户类型或季节对售水量进行分析)；
- 按计划成本和计划售水量计算水价；
- 核实计算出的水价收入能否补偿计划成本。

《管理办法》中规定的计算方法符合上述的大部分原则，但没有确保成本补偿。对于《管理办法》所确定的水价，计量成本能够得到完全补偿，容量成本通常只得到部分补偿，这是和计算容量水费时所采用的方法有关。容量基价是根据每m^3产水量的平均成本计算的，对每个用户的容量水费就是用该基价乘以用户平均每月用水量(根据售水量确定的用水量)，但售水量通常都小于产水量，因此容量水费收入就少于容量成本。为了产生正确的收入，容量基价应与计算用户容量水费采用相同的水量，以下是按3种用水量计算容量水价的示例。

方法1：根据月平均用水量计算，在这种方法中，容量基价等于总容量成本除以总售水量。用户的月容量水费是容量基价乘以用户的月平均用水量。月平均用水量根据用户上年的用水量平均值得出。

对于居民用户，《管理办法》建议采用月平均定额水量，所有用户的月定额水量相同，不管用户用水量是多少，其容量水费是一样的。这种收费方式对大用水户有利而对小用户不利。《管理办法》认为，对于非居民用户，应根据其用水量多少确定一个固定收费，这种固定收费是基于平均用水量，因而不再是容量水费。

方法 2：根据用户最大月用水量计算。在计算用户的容量水价时，用最大月份的用水量，例如上一年最大月的水表读数。容量基价按所有用户的最大月总用水量计算。总用水量会大于平均每月的售水量，但可能小于或大于每月的产水量。如果全部用户或多数用户的最大月用水量都集中在同一月份，则总用水量会小于或等于每月的产水量，但这种情况是很少的。

方法 3：当容量水费根据用户的水表大小确定时，计算就更加复杂。这种方法是根据用户水表的容量确定容量收费，而不管用户实际用水量的多少。水表容量根据水表口径大小变化，在计算时使用容量因子间接测算。容量因子是根据 15mm 口径水表容量的倍数来测算容量的。

这 3 种计算容量水价的方法都是可行的，其比较见表 4.6。

容量水价计算方法比较 **表 4.6**

计 算 方 法	按平均每月用水量	按最大月份用水量	按水表大小
对数据的要求	简单—按用户种类计算的平均用水量数据很容易获得	困难—按用户种类计算的最大用水量数据不容易获得	如果用户水表大小的数据很容易获得就很简单，反之很难
每年的计算	必须每年重新计算平均月用水量	必须每年重新计算最大月用水量	水表大小极少改变
对节水的影响	合理—随着平均月用水量增加，平均水价相应增加	非常合理—容量收费对最大月份的用水量很敏感	不合理—容量收费对用水量不敏感
复杂性	相对简单	复杂	复杂
公平性	不公平—平均用水量难以衡量用户的容量需求	很公平—最大月份用水量是衡量用户容量需求的理想值	很不公平—水表大小与容量需求的相关性很小

按水表大小收费相对来说比较容易，但其他方面不如另外两种方法。从公平性和用水效率看，按最大月份用水量确定的容量收费较好，但是相对较复杂，难以管理和实现。按平均每月用水量计算容量收费的方法较为简单，优于按水表收费的方法，是《管理办法》中推荐的方法，也是一种较好的方式。

2. 单元楼两部制水价

《管理办法》规定居民用户应实行分表计量和两部制水价。试点城市的供水公司通常根据单元楼内的总表或居民小区的总表向物业管理部门收取水费，物业管理部门再根据各家各户的水表即分表收取水费。

向居民用户征收水费有两种做法，一是物业公司像以前一样继续向各个用户收取水费，另一是由供水公司派专人记录各个分表的读数。供水公司的工作人员对这两种方法都较为关心。

由物业管理部门向用户收取水费—依据《管理办法》第十八条，供水公司仍可以向物业管理部门收取水费，并实行趸售价格，而物业管理部门则根据各分表的读数向各户收取水费。下面有 4 种计算分表水价的方法。

(1) 以单元楼用水量为基础的计量水价—计算方法简单，根据供水公司对该单元楼水费账单上的总金额除以单元楼总表的总用水量得出。

(2) 以各分表用水量为基础的计量水价—计算方法简单，根据供水公司对该单元楼水费账单上的总金额除以按各用户分水表计算的总用水量得出。

(3) 以单元楼总表为基础的两部制水价—固定费用由用户分摊，计量水费根据供水公司的计量水价征收。

(4) 以单元楼各户分表为基础的两部制水价—固定费用由用户分摊，计量水费用供水公司水费账单上的总金额除以各分表的总用水量计算。

以上 4 种计算单元楼用户水价的方法各有优缺点，见表 4.7。

单元楼水费收取方法比较 **表 4.7**

方 法	1	2	3	4
使用《管理办法》的水价结构	否	否	是	是
各用户水价＝供水公司居民水价	否	否	是	否
各月的水价不变	否	否	是	否
按各分表计算出的总用水量等于居民楼的总用水量	否	是	否	是

方法 3 采用供水公司的计量水价相对较好一些。该方法的主要优点是，无论居民是直接向供水公司缴纳水费，还是向物业管理公司缴纳水费，所有的居民都采用统一的水价。另外，物业管理公司不需要每月重新计算水费。该法的主要缺点是，单个用户的水费账单之和通常不等于、并且大部分时候是小于物业公司的服务成本。物业管理公司的水费账单与按照分表计算出的总水费金额是有差异的，原因有：1)单元楼总表与单个分表的读表时间不同，造成水表的读数有所差异；2)用于计费的水表易出差错，因此即使同一流量，不同水表的读数有可能不一致；3)物业管理部门在进行楼道清洁和维护时所用的水，分表并未计量。

除了水表计量的差异外，单元楼的供水服务成本也比较高，这些成本包括单元楼内的修理和维护成本以及高层住宅的泵站加压费用。

由于水费账单差异而产生的问题，可以通过供水公司以低于居民水价的价格向物业管理部门批发的方式来加以解决，也可以通过居民向物业管理公司交纳一定的物业管理费来解决。

如果供水公司按照《管理办法》第十八条对物业管理公司实行趸售价格，则较低的水价就能够弥补物业管理公司水费征收的管理成本。对于供水公司来说。较低的趸售价格也是合理的，因为供水公司通过物业管理公司向单个用户收取水费可以节约一部分人工费用开支。深圳所用的方法与此相似，每户居民水价中加收 0.2 元交给物业管理公司作为物业管理费。这样可以减少再次征收的成本，也可使趸售价格与直接供水价格有所差别。

在由供水公司收取水费，用户分表计量这种方式下，供水公司直接从用户的水表计量收取居民楼用户的水费，而不是由物业管理人员来收费。这样保证了两部制水价适用于每一个居民用户，各用户应按照供水公司的要求更换新表或进行校准。因此供水公司不得不在供水、读表、维护和向单个小的用户收费等方面增大成本。此外，还会对物业管理部门所用的居民楼的清洁和维护用水、一部分漏失水，以前是计入用户水表的，现在应该如何收费的问题。

按照目前的规定，供水公司负责用户水表以前的进水管道，用户负责水表以后的出水管道。如果供水公司直接向用户收取水费，那么供水公司可能就要对楼内所有的管道负责管理。这样，在向小的居民用户收费之前，供水公司应对有关规定进行相应的调整，供水公司应把居民楼内总表与分表之间的管道交给物业管理公司来管理。

供水公司对物业管理公司用水要收取水费，这样有利于促进水的有效使用，防止未计量水的增加。这一收费以总表读数与各分表读数之和的差额为依据。但是这个差值可能是由于水表不精确、读数错误或读表时间不同造成的，供水公司可以通过修改读数或通过对系统进行维护来减少这些差额。

较高的运行成本是没有办法改变的。供水公司可以指派专人入户读表收费，或将收费的时间由一月一次改为两月一次来降低这一成本。从长远来看，如果将用户的分水表全部集中设置在居民楼的某一地方，或采用自动读表系统，就可降低供水公司向单元楼内的用户收取水费的成本，而由供水公司向小水表用户直接收取水费，由于成本过高，目前还无法实现。

4.5.3.3 阶梯式水价

1. 概述

《管理办法》建议采用三级阶梯式递增水价，这一水价结构主要适用于居民用户。

第一级是以较低的水价满足家庭的基本用水需求，属于基本生活保障价格，根据确保贫困户居民的基本生活用水的原则制定。但是实行财政补贴可能是满足低收入家庭需要的一种更为有效的方式。例如，张家口市工会发给贫困居民贫困证，使他们每月可以领取相当于 $5m^3$ 水的水费现金补贴。如果财政补贴到位，就不需要使用一级水价，如果财政补贴仅仅是针对那些极度贫困的家庭，则仍应保留这一级的生活保障线水价。

在设定一级水价时须考虑的因素有：承受能力、基本用水量和目前用水情况。第二级水价应能充分满足正常的需要，在改善和提高目前居民生活质量的基础上制定。第三级水价根据市场价格满足特殊需要的原则制定，这一级水价有利于促进节水，改善水价结构。

各级水价范围的制定通常以家庭用水统计曲线的分析结果为基础，统计曲线是根据用户用水数据绘制的，呈上升状态，见图 4.1。这一曲线可用于确定某一级水价范围内的用户以及用水量所占的比重。

图 4.1 可用于选择恰当的水量基数以及这一基数对用户和收入的影响。例如，如果一级水量基数定为 $5m^3$/月，那么就有 28%的用户纳入到这一级范围中，他们的用水量占总用水量的 13%。在制定第三级水量基数时，目标是这一级的用户不超过 10%，这样，第三级水量基数就可定为 $12m^3$/月。在这一条件下，第三级用户的用水量占 20%，其余 80%的用水量都低于这一水量基数。

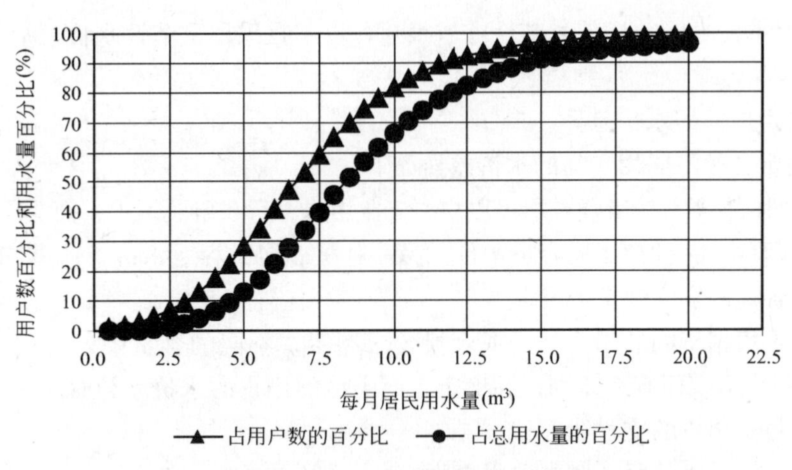

图 4.1 张家口市家庭用水曲线图

2. 单元楼用户递增式阶梯水价

在由供水公司直接读表和收费的情况下，很容易采用这种阶梯式水价结构。但是如果是由供水公司向物业管理公司按总水表收取水费，再由物业管理公司向单个用户收取水费，要实行这种阶梯式水价就困难得多。首先，单元楼里的家庭用户必须采用阶梯式水价。采用阶梯式水价最容易的方法是用单元楼内的住户数乘以住户用水限量。例如，第二级每个家庭的用水量上限为 $20m^3$/月，如果某单元楼里有住户 50 家，那么第二级的用水上限应为 $50 \times 20m^3$/月 $= 1000m^3$/月。

因为单元楼总表水量是按每个住户平均分配，如想从估计每一住户的用水量限额来达到节约用水的目的，递增式阶梯水价就不是很有效。事实上每个用户都只向物业管理部门缴纳平均水费，即使用水量较多也不会按第三级水价缴费。

上述问题都与递增式阶梯水价有关，供水公司应该根据当地的实际情况，详细地确定每一级的大小后，再行采用。在确定各级水价时应考虑的因素见表 4.8。

定各级水价时应考虑的因素 表 4.8

	下述情况不宜采用阶梯式水价	下述情况应采用阶梯式水价
社会支持	贫困家庭能得到有效的经济资助	贫困家庭不能得到有效的经济资助，或资助面很窄
房屋类型	大部分居民住在无分表的居民楼内	大部分居民家中有单独水表
住房的发展前景	大部分新建住宅仅有一总水表	新建住宅每家都安装了水表
供水	供水能力充足，几乎不需节水	供水能力不足，节水很重要

实行阶梯式水价，对于限制由供水公司直接收费但已装表的家庭用户用水是非常有效的。要实现这类用户与采用居民楼总表计量的用户之间的公平负担，实行两部制水价较为合理，居民楼采用统一的计量水价，物业管理公司对分表的二次收费可建立在用户递增式水价的基础上，用户超额用水应按第三级的水价支付水费。

4.5.3.4 季节性水价

《管理办法》第十五条建议在旅游用水需求很大、或因其他原因在某些季节用水需求很大的地区，应采用季节性水价。为了鼓励在用水高峰期实现节水，季节性水价要求在用水高峰期采用较高的水价。降低高峰期用水量可降低对供水能力的需求，从而节约成本，而供水公司可以推迟或减少对供水能力的投资以降低成本。

在没有明显的高峰用水需求的地区，季节性水价就不是很适合，因为它带来的收益较少但增加了用户的水费支出。

有些供水能力过剩的城市，即使季节性需求很强，也不宜采用季节性水价，福州和张家口就是这种情况。

4.5.3.5 不同用户间的水价差异

《管理办法》规定各类不同用户间的水价差异如下：

- 供水价格按用户种类分为五类：居民用户、工业用户、行政事业用户、商业用户和特种行业用户。
- 容量水价有两种，一种是居民容量水价，另一种是非居民容量水价。
- 水价差异以各地的实际情况为准。
- 水价差异通常根据不同的用户类型或容量要求制定，不同的容量要求适用不同的容量水价。计量水价根据不同的用户类型而有所差别。在确定不同类型的用户的水价差异时应考虑以下因素：
- 承受能力—每个用户的支付能力。
- 公平负担—根据供水的服务成本向用户收费。
- 财务状况—当用户对水价不是很敏感时，应考虑供水公司收入的稳定性和获利能力。
- 节约用水—向那些对水价较敏感的用户收取较高的水费有利于促进节水。

承受能力—中国目前考虑到居民用户的承受能力，采用的是最低水价，对工业和商业用户采用的水价通常较高。目前由于国有企业财务状况不佳，导致承受能力这个标准的适用性变得十分复杂，许多国有企业无力支付水费。在正常的情况下，这并不是承受能力问题，真正的承受能力问题是关系到贫困户家庭的问题，而不是亏损企业。但是，在当前正在进行的经济体制改革中，国有企业的问题关系到社会的承受能力问题，因为许多家庭都受到大型国有企业命运的影响。

经济体制改革引起城市居民平均收入的增长，以至于人们对水价并不十分关心，但是最贫困的一些家庭并不是这样。考虑到改革带来的这样两种情况，采用低的居民水价和高的工业水价已经不再适合。低的居民生活水价使很多本来并不需要帮助或并不贫困的家庭受益。直接向贫困的家庭提供经济资助，并且覆盖面要全，这样对于达到承受能力目标可能有效得多。另外，大部分企业能够承受较高的工业水价，但也有一些国企承受不了。

公平负担——在最近的水价设置中并没有很好地体现公平标准。对公平标准的评价需要对不同用户的供水成本进行科学的评价。关于供水成本首先应知道每一类用户的供水成本，这就要考虑各类用户的用水特点、所需供水设施的详细分析以及运行成本的特点。试点城市以前都没有进行过这类分析，仅对供水成本进行过一些粗略分析。但不同用户的高峰日用水量与平均日用水量的比率并不相同，在北美最重要的影响因素是绿地浇水，但在中国这个因素不是很明显。由于城市人口密度高，并且在大部分城市土地混合使用，以致人均的供水管道长度不同。高层建筑对水压要求比较高，一般物业管理部门会在高层建筑中安装水泵，供水公司就会为这些用户增加额外的供水成本。而从供水服务的情况，要求各类用户的水价差异应较小，或者没有水价差异。福州市供水公司已开始向这一方向发展。

现行的水价结构通常对居民用户实行低水价而对非居民用户实行较高的水价。这种政策实际上是非居民用户向居民用户提供补贴，见表 4.9，这对商业和服务业用户影响最大，因为他们的水价最高。

用水量和水费收入比例(1999 年) **表 4.9**

	居民		非居民	
	用水量比例	水费收入比例	用水量比例	水费收入比例
张家口	33%	21%	67%	79%
宣化区	45%	31%	55%	69%
成都	57%	47%	43%	53%
福州	37%	33%	63%	67%

财务状况—如果供水公司对水价增加并不敏感的用户收取较高的水价，供水公司的财务状况就会得到改善。当提高水价后，用户通常会减少用水需求，而用水量的减少会导致销售收入的下降，减少由于水价提高所增加的收入。相反，供水公司对水价较为敏感的用户征收较低的水价就可减小对增加收入的负面影响。由于商业和行政事业单位用户比居民用户和工业用户少，所以这两类用户适用较高的水价。按照不同用户对水价敏感程度确定的水价称为差异水价。由于供水公司处于垄断地位，所以实行差异水价是可行的。但如果实行差异水价导致供水公司获得过多的利润，则不应采纳这一作法。

节约用水—与“财务状况”中所讲的情况不同，节约用水主要是针对那些对水价较为敏感的用户，如居民用户和工业用户，对其收取较高的水价。因此从节约用水的角度，应适当减少水价对居民用户的倾斜。

从承受能力方面考虑，对居民用户采用低水价政策，并不是一种有效的资助贫困家庭的措施。公平性原则要求各类用户之间不应存在任何水价差异。出于对供水公司财务状况的考虑，可对商业和行政事业单位用户实行较高的水价，但水价差异应相对合理。

以上分析说明实行适度的差异水价是可行的，但并没有说明如何计算这两类用户之间的水价差异。选择差异水价实际上是一个判断问题。

4.5.4 节水收费

《管理办法》规定水价不能和节水办公室执行的收费相抵触。

“第十六条 城市非居民生活用水实行两部制水价时，应与国务院及其所属职能部门发布的实行计划用水超计划加价的有关规定相衔接。”

这一条可以理解为水价应与节水条例中对超定额用水实行罚款收费的规定相一致。这种收费是 20 世纪 80 年代早期建立的，目的是促进工业用户和其他非居民用户注意节水。节水收费以定额体系为基础，定额体系为每个用户制定了年最大用水量目标。下面的两个例子是张家口和福州的节水收费情况。

• 张家口—单个的商业和工业用户用水定额是以每个用户上一年的用水量为基础。超额用水部分按超额的比例征收，具体的收费标准是当用水量超过定额 0%～5%时，按一倍水价征收；当用水量超过定额5%～10%时，按两倍水价征收；如此计算，当用水量超过定额95%时，超额水价是定额水价的20倍。超额水价实行以来，867个用户中只有10%的用户用水量超过了定额。1999年供水公司的水费账单金额为400多万元，但由于各种原因，包括缺乏强制征收机制，实际只收了5%到10%，而且大部分是较小的用户。所有的超额水费收入均交给财政局。

• 福州—福州在6月至10月的节水收费实行超定额用水累进加价，加价对象是用水量在350m³/月以上(不含350m³)的非居民用户。用户的用水定额可参照行业标准来制定，如果没有行业标准，可以每个用户的历史用水量记录和普遍的经济水平为依据。定额由节水办制定，加价费由供水公司征收，并在水价账单上单独列为一项。正常的水费是按总用水量收取，节水收费则是按超额用水量收取。超额水费收入由供水公司保留和使用。不同类型的用户，收费标准也不同，见表4.10。

节水水费(元/m³) **表4.10**

超定额用水量	0%～10%	10%～20%	20%～30%	30%以上
行政事业单位用水	0.045	0.105	0.240	0.450
工商企业用水	0.057	0.133	0.300	0.570
旅馆和食品业用水	0.075	0.125	0.400	0.750

这两个例子说明，水价和节水收费既是矛盾的，又是统一的。在福州，节水收费类似于季节性阶梯式水价，这一项收费包含在水费账单中，其所选参数与水价的参数相同。节水办与供水公司采取联合收费的方式，在收费方面基本不成问题。这种安排与《管理办法》的要求一致，避免了水价和节水收费之间的不协调。

从全国来看，张家口的节水收费办法比福州更具代表性。节水收费没有并入水价中，它类似于递增式水价，但分级更多，且对超额用水实行很高的收费。由于很少有用户交纳这一项费用，所以对节水的影响不是很大。供水公司的水价与节水收费没有直接的矛盾，但是，如果供水公司实行季节性水价或非居民阶梯式价格时，就会产生矛盾。这种潜在的冲突是因为节水收费是水价的加价，水价的变化因加价的影响而扩大了。如果水价和节水收费不一致，那么水价一旦调整，就会遭到被罚收节水费单位的反对。

节水收费和水价应是一致的，应给用户传达相同的信息，可考虑下面的措施：

• 水费账单上把节水收费列为单独的一项。统一记账有助于供水公司和节水办在收费上协调一致。联合账单可给用户清楚的水费账目，同时也可以促进节水费用的征收。

• 实行两部制水价的地方，容量基数通常决定每户的用水定额和容量水价。办法第十二条规定：“非居民生活用水容量水价基数为前一年或前三年的平均用水量，新用水单位按审定后的用水量计算。”

采用相同的容量基数有利于提高管理效率，便于用户理解。

• 当用户的用水量超过历史记录或按标准用水参数规定的水平时，应实行节水收费。节水收费虽属罚款性质，但目的是鼓励节水，也可视为超量用水所支付的成本。阶梯式水价也具有同样的功能。因此只能采用这两种收费中的一种，如果两者都采用，则应密切协调并提供一致的信息。

4.5.5 取消不合理收费

过去列入水价中的某些费用不尽符合有关规定，也没有建立在成本的基础上。这些费用是用来征收用于各种目的的资金，包括供水公司的基建资金，虽然这些费用是向用户收取的，但是看起来更像是税而不是水费。由于这些费用是不规范的，地方政府比较容易进行调整，在过去的一段时间里，地方政府通过收取这些费用来增加收入。1997年财政部发布的条例明确要求取消所有这些不合理费用。

但是，尽管付出了努力，还是没有完全去除这些费用，在当前的体系下，多种费用仍算在水价中，用户从水价单中仅能看到一种收费。这些费用虽然已并入水价，但在会计上仍单独列项。例如，张家口的水价中包括水源建设基金，成都的水价中包括水源建设基金和水价风险基金。按照《管理办法》，水价中应计入成本、利润、费用和税金，但是不包含上述基金。

这种费用并不是供水公司的收入，因而不计入供水公司的损益表。因为这些收入是上交给市政府的，所以计入流动负债下的其他应付款。这些费用只能用于供水公司的投资，于是这些交给市政府的资金最终以拨款的形式返还给供水公司。

通常情况下，投资者以相对独立的资金投资于供水公司，例如市政府可能是以税收收入的形式投资于企业。如果把从用户收取的那一部分费用看作是权益投资，那么这些基金就应属于用户，而其他投资者无权从中获得利润。来源于用户的但并没有作为供水公司收入的这笔资金应计入权益类账户的“资本公积”，这里的“资本公积”特指来源于用户、用于基建的那一部分资金，同现行的会计制度不符，可能等于投入资本。这部分资本公积不像其他权益那样有一定的报酬率，因此水价就比较低，较低的水价是用户向供水公司提供权益性投资的一种补偿。

如果私人投资者在供水公司中享有权益，那么供水公司目前的附加性收费也是不合理的。如果向用户收取的费用作为收入列在损益表中，那么权益就会相应增加。但是这样一来，所有的权益投资者都有权从中获得利益。在目前的情况下，政府是这部分收入的惟一受益者。下面以表 4.11 的假设为例说明费用对权益的影响。

费用对权益的影响 **表 4.11**

项　目	现 行 方 式	建 议 方 式
净资产—期初余额	政府 1 亿元 私人 1 亿元	政府 1 亿元 私人 1 亿元
建设资金费用收入 1000 万元	转移 1000 万元到地方政府，现金不变化	增加保留盈余 1000 万元，增加现金 1000 万
新投资 1000 万元	从政府转移 1000 万元到供水公司	减少现金 1000 万元
资产负债表的最后变化	增加固定资产 1000 万元，增加政府资本支出 1000 万元	增加固定资产 1000 万元
净资产—期末数	政府 1.1 亿元 私人 1 亿元	政府 1.05 亿元 私人 1.05 亿元

注：假设没有所得税。

当不把附加收费作为收入而影响权益时，这种处理方法对成本的控制就显得很重要。当不把附加收费计入收入时，所得到的利润要比实际的低。如果利润低于所允许的利润目标，就为供水公司提高水价找到了借口。而且，私人投资者由于没有从现有的利润中获得全部的收益，所以就有可能要求更高的投资回报作为补偿。

避免上述问题的惟一方法就是彻底取消各种附加收费。水费账单和会计报表内不再反映这些费用，而以税收收入的形式表示。

从现在的形式看，类似于建设资金和水资源费等是用来支付基建工程费的一种用户收费。但是，它是向新用户收取的一次性费用，费用的多少根据新增容量的需求而定。像供水公司征收的其他费用一样，增容费也被作为“其他应付款”列在负债表上，存在着和上述收费同样的问题，也会增加权益资本的成本。此外，增容费也不像计入水价中的其他费用那么规范，并没有建立在成本的基础上。在一些城市，增容费并没有完全返回供水公司用于基建工程，因为管理这些资金的部门截留了部分资金，作为他们的管理费。在目前增容费常常被滥用，所以应予以规范或取消。

在北美，收取增容费也非常普遍，但却是根据基建工程的成本来计算，由供水公司保留和控制，比较规范。增容费是一种从新用户那里收取容量扩建成本的有效而公平的方法。如果要征收增容费，必须建立在成本的基础上。这就要求地方政府必须实施《管理办法》。

4.5.6 水价调整申请

《管理办法》第十九条规定，符合下列条件的供水企业可申请调整水价：

（1）根据国家法律、法规合法经营，价格不足以补偿简单再生产的；

（2）政府给予补贴后仍有亏损的；

（3）合理补偿扩大再生产投资的。

在上述条件下，建议采用一种更常用的方法提出水价申请。水价调整的必要性取决于供水公司是否能够补偿成本。如果在新的一年里，现有水价乘以计划的售水量还不能达到补偿计划资金和运行成本的目的，那么应在来年调整水价。如果提出的调价申请及时，应该能防止财务赤字的出现。

水价申请应是供水公司财务计划中重要的部分。财务计划应每年修改一次，侧重未来12个月，但应包括长期的指标。长期的分析为未来提供了资金筹集计划。以下是建议采用的支持水价申请的报告：

• 最近运行情况，包括财务状况、系统数据和运行指标(如水质、水表精确度、漏失率)，需要解决的问题，改善运行和提高资金使用效率的计划。

• 如果在人均用水量方面有任何重大的变化，应做出未来用户增长和用水需求增长的计划。

• 未来财政年度的运行、维护和管理成本，包括估计的税金、通货膨胀、财务费用、其他收入等。如果发生了重要变化，应说明原因。

• 十年的资金计划和预算年详细的资金计划，应给出估计的资金支出、补助、利息率等。应给出供水公司承担项目的详细的资金来源，其他机构向供水公司捐助的资金项目，授权给并纳入供水公司资产的项目。

• 采用现行的和建议的水价时的财务状况(盈亏状况、现金流量、资产负债表)。

• 水价调整计划的实施。

这些报告内容是供水公司在准备水价申请时应向物价局提供的信息。水价申请本身应包括：

• 书面说明调价的原因。

• 如果水价结构发生了改变，应说明原因和条件。

• 概述预算的运行成本和资金成本。

• 成本补偿计划，应说明希望通过售水量取得的收入，其他费用和收费，额外取得的贷款，资金分配，保留盈余和补贴。

• 现行的和建议采用的价格表，并提供可供选择的价格表，应表明容量和计量收费的多少，现行收费的百分比的改变。

• 估计建议采用的水价对用户的影响。

在每个水价申请中都应以标准的格式提供上述信息。应采取符合实际和易于理解的报表形式，并说明与上一年的不同。

4.5.7 《管理办法》允许的利润水平

在《管理办法》中规定了供水公司允许达到的最大利润：

第十一条　供水企业合理盈利的平均水平应当是净资产利润率8%～10%。具体的利润水平由所在城市人民政府价格主管部门征求同级城市供水行政主管部门意见后，根据其不同的资金来源确定。

（一）主要靠政府投资的，企业净资产利润率不得高于6%。

（二）主要靠企业投资的，包括利用贷款、引进外资、发行债券或股票等方式筹资建设供水设施的供水价格，还贷期间净资产利润率不得高于12%。

还贷期结束后，供水价格应按本条规定的平均净资产利润率核定。

根据这一条款，允许的利润水平是根据供水公司的资本结构(即债务和净资产或权益)确定的。净资产包括投入资本、留存收益、资金盈余和特殊用途的资金。《管理办法》明确指出净资产的外部来源——政府投资和发行股票或债券是直接的资本投入。其他 3 种方式的净资产来源于供水公司的收益。这一部分应按原始投资的比例分配给政府和私人投资者。

当供水公司是以政府投资为主，而以其他集资方式为辅时，《管理办法》允许取得 6%的利润率。当供水公司主要是由私人部门投资时，允许取得 12%的利润率。当主要是由政府和私人部门共同投资时，总的投资利润率应是政府部门的 6%和私人部门的 12%加权平均。

在试点城市中，供水公司尚没有私人投资。这些供水公司的自有资金和资产增值都是政府给予用来扩大生产能力的。资产增值反映出资产重新评估带来的增值。既然供水公司全部是属国家所有，供水公司的保留盈余也应视为政府投资。因为试点城市的供水公司都是由政府拥有，如果忽略贷款筹集来的资金部分，那么按《管理办法》规定允许的最大利润率应为 6%。但是《管理办法》又指出，在确定投资回报时应考虑贷款筹集的资金，因为贷款增加了股东的财务风险，债权人对供水公司的收入有优先的要求权。股东仅对偿还债务后的资产有要求权。这种高的负债水平增加了债务成本，使税后利润减少，增加了利润的不稳定性。财务风险的增加与增加利润的不稳定性是相关的。不管是对政府还是对私人部门来说，高的财务风险就应取得高的收益。

债务偿还给供水公司带来了现金流量的问题。供水公司可通过水价补偿的总成本包括利润、利息和折旧。这个总收入必须能偿还利息成本、贷款的本金和支付其他的费用。资产总折旧等于资产的原始成本，所以在取得资产时足够支付贷款的本金。但是由于固定资产的折旧年限一般长于商业贷款的期限，贷款成本有可能超过该项资产在贷款期限内的利息和折旧总和。在这种情况下，为了产生需要的现金流量偿还贷款，就需要提高净资产报酬率。

当供水公司的现金需求超过在允许的利润水平产生的现金，应考虑提高利润水平。在没有采取其他措施解决现金流量的情况下，只能通过提高利润水平来解决现金流量的问题。其他的措施包括动用可利用的现金储备，延迟可避免的费用以及利用短期融资等。如果水价申请中要求高的利润水平来满足现金流量的需求，申请时还应附带详细的材料(如运行、维护、管理成本，批准的投资计划)。这包括现金流量计划、损益表(表明替代的价格对供水公司财务的影响)。仅有关于财务状况的简单讨论和很少的财务统计数据就要求取得高的利润水平，显然是不可能的。

在允许的条件下提高利润水平应充分考虑机构因素。利润分配就是很明显的一个例子。以货币形式进行利润分配更能调动员工的积极性，达到财务目标和经营目标。利润水平的缓慢增长可能需要货币的刺激。

较高的获利能力在机构改革中起着很大的作用，有利于供水公司结束对政府财政补贴和附加性收费的依赖，使供水公司向自负盈亏的方向发展。如果供水公司按照自主的方针运营，那么就应当获得与私人投资企业相同的利润率。但是机构改革要求供水公司在正式成为一个自主企业前，应作为公司制企业进行重组，只有重组后，供水公司才能获得与私人企业相同的利润水平。

《管理办法》规定政府和企业的利润率分别不得高于 6%和 12%。前面一段提到的现金需求可以是允许利润率超过 6%的一个理由，但也是设定利润率低于 6%的一个理由。假设在某种情况下，利润率仅为 3%就能满足资金需求，保留盈余能满足偶然的和即将发生的资金需求，所有的资产都是政府所有，没有对外分红。在这种情况下，允许的利润率应为 3%，因为供水公司不需要再高的利润了。这是一种简洁的、使供水成本最低的途径，可以使更多的资金流入更需要资金的私人部门。

目前还没有一个简单的公式计算利润水平。上面我们对《管理办法》中所规定的利润水平作了说明和解释，下面我们将通过图 4.2 来具体说明如何确定合理的净资产收益率。

4.6 《管理办法》的影响

机构改革—《管理办法》对实际的机构改革将产生最重要的影响，这一改革的主要内容有：

- 在地方物价局建立水价审批的领导机构；
- 将水价审批权交给地方一级政府；
- 规定有关水价计算、水价审批和利润水平的明确目标；
- 制定水价结构和水价计算的标准。

这些改革能够增强供水公司在财务上独立自主、自负盈亏的能力。理顺水价调整的程序和机构设置，使之更为高效。

财务状况—与《管理办法》相关的 3 个重要的修改，即《管理办法》规定了供水公司可以取得合理的净资产报酬率、确认物价局为水价审批和监督的政府主管部门、规定了地方一级的水价审批权，此举将对供水公司财务产生以下积极的影响：

增加的利润可以使供水公司筹集资金，进行新的资产投资。提高了的获利能力，有助于供水公司吸引资金，减少对政府资助的依赖。

确认物价局为水价申请的批准部门将有助于帮助供水公司实现成本补偿，因为物价局与供水公司的关系和公用局与供水公司的关系不同。物价局应与供水公司建立一种严格审查成本的关系，这样有助于促进供水公司进行成本控制。在收入一定的情况下，改进成本控制有助于促进成本补偿。

水价审批权限应尽快地下放给地方政府，而不是停留在上一级政府。这样可以加快水价审批的时间，避免由于时间拖延而造成的损失。成本控制不力导致了成本不能有效地得到补偿，但是《管理办法》并没有明确指出成本控制不力的症结所在。供水公司缺乏对其预算的外部评价和审批是造成成本控制不力的原因之一。目前，供水公司每年的预算由内部制定和审查，没有任何外部审核程序。而且，在现行的水价调整程序和《管理办法》中规定的调价程序中，没有要求供水公司保持收入与成本的平衡。一个有效的方法就是将成本控制与水价审批联系起来，要求供水公司在没有外部帮助的条件下补偿成本。

《管理办法》中建议的容量水价计算方法有可能造成企业的亏损，这与这种计算方法即先计算容量基价，然后计算每一用户的容量水价有关，只要在计算方法上作一点变动，这一问题还是很容易解决的。

节约用水—从通常采用的简单计量水价到建议采用的两部制水价结构将导致计量水价的下降。新的容量水价对节水的刺激很小。对于居民用户来说，这种改变在某种程度上可以抵消递增阶梯式水价的影响。另外，季节性水价将对采用地区的节水产生很大的刺激。《管理办法》中建议的这种改变对节水会产生正反两个方面的影响。总的影响可能会较小。

承受能力—递增阶梯式水价中第一级的低水价有助于减轻贫困家庭的水费负担。对供水公司来说，直接对贫困户家庭实行补贴可能效果更好，这样做使得对承受能力的影响更有针对性，而且成本也较低，易于管理。

公平负担—在目前水价结构中，影响公平负担的主要因素是不同用户间的水价差异。这种差异不是由不同用户的供水服务成本不同所造成的，而是由于不同用户的水价就有所差异。《管理办法》保留了现行水价的这种差异，对公平性的影响不大。

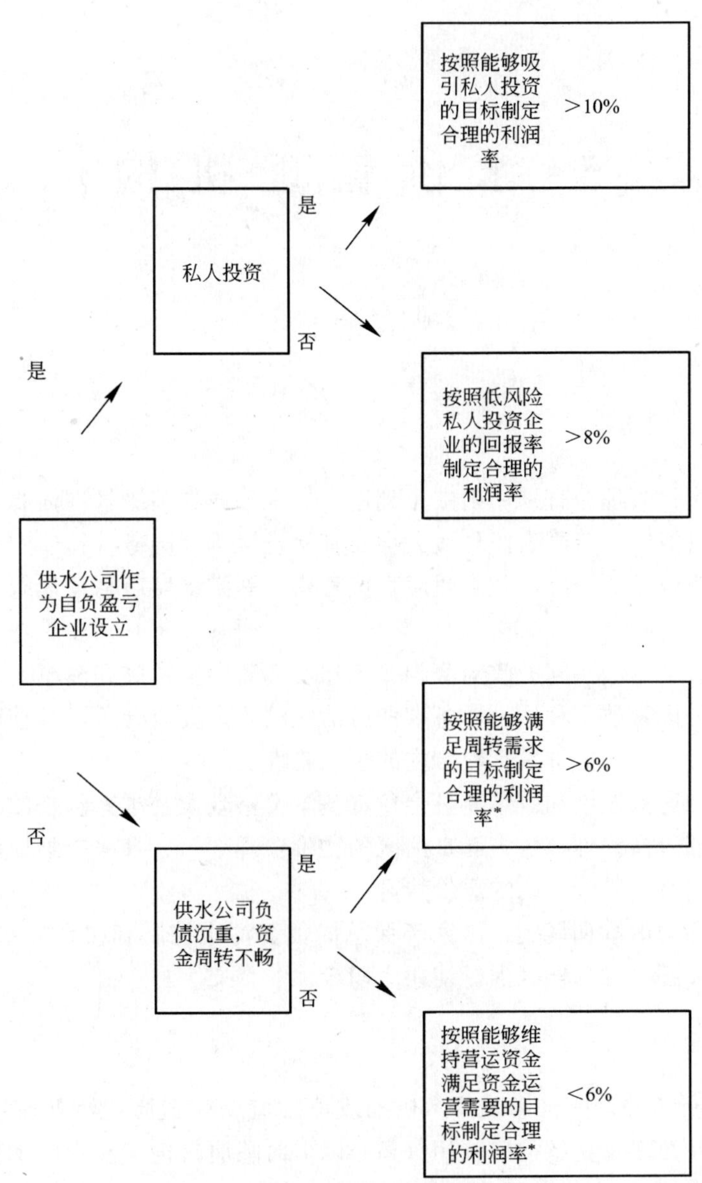

图 4.2　合理的净资产收益率的制定

* 实际利润率的确定应建立在供水公司 5～10 年的财务分析基础上。

5 水价管理机构

5.1 现有的机构设置

5.1.1 回顾

中国的城市供水和水价管理一直采用由中央到地方供水公司的多级管理体制，这种多级体制共分四级，即中央、省、地、县或区。全国人民代表大会及其常设机构和国务院行使中央一级职能；下一级为国务院各部委及各直辖市政府；地级市归省政府直接管辖；副省级城市高于地级而低于省级；县或县级市归其所在的地级市管辖。

在中国，供水和水价由两个不同的政府部门——建设部和国家发展和改革委员会进行管理。建设部负责制定有关城市供水的国家政策和计划，各省和自治区的建设委员会负责其辖区内的供水管理。县级或县级以上政府的供水管理机构负责其行政区内的供水管理。

国务院价格主管部门国家发展和改革委员会负责基本价格政策及国家价格的制定，国务院的其他部门负责其各自管理部门的价格管理。各省和自治区的物价管理部门、县级或县级以上的人民政府的价格管理部门或政府其他部门负责其辖区内的物价管理。

财政部负责各项费用的审批和划拨，国家环保总局负责污水控制和收费。水利部负责水资源管理，县或县级以上政府各相关部门在其辖区内行使相应职权。

5.1.2 国家政府机关

1998年国家机关进行了深入的机构改革。机构改革的重点在于通过转变政府职能来提高政府工作效率，强化政府职能，并使之与企事业单位相分离。以下对政府机构中涉及供水的部门及其职能作了评估，其中包括对实施《管理办法》的机制和能力的评估。

5.1.2.1 建设部

建设部是国务院直属的全面负责建设管理的部门。机构改组后，建设部的职能被重新划分。为提高效率，建设部减少了部门和人员编制。

建设部的主要职能是：

1. 制定方针、政策、法规以及相关的发展战略和中长期计划，并指导其实施；
2. 指导国家城镇规划。根据国务院的指示审核和批准城市总体规划；
3. 制定有关建设的国家标准，制定有关投标、勘察、设计和安装的法规；
4. 指导全国范围内的建筑活动，管理建筑市场，制定勘察设计和施工的规章制度；
5. 指导城市供水、节水和污水处理，指导城市规划区内的地下水开发与保护；
6. 指导全国住房建设和住房体制改革，指导和管理房地产市场；
7. 制定各类建筑、附建式建筑和市政基础设施的抗震设计标准；
8. 制定建设部所属行业的科技发展规划和技术经济政策；
9. 制定高校建筑类专业的教育标准；
10. 管理建筑行业的对外经济技术合作和外事工作，指导企业开拓国际市场；

11. 管理直属企事业单位的人事劳资工作；

12. 承办国务院交办的其他事项。

建设部下设办公厅及11个业务职能司(图5.1)。其中城市建设司全面负责城市发展、建设和管理方面的工作。城建司与水有关的主要职能是制定包括中长期规划在内的城市发展战略和公用事业各项政策，指导全国的城市公用事业工程和环境卫生计划。

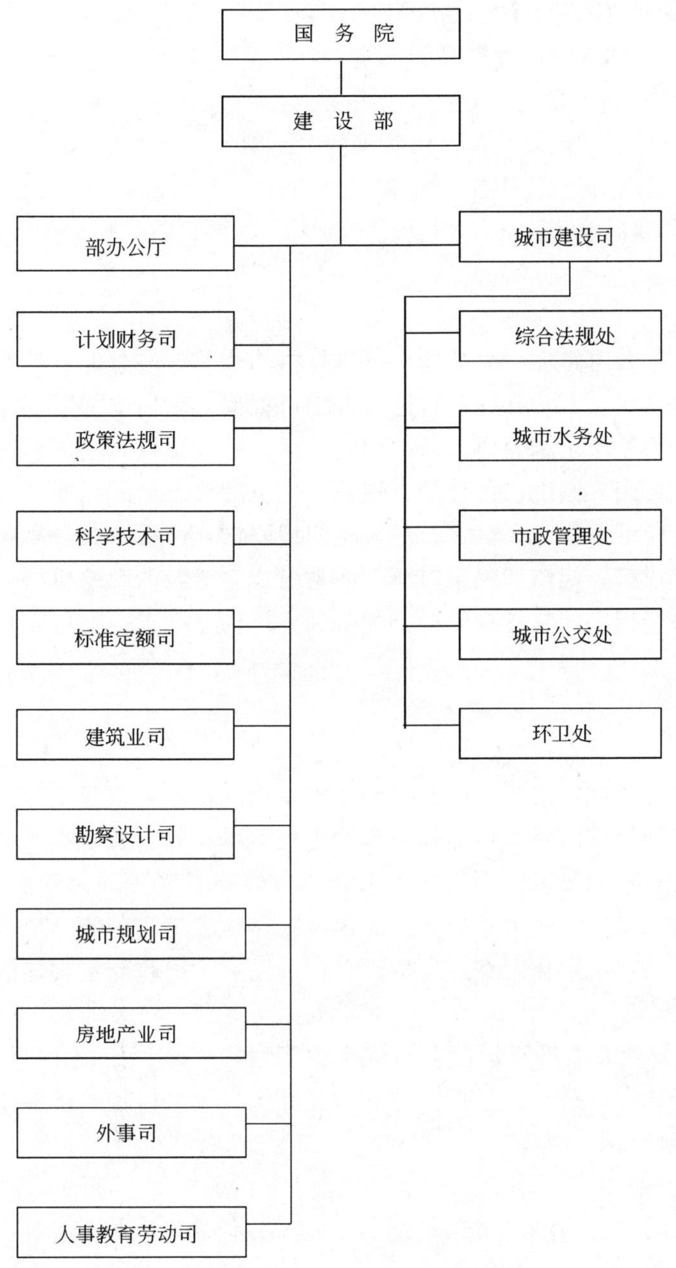

图5.1　建设部组织机构图

城建司城市水务处的职能是研究制定有关法规、条例、价格技术政策、开发策略、计划和改革方案；指导城市供水、节水、污水处理和城市规划区内的地下水开发与保护。

通过重组，城市管理职能得到了加强，城市供水、污水和节水工作首次由一个部门负责管理，提高了工作效率。

5.1.2.2 国家发展改革委员会

国家发展改革委员会的主要职能是：

- 提出国家物价水平的控制目标；
- 推荐宏观经济控制方案；
- 制定物价调整与改革的年度计划和中长期计划；
- 制定物价的法律法规；
- 制定国家对物价管理范围和方法进行调整的计划；
- 制定必需产品的价格和垄断行业产品的价格；
- 制定由政府管理的收费标准；
- 必要时指导地方物价部门调整放宽价格管理的上下限；
- 组织和指导价格的检查和监督工作。

机构改革后，以前的物价局改为国家发改委价格管理司。价格管理司下属若干处负责价格管理和监督。

5.1.3 省政府

各省、自治区、直辖市政府正在中央的指导下进行机构改革，改革的目标是建立办事高效、运转协调、行为规范的行政管理体系。为达到这一目标，各地可根据实际情况加以实施。机构改组的重点是转变政府职能即政府将与企事业单位相分离。通过改组，可以明确责权，精简和优化政府机构。减员时全面考虑优化用人结构，改革用人制度和强化能力建设，人员的重新分配是成功高效改组的关键。

机构改制首先由国务院下达指令，确定新的机构组织安排，然后由其任命各部门领导，最后对人员进行调整。在调研期间，成都、福州和张家口所在的省已成立了新的政府机构，局、委、办的数量和人员相应有所减少。需要特别指出的是省物价局仍为一独立机构，在进行物价管理时会同省计委一起将文件报送国家发改委审批。

5.1.4 市政府

成都、福州和张家口 3 个城市市政府的部门数量基本相同，但人数各不相同。

成都、福州和张家口 3 个城市供水行业的组织安排也不尽相同。成都供水公司归公用局管理，公用局负责将文件上报至建委；福州没设公用局，供水公司由建委直接管理；张家口公用局原隶属于建委，现与建委平级，负责管理张家口市供水总公司，而建委则作为政策实施的一个政府机构；宣化是张家口的一个区，因此宣化供水公司由宣化区城建局负责管理。以上 4 级政府管理体制是中国绝大多数城市所采用的管理体制。

3 个试点城市均设有管理大型投资建设项目的水源工程指挥部。成都 BOT 基建工程指挥部由市政府领导，与福州第二水源工程(亚行敖江)指挥部的情况类似。张家口腰站堡新水源工程指挥部由建委领导，供水能力可达 150000m^3/d。

5.2 水价管理办法的制定和管理机构

省级供水价格管理办法通常由物价局(委)、建设厅和省政府共同制定。有时在涉及污水处理费时，财政厅(局)也参与进来。市级供水价格管理办法的制定单位主要是物价局、供水主管部门、市政府及其他有关单位。

省、市物价局(委)负责水价规章制度的管理。例如，1999 年 7 月 10 日 国家计委颁布 1999 年第 1 号文件《价格违法行为行政处罚规定》之后，张家口市物价局专门成立了机构对供水公司和用户进行监督和检查。

5.3 地方水价政策和管理办法

5.3.1 概述

目前的水价制定主要是遵循国家和地方的价格管理办法。例如，张家口在进行水价调整时所遵循的政策和规章有：

《城市供水条例》(国务院第 158 号令)，1994 年 7 月 19 日颁发。其中城市供水价格制定办法，由省、自治区、直辖市人民政府规定。城市供水价格应当按照生活用水保本微利、生产和经营用水合理计价的原则制定。

《关于调整城市自来水价格问题的函》(冀价工函字［1996］第 34 号)，1996 年 10 月 24 日颁布。规定除石家庄市以外，其他城市的具体调价幅度由各市政府自行确定。由于受电价上涨和贷款开辟新水源的影响，城市自来水的制水成本有一定程度的提高，所以该文原则上同意对自来水价格作适当调整。

《关于公布第一批取消的各种基金(附加费)项目的通知》(财综字［1997］第 161 号)。该文件规定取消“水资源建设基金”，并入目前水价。

根据以上行政法规，张家口市物价局颁发了 1999 年第 158 号文件，并于 1999 年 11 月 1 日起开始执行新水价。其他城市也以类似的行政法规文件为依据，但需要指出的是这些文件只提供了水价管理的一般性原则，没有较为具体的可操作性的规定，所以有关政府机构在审核水价时很大程度上依赖于经验。

5.3.2 水价制定目标

3 个试点城市水价制定的目标为：补偿成本、合理收益、节约用水、承受能力，除此之外通货膨胀也是考虑因素之一。但是近两年来由于通货膨胀率较低，甚至为零，所以影响不是很大。例如，福州 1999 年将居民和机关单位的水价由 0.7 元/m^3 提高到 1.00 元/m^3，但同期居民物价指数仅上涨了 0.17%。

补偿成本是 3 个试点城市制定水价时的主要目标，而供水公司的利润收益则是一个比较有争议的问题。张家口市水价制定的目标是：补偿成本、合理收益、承受能力。供水公司的利润水平被定为成本的 3%。当供水公司估计有可能出现经营亏损时，就向市政府提出调价申请，市政府会根据成本补偿的原则进行审批。但是在每次水价申请过程中，成本补偿水平是随着时间不断变化的，因此成本补偿的目标并不十分明确。

承受能力是影响水价调整审批时间和调整幅度的一个主要因素。但是，在这一方面究竟哪个部门起着主要作用还不十分明确，而且也没有一个确定的承受能力参数，可用于评估调整水价后对承受能力的影响程度。据了解，很多城市都支持通过调整水价来达到成本补偿的目标。因为通常要考虑居民用户是否应比其他用户支付更低的水价，所以承受能力也是影响价格水平和水价结构的因素之一。与其他类型用户相比，居民用户新水价的实行往往要推迟一些，例如，张家口 1994 年居民用户新水价的实行延后了一个月。

承受能力问题有时可通过对城市贫困家庭采取适当措施来加以解决。例如 1999 年福州在申请水价调整时，物价局建议将每月的最低生活保障线增加 10 元。张家口供水总公司则向城市贫困家庭提供适当的现金补偿。

地方的水价制定并未充分考虑到用户的权益。尽管不同类型用户的供水成本大体相同，但所支付的水价并不相同。特别的供水服务或特殊用户还要付出比别的用户更高的水费。

5.3.3 水价申请和审批程序

水价申请和审批程序因城市和时间而异。这里有两种较为典型的程序，一种是以地级市张家口为代表，另一种是以省会城市成都和福州为代表。这两种类型的申请和审批程序如图 5.2 和图 5.3 所示。

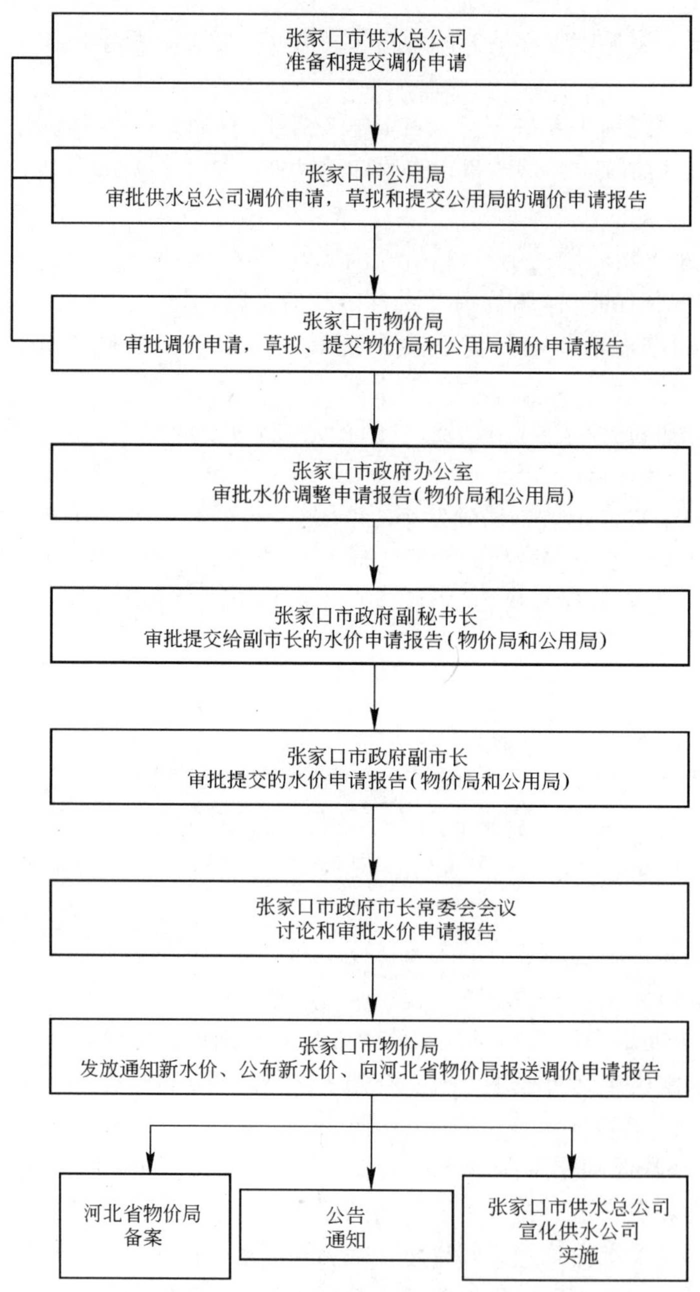

图 5.2 张家口水价申请和审批过程

图 5.2 为张家口 1999 年的水价审批过程。这一过程是，首先由张家口市供水总公司准备和提交水价调整申请报告，然后提交给市公用局。市公用局在将申请报告连同供水公司财务报告一起审核完毕后，以公用局的名义将调价申请报告报至张家口市物价局。张家口市物价局在接到调价申请后，委派调查组前往供水公司进行成本和利润审核，并就有关问题进行讨论，这期间调价申请可能要经过几轮的修改。物价局在对供水公司的财务经营状况审核完毕，并综合考虑了通货膨胀、物价控制水平、承受能力

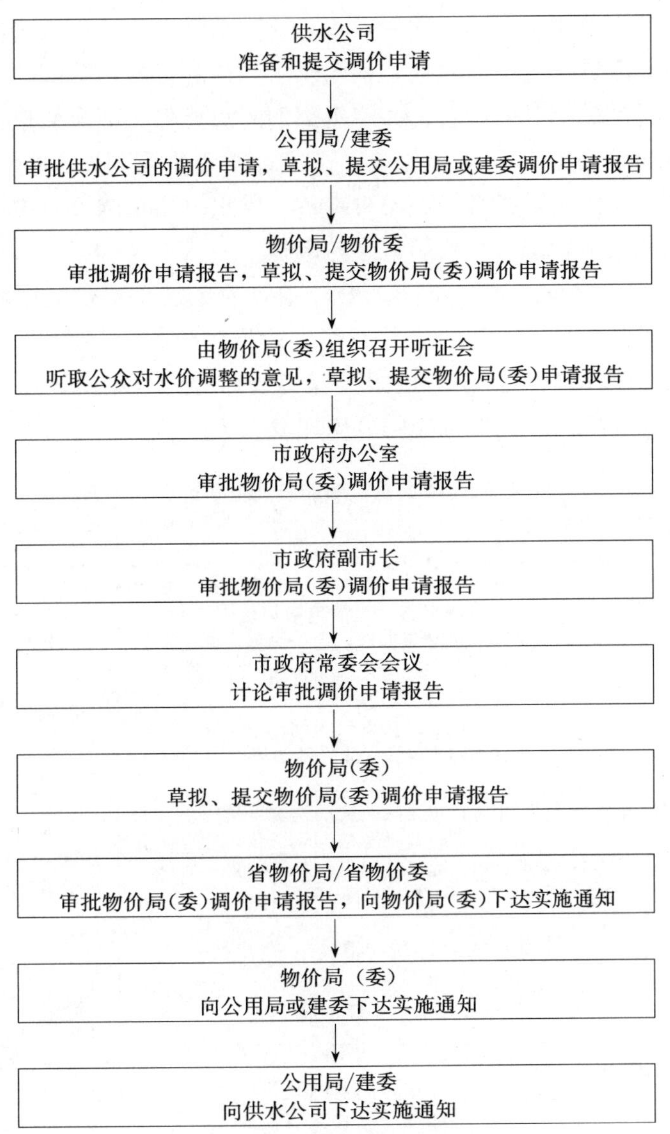

图 5.3　成都和福州水价申请和审批程序

等因素和公用局的意见之后，与公用局一起将调价申请提交给市政府办公室。调价申请将在负责供水和水价的市政府副秘书长和副市长中间传阅。

一旦副市长审阅完毕后，申请报告就提交给市长及市长常委会。如果物价局不同意公用局提交的调价方案(例如 1998 年的一次水价调整申请)，则由物价局和公用局分别将其申请报告提交给市政府办公室，然后由副秘书长和副市长轮流审阅。有时在调价申请和审批过程中财政局也参与供水公司的成本审核。

水价申请要经过市长常委会审核。市长常委会会议由市长主持召开，参加人员包括：副市长、秘书长、顾问、计委、建委、体改委、经贸委、财政局、国资局、工商管理局、人事局、劳动局、外贸局、民政局、审计局、税务局、公用局、环保局、土地局、机构办公室、工会、张家口市政府办公室和其他有关部门。承受能力、水价结构和财政补贴往往是常委会讨论的内容。

如果调价申请在常委会上一致通过，则由物价局起草报告提交给河北省物价局备案，并下发张家口市供水总公司和宣化供水公司执行，同时向社会公告。由于宣化供水公司的成本情况与张家口市供水公司基本相同，所以宣化区与张家口适用同一水价，无须进行详细的财务经营情况审核。如果调价申请没有在常委会上通过，则各有关部门需进一步研究，并将研究结果再次提交市长常委会议，张家口供水总公司的调价申请报告和提交给财政局的报告通常包括很多方案，最终方案的选择由常委会作出。

图 5.3 为成都和福州的水价审批过程。这一过程是首先由供水公司将调价申请提交给上级行政主管部门，成都供水公司的行政主管部门是公用局，福州供水公司的行政主管部门是建委；供水公司的行政主管部门对调价申请审查批准后召开听证会，并将本部们的意见与听证会的意见一同报送市政府；市政府审批后，进一步提交省物价委审批。1999 年前，国家计委也要参与水价的审核，但《管理办法》颁布后，国家计委对价格调整只需进行备案，而不再审核。供水公司在调价时应遵照上述审批程序。如果水价调整涉及污水处理费或其他费用，财政局也参与审核。

以上两种审批过程有相同之处，也有不同之处，主要的区别是：(1)张家口市只有一级审核，而成都和福州要经过两级审核；(2)张家口的水价调整申请报告由物价局和公用局联合或分别提交给市政府，而成都和福州则是由公用局或建委先把报告提交给物价委，然后再由物价委提交给市政府。

水价审批程序中各机构职能及其主要考虑的事项如表 5.1 所示。

水价审批程序中各机构职能及其主要考虑的内容 **表 5.1**

单　位	职　能	主要考虑的内容
供水公司	确定申请调价的时间。起草、提交水价调整申请报告，通常包括评价财务状况、预测未来财务需求、水价测算，制定调价目标等	补偿成本包括偿还贷款、运营费、维护费和利润
公用局或建委	审批供水公司提交的调价申请报告。起草并向物价局和市政府提交报告	供水公司的成本核实、成本控制、成本补偿、经营业绩、利润水平、未来资金需求
物价局或物价委	审批供水公司提交的调价申请报告，到供水公司核对财务数据和资料；检查调价的原因；起草并向市政府和省物价局(委)提交报告，准备召开听证会	供水公司的成本核实、成本控制、成本补偿、利润水平、承受能力、通货膨胀、价格水平及控制
听证会代表	审核水价调整申请报告并提出意见	供水公司的成本核实、成本控制、承受能力、社会计划、服务水平和服务质量
市政府办公室	全面审核水价调整申请报告。	成本补偿、利润水平、承受能力、未来基建项目和资金需求、价格水平
市长常委会会议	讨论、审批水价调整报告	成本补偿、利润水平、财务补贴、未来资金需求、承受能力、价格水平、调价对不同类型用户的影响、社会计划
财政局	审批水价调整申请报告	供水公司的成本核实、成本控制、财政补贴、承受能力、社会计划、未来资金需求、污水处理费和其他有关收费
省物价局(委)	审批水价调整报告	价格水平、与省内其他城市比较，通货膨胀、价格控制

以下为现行的水价申请审批程序与《管理办法》所规定的相关内容之间的比较：

• 《管理办法》规定了水价的价格主管部门。价格主管部门在水价管理中起着十分重要的作用，包括在行政主管部门的协助下，制定《管理办法》的实施细则，确定、审批、监督和检查水价。

• 《管理办法》规定供水公司在需要调整水价时，应向价格主管部门提出书面申请，以张家口为例，张家口供水总公司应向本市物价局提出书面申请，同时抄送供水行政主管部门张家口市公用局，公用局及时将意见函告物价局，然后由物价局将调价申请提交张家口市市政府。而目前的程序则是：(1)供水公司首先将申请报告提交至公用局，然后再提交至物价局；(2)物价局可能并不是向市政府提交申请报告的惟一部门；(3)有时财政局也参与调价申请的审批。

• 《管理办法》简化了审批程序。根据新程序，城市水价调整由所在城市人民政府最终审批，并报上一级人民政府备案，而现行的体系通常要经过两级政府的审批。

• 新程序要求在水价审批过程中必须召开听证会。而现行的体系中并不召开听证会。张家口和福州以前调价时，听证会制度还未公布，则属例外。

• 目前还没有关于供水公司应在何时提交水价调整申请的规定。例如：是在经营发生亏损时提交，预计发生亏损时提交还是在为了扩大再生产而筹集资金时提交。

• 宣化区与张家口市适用同一水价。宣化供水公司在制定水价时并不是以成本、费用、税金和利润为基础，而《管理办法》要求水价制定应以成本、费用、税金和利润为基础。

5.4 《管理办法》的实施

5.4.1 水价管理实施细则的制定

各城市在实施《管理办法》时，应制定可行的水价管理实施计划。建立《管理办法》实施领导小组或包括供水行业主管部门在内的工作小组，是实施《管理办法》的第一步。这个小组的任务是：(1)确定现行的地方价格体系与《管理办法》所要求的价格体系之间的差异；(2)确定是否应消除这些差异；(3)明确在消除这些差异时会遇到的困难和解决办法；(4)提供新旧体制转换时影响最小的实施方案；(5)明确地方实施细则的内容，估计实施的时间；(6)起草水价管理实施细则，确定包括水价结构和水价审批程序在内的使《管理办法》可操作的各个参数；(7)鼓励和帮助当地群众参与完成新旧体系的转换。

由于地方水价管理办法实施细则是地方进行水价管理工作的原则和依据，所以制定符合地方实际情况的管理办法实施细则是非常重要的。物价局与建委或公用局可先起草《管理办法》的地方实施细则，然后将这一实施细则在有关主管部门和供水公司中征求意见，物价局、建委、公用局在汇总各种意见后，可将其统一上报至市政府审批，市政府审核批准后，《管理办法》的地方实施细则就可以作为地方法令颁发了。在制定地方实施细则时，现行水价体系中的各项内容可逐渐向《管理办法》过渡，例如水价制定目标、结构、标准的价格申请形式和水价计算方法等。这些将为《管理办法》的全面实施奠定基础。

为制定《管理办法》的地方实施细则，专家组协助试点城市准备了地方《管理办法》实施细则。《张家口市城市供水价格管理实施细则》已在2000年9月21日的市长常务会议上获得批准。该细则以市长令的形式颁布实施，是中国第一个城市供水价格管理实施细则和第一个城市公用事业价格管理实施细则，也是第一个在专家组直接帮助下形成的水价管理实施细则。它的出台为《管理办法》在全国范围内的实施起到了重要作用。

在专家组的协助下，成都市物价局和公用局、福州市物价局和建委也起草了地方水价管理实施细则，并已分别提交给了成都市政府和福州市政府。

5.4.2 《管理办法》的机构实施

《管理办法》机构方面的实施内容涉及审批程序和机构职能。3个试点城市的机构实施情况如下：

(1) 目前的审批程序是首先由供水公司向公用局或建委提交调价申请，然后由公用局或建委进行审批，审批完毕后提交给物价局，再由物价局将建议提交给市政府。在这一过程中，有时财政局也参与审核，有时公用局还直接将报告提交给市政府。《管理办法》要求调价申请应由供水公司提交给物价局，并报公用局或建委备案，公用局或建委应将意见函告物价局。对于《管理办法》的这一改动，3个试点城市均表示同意。

(2) 成都和福州的水价仍由省物价委审批。《管理办法》规定地方政府审批的水价应报上级人民政府价格部门和供水行政主管部门备案，必要时，上一级人民政府价格主管部门可对城市供水价格进行审计。为将目前的两级审批转变为一级审批，各级政府应相互协商，共同努力，充分理解实施《管理办法》和推行水价改革在新旧体系转换过程中的重要意义。

(3) 福建省、河北省和四川省尚未出台省级城市供水价格管理办法，而省级城市供水价格管理办法的颁布将有助于各地市政府制定城市的水价管理办法实施细则，并极大地促进《管理办法》的实施和水价改革。此外，国家计委、建设部、省政府及其机构组织、市政府的共同努力将最终促成省级城市供水价格管理办法的颁布。

5.5 地方水价管理实施细则

5.5.1 地方水价管理实施细则的依据和原则

地方水价管理实施细则是以《管理办法》为依据并结合地方实际情况制定的。《管理办法》所规定的水价制定原则——补偿成本、合理收益、节约用水、公平负担同样适用于地方水价管理实施细则。

5.5.2 指导制定地方水价管理实施细则

技援研究的成果有助于水价计算和实施，可以帮助中央政府和地方政府解决《管理办法》在实施过程中遇到的困难。

3个试点城市都希望有一个详细的、可操作的管理办法，一些人员建议市一级的水价管理实施细则应有详细的水价计算公式、计算方法和其他指导内容。考虑到市一级的水价管理实施细则是在较长时间内具有效力，并且针对地方水价在目前的经济和机构改革的影响下变化较快这一特点，专家组认为市一级的水价管理实施细则不宜订得过细，建议根据地方具体条件制定一个比较概括的水价管理实施细则。

为协助制定地方水价管理实施细则，专家组仔细研究了各城市的实际情况。试点城市的经验将为其他城市制定符合地方实际情况的水价管理实施细则提供借鉴。水价的制定目标、标准的水价申请形式和计算方法应符合《管理办法》的规定。

5.5.3 起草省级和市级管理办法

专家组在实地调研时详细介绍了《管理办法》，与地方政府和供水公司广泛交换了意见，使地方政府认识到了制定《管理办法》实施细则的必要性。包括张家口市的高层领导认为(i)制定《张家口市城市供水价格管理实施细则》是必要的；(ii)制定《张家口市城市供水价格管理实施细则》应在原则上予以考虑；(iii)有关政府部门应在技援的指导下制定《张家口市城市供水价格管理实施细则》。

专家组所做的具体工作有：

(1) 将地方具体情况与《管理办法》进行比较，分析了张家口市现行价格体系与《管理办法》所要求的价格体系之间的差异，并就这一问题与起草张家口市《管理办法》实施细则的公用局和物价局进行了讨论。充分考虑了对地方水价管理办法产生影响的地方实际条件。

(2) 建议物价局和公用局在制定张家口水价管理办法时，统一将意见上报至张家口市政府。

(3) 在起草和制定地方实施细则时建议：

• 将《管理办法》作为张家口市供水公司水价管理实施细则的模式；

• 将国家制定的《管理办法》中的管理权限纳入到张家口的实施细则中；

• 避免将《管理办法》中某些不适合张家口实际情况的条款列入到实施细则中，例如《管理办法》第十五条有关季节性水价的规定；

• 实施细则中应增加针对贫困户家庭的社会援助计划；

• 应将听证会作为一项制度写入实施细则；

• 阶梯式水价应具体规定各级的用水量；

• 第二十一条和二十二条为水价审批程序和权限，它的内容已覆盖了第五条的“具体定价权限按价格分工管理目录执行”。因此没有必要再将第五条中的这一内容纳入《管理办法》的实施细则中；

• 为了区别水价和供水价格，水价应包括供水价格和污水处理费；

•《管理办法》第六条对于居民、工业、机关、商业和特殊用户等用户类型的划分应根据地方条件确定。应明确每一类型用户的界定范围；

• 第二十四条第三款规定“第一次制定两部制水价时，容量水价不得超过居民每月负担平均水价的1/3”，这一内容可以并入《管理办法》地方实施细则的第十二条。

5.6 污水收费规定和管理

5.6.1 污水收费管理办法的制定

由于中国目前还没有全面实施污水收费，因此国家尚未出台污水收费管理办法。根据《水污染防治法》的有关规定，已有一些城市开始向用户收取污水处理费，但是目前还没有与《管理办法》类似的污水处理费管理办法。指导污水处理费管理的文件有两个，一个是《管理办法》，另一个是由国家计委、建设部和国家环保局于1999年9月6日联合颁布的《国家计委、建设部、国家环保局关于加大污水处理费的征收力度，建立城市污水排放和集中处理良性运行机制的通知》(以下简称《通知》)(计价格［1999］1192号)。

《管理办法》中对污水处理费的征收提出了总的规定和原则。其中第三条规定，在供水公司服务地区内，污水处理费计入城市供水价格，根据用户用水量按比例计算污水量。第九条规定污水处理成本单独核算。第十七条规定污水处理费的标准可根据城市排水管网和污水处理厂的运行维护和建设费用核定。第三十二条规定，根据所在城市人民政府的规定，用户在交纳水费的同时，应交纳污水处理费。

《通知》的核心在于污水处理费的管理，加大污水处理费征收力度和建立良好的污水收集和处理运行机制。其主要内容是：

(1) 各城市要在供水价格中加收污水处理费，以补偿城市污水收集和污水处理的成本，建立良性运行机制。污水处理费由城市供水企业在收取水费时一并征收，并划拨给污水处理企业(单位)进行运行和维护。没有建成污水处理厂的城市加收的污水处理费，经当地人民政府批准后，可用于污水管网和污水处理厂扩建的建设资金，但必须在3年内建成污水处理厂，并投入运行。

(2) 污水处理费应按照补偿污水管网和污水处理设施的运行维护成本以及合理盈利的原则核定。污水处理费标准可以根据当地各方面的承受能力分步到位。1999年“三河(淮河、海河、辽河)和三湖(太湖、巢湖、滇池)”流域等污染严重的城市征收的污水处理费标准，应能补偿污水管网和处理设施的运行维护成本。污水处理费的审批过程与水价的审批过程相同。

(3) 污水处理企业(单位)要实行企业化管理，独立核算，自负盈亏，照章纳税。污水处理厂要确保正常运行，做到达标排放。

(4) 要加强对污水处理费征收管理和污水处理厂运行的监督和检查。任何单位不得免交污水处理费。环保部门要加强对工业废水水质的监测，发现水质超标的，除按规定征收超标排污费外，还应责令其整改，直至达标排放。

(5) 对排放环节的收费要进行全面清理。收取污水处理费后，要取消在排水环节征收的建设费、运行费、增容费和建设性基金及其他违反法律、法规规定的收费。征收污水处理费后，环保部门不再向排入城市污水管网和污水厂的单位征收污水排放费。同时取消城市排水设施使用费。

河北省物价局和财政局于1997年7月联合颁布了关于污水处理费的通知，于1999年6月颁布了补充规定。文件的要点如下：(1)在有污水处理厂或批准建设污水处理项目的城市中，凡城市规划区内的企业或个人，不论使用市政供水还是使用非市政供水均须交纳污水处理费。(2)居民用户的污水处理费价格为0.2元/m^3，非居民用户的污水处理费价格不会超过居民用户的1倍。(3)如果已交纳了污水处理费就无需再交纳污水排放费，除非是对于那些已批准的或正在建设的污水处理项目。对于后一种情况应按照污水处理费征收污水排放费0.05元/m^3，但是两项费用的总和不得超过第(2)条中的规定。一旦污水处理设施建设完工并正式投入运行，城市环境管理部门就应停止征收污水排放费。污水处理费根据污水排放量计算确定。(4)污水处理费是一种管理费用，目前属预算外征收。

成都和福州的污水处理费是向所有用户征收的。不同类型的用户收取不同的费用，与成都的水价类似。

张家口市目前既无污水处理厂也没有在建项目，因此，不征收污水处理费。张家口计划一旦污水处理厂的立项审批通过，就开始征收污水处理费以筹集污水处理厂的建设基金。

关于成本补偿问题，《通知》制定了成本补偿的目标，除了污染严重的地区外，要求各地逐步实现这一目标。省级文件如河北省物价局和财政局的文件制定了污水处理费的上限，但是当成本超过上限时又将如何，这是值得探讨的问题。通常成本的计算只考虑污水处理厂和新建的排水管道，并未考虑到现有的排水管道，因此要实现完全成本补偿，就必须征收足够的污水处理费。这样，污水处理费可能和水费处在相似的水平。

很多城市目前还没有足够的污水处理设施，排水管网所服务的城区面积也不大，污水处理量远小于供水量，但在征收污水处理费时，污水量的计算以用水量为基础，通常是用水量的85%～100%。一些城市的污水处理量相对于污水排放量来说比较小，所以较低的污水处理费就可能补偿目前的运营和维护成本。但是通常情况下，根本不能实现完全成本补偿。

至于成本补偿方面有争议的问题可用以下方法来加以解决，一是省政府有关部门根据《管理办法》新颁布的文件，另一个是《通知》。

在制定污水价格和管理办法时，有许多重要的问题需要考虑，包括：(1)制定污水处理费；(2)将污水收费由费变价，取消直接由污水处理企业和单位收取的费用；(3)建立完全成本补偿的目标；(4)将其他费用并入污水价格；(5)根据企业实际情况对污水处理设施的运行和维护以及费用的征收进行管理。尽管目前还没有污水价格管理办法，但是《管理办法》和有关污水处理费的法规已就污水价格的制定原则作了规定，即污水价格应根据污水处理设施的发展来制定，但是必须认识到这一发展过程是需要时间的。

5.6.2 供水和污水管理

张家口市的供水和污水由市公用局负责管理，排水系统的维护由区城建局负责管理，而维护方面的监督由市公用局负责管理。张家口市进行机构改组时，可对实行污水和供水统一管理(包括运行和维护)的时机进行评估。福州也是如此，可以由建委对供水和污水实行统一管理。

5.6.3 污水收费信息的收集

中国城镇供水协会是由全国供水公司组成的协会，负责收集水价信息和统计数据。供水协会掌握着各地供水公司的数据库资料，并向全国公布供水公司的年度报告。污水处理费通常由供水公司收取水费时代为征收，然后转交给污水公司或政府的有关部门，供水公司可以收集有关污水处理费的信息，并将这些信息写入年度调查报告，提交给供水协会。

中国市政工程协会是由污水处理公司和单位组成的一个协会，可以收集有关污水处理费的信息。中国城镇供水协会和中国市政工程协会均隶属于建设部，今后在共同努力下将会找出一条收集污水处理费信息的更为有效的途径。

5.7 完善收费管理

建议如下：

• 除价格监督部门以外，物价局和公用局也应负责管理、监督和检查价格管理活动以及供水公司的水价实施情况，如记账和收费。

• 批准的水价应按供水公司的成本、费用、税金和利润加以核实。应检验新水价的时效性，因为水价调整过程通常需要很长一段时间，等到新水价审批通过了，往往不是开始时建议的水价，已不再适用。这一检验可以为确定利润水平和成本补偿周期提供有用的信息。

• 物价局应定期进行水价检查。

• 用户有权向物价主管部门、供水主管部门和司法部门就水价问题提出投诉，这一点应写入规章制度中。

6　供水与需求管理

6.1　供　水　管　理

试点城市的供水管理工作包括供水发展规划的制定、实施和运作，节水和水价调整等。

6.1.1　供水发展规划

与城市供水发展有关的规划包括城市总体规划、五年计划和供水专业规划。城市总体规划是以整个城市发展为主的长期总体发展计划。五年计划将经济和社会发展及城市基础设施发展作为城市发展的必要条件。供水专业规划是本行业的发展计划。在计划期内，供水公司直接或间接地参与供水发展的规划过程。这些规划制定了城市供水的发展目标和与之相配套的资金计划，要实现这些目标，就要进行工程建设，工程完成后交由供水公司负责运营。

6.1.2　供水能力建设

供水公司应以计划为依据，研究如何进行供水能力建设，以完成原定的目标。研究内容包括详细的用水需求计划、人口预测和城市社会经济发展要求的预测。如果研究结论认为兴建新水厂或扩建老水厂是必要而可行时，则供水公司应立项并报上级主管部门审批。一旦批准，资金到位，项目就可以启动了。

供水能力建设包括新的供水系统的建设、现有供水系统的扩建、供水设施的维护和处理技术的发展。如果供水公司能够负担资金成本，并且有足够的借贷能力，那么工程的建设和运营就应当由供水公司来承担。

6.1.3　评估

张家口市的供水能力有很大的富余，成都和福州也会有过剩。由于20世纪90年代初这些城市的需水量增长很快，所以以过去的这些数据为基础预测今后的需水量，会影响到预测的准确性。此外，经济和社会条件的变化对预测的准确性也有一定的影响，例如实际人口的增长并没有预测的那样多。

试点城市的水价受到近年来大型基建投资的影响。公众虽对水价增加提出异议，但不得不为那些目前看来并非必要的超前投资支付费用。

增加售水量可以有效地利用盈余资金，弥补大量的资金成本。为增加售水量，首先应考虑扩建输配水管网和向市区外的用户供水来扩展服务范围。如果供水设施能力有多余，节水计划应放在第二位予以考虑。

6.2　水需求管理

水需求管理是供水管理的重要组成部分，不同的是，前者考虑的是如何控制需求增长，从而减少对供水的投资，而后者考虑供水系统的发展和改善。节约用水和控制未计量水是进行水需求管理的主要途径。

6.2.1 未计量水

6.2.1.1 未计量水产生的原因

未计量水是指产水量与售水量之间的差额，称为产销差。

产销产率按下式计算：

$$产销差率=\frac{产水量-售水量}{产水量}(\%)$$

在对3个试点城市进行调研时发现，尽管不同的城市使用不同的供水系统，产销差率也有所不同，但是产生未计量水的原因却是基本相同的。这些原因是：(1)输配水系统漏失；(2)由于水表读数不准或计量表本身不精确所造成的误差；(3)非法的管线连接；(4)消防、公园、灌溉等以及水厂自身用水由于没有实行装表计量而产生的未计量水。

产销差只是企业对未计量水进行评估的一种方法，但是影响未计量水的因素很多，如输配水管网的使用年限和工作条件，管网维护情况以及未计量水的检测和管理等，希望在进行管网系统维护和节水管理时能够有一个规范或标准作为依据。1999年建设部颁布了未计量水标准，规定16.3%为较为合理的产销差率。

6.2.1.2 未计量水的监控

各城市对于未计量水的监控各有不同。目前，试点城市已对未计量水给予了一定的关注，有的甚至非常重视。由于输配水系统的漏失量在总的未计量水中占有很大的比重，因此减少管网系统漏失在很大程度上可以减少未计量水量。

福州和成都供水公司有专门的漏失检修队，定期对管网系统漏失情况进行检查。他们对系统的检查是逐个区域逐个区域进行的，有时可以通过检查发现非法的管线连接。在检查系统漏失的过程中，还要进行以下几项管理工作：

- 确定和记录每一处漏失的原因；
- 对每一漏失点估计漏失的水量；
- 制定更换旧管道的计划；
- 记录没有装表计量的消防和水厂内部用水。

以上这些工作中所收集到的信息，可以作为将来更好地减少漏失量、缩小漏失范围以及提高维修效率的依据。

6.2.1.3 控制未计水量的成效评估

1999年建设部颁发了未计量水标准，认为产销差率低于16.3%是比较好的。由于实际情况较为复杂，影响产销差率的原因很多，所以这一标准还没有正式用于评估供水公司的经营状况。在制定合理的产销差率的过程中，建设部对全国大量的城市进行了考察。由于产销差率会受到管道口径、管网系统长度、水管材料和管网使用条件等多个因素的影响，所以总体来说，16.3%是一个比较合理的标准。

然而，用这一标准对影响未计量水的各个因素进行评价是很必要的。例如，有的供水公司产销差率比较低，是因为管网系统比较好，或者因为读表、产水和销售等环节计量不精确。管网陈旧、检漏和维修工作不力会使产销差率上升。

未计量水的标准可用来制定未计量水的控制计划。未计量水控制计划要注重其过程本身的设计，而不是注重结果。当一个供水公司的产销差率与标准接近时，产销差率的控制就要比较适度，这时未计量水控制计划主要是进行管网和设施的维护；如果一个供水公司的产销差率远高于标准时，就要采取积极的、全面的、具有良好资金支持的未计量水控制计划。要对未计量水控制计划进行评估，这样就会明确供水公司在这方面的工作是太少、正合适还是过多。

还要对未计量水控制的目标进行评估，看其是否清楚合理。未计量水控制的标准可在供水公司制定未计量水控制目标时作为参考，但要考虑国家和地方的具体条件。地方的具体条件对产销差率影响很大，它对将未计量水降低多少和需要多少时间有直接影响。例如对于大而旧的管网系统来说，产销差率通常很高，将产销差率降下来要花费很大的人力和财力，这些都是在制定未计量水控制计划时要考虑的因素。

6.2.1.4 水价中的未计量水

未计量水会引起各种运行成本的增加，而这些成本都需要水价来补偿。通过控制未计量水可以降低这些成本，从而降低水价。这样还可以抑制供水能力膨胀，从而避免了由于供水能力不合理增长所引起的水价上涨。但是应当注意到未计量水的控制也需要付出成本，所以在财务上就应考虑控制未计量水所花的成本和所节省的成本之间的平衡。一般来说，未计量水占有率越小，要进一步减少未计量水就越困难，花费的成本也就越大，这就是说，控制未计量水有一个度，即控制未计量水的成本不大于所节省的成本。

不管未计量水的水平如何，未计量水的成本是难以避免的，它必须通过水价来补偿，控制未计量水过程本身的成本也需要用水价来补偿。这并不是说不用进行未计量水控制了，相反，应当给予未计量水的探测和设备检修人员以奖励。对于企业来讲，在申请水价时，很有必要对未计量水予以考虑。供水公司在未计量水控制和其他方面所取得的进步是公司提高利润和增加职工福利的基础。

6.2.2 城市节水

非居民用户的节水工作在水需求管理方面起着重要作用，特别是在用水量高峰期要确保城市供水时更是如此。

6.2.2.1 节水计划

3个试点城市都已制定了节水计划。节水计划由节约用水办公室负责制定和管理。每个试点城市都制定了节水法规，法规中规定了节水办的职能与责任。节水办主要负责城市的用水规划和节水计划。

节水的对象包括工厂、机关、院校和商业企业。节水管理工作分为两个层次，每一个层次又分3个部分。第一层次的3个部分是由节水办到用水单位上级主管部门，再到用水单位。第二层次的3个部分是由用水单位到车间，再到班组。

节水计划包括下列措施：

(1) 通过广泛宣传提高公众的节水意识，让公众了解节水措施；

(2) 制定地下水利用的法规；

(3) 建立工业用水定额并对超额部分实行惩罚性收费；

(4) 对采取节水措施的企业给予奖励和低息贷款；

(5) 对节水措施提供技术上的支持。

为达到节水的目标，节水办为用户制定了用水定额。用水定额是根据用户以前的用水记录、工业产值、企业类型和企业规模制定的。任何非居民用户只要用水量超过某一范围就被列入计划中。超过用水定额的用户要按照处罚标准予以处罚。试点城市的处罚标准各不相同。

节水技术占有很重要的位置。新技术、新设备、水的回收再利用技术正在得到广泛的宣传，此外有关节水的活动也在同步展开，例如组织了很多节水座谈会、节水展览等等。为使公众认识到水不仅是一种社会商品，还是一种经济商品，许多媒体包括广告、电视、报纸、教科书等也对此作了大量的宣传。忽视水的经济价值必将导致水资源的浪费和对环境的破坏。

时至今日，在节水计划的大力推动下，节水工作已取得了很大成绩。然而，节水计划还应进一步向包括居民用户在内的更广的范围加以推广。在一些水资源十分匮乏的地区，对于超计划用水的企业仅仅实行经济处罚是不够的，超额严重时还应在经济处罚的同时，停止向其供水。

6.2.2.2 水价调整

调整水价可以促进节水，而节水可以减少供水能力的需求，还可以减少污水的排放量和污染。尽管工业用水需求对水价调整表现得较为敏感，但是基于节水的水价调整的潜在收益应当来自于居民用户，这正是目前的情况。现行的节水计划主要是针对工业、商业和机关用户，居民的水价通常是各种水价中最低的。

如果供水公司和节水办能够在水价调整方面进行大量的宣传，那么公众对于达到节水目标而进行的水价调整就会有更好的理解，并接受调价。如果采取好的宣传，在水价调整不太大的情况下，就会达到更好的节水效果。

6.3 饮用水水质

供水行业针对不同的供水公司规定了4类饮用水水质标准。第一类标准的水质要求最高。福州自来水公司和成都自来水公司都要求遵循这一类标准，它与国家级城市供水水质监测系统的执行标准一致。福州自来水公司和成都自来水公司的水质检测及分析分3个层次进行，分别是地方供水公司监测站，水处理厂实验室和厂内班组。

公司水质检测站直属于供水公司，作为国家城市供水水质监测网的成员(国家站)也受建设部的领导。供水公司经理在供水公司检测站制定的《供水质量管理手则》中明确规定，供水公司检测站有权行使职权并承担责任，可以在其职权范围内独立进行工作，而不受供水公司经理的影响。

福州和成都自来水公司水质检测站的职责是：

- 监测和分析原水和出厂水的水质以及管网系统内的水质；
- 评估各个水厂实验室的分析能力；
- 处理与水质有关的事件；
- 为水质控制提供意见和建议。

不同的水质检测部门对水质的检测频率不同，厂内班组每隔一小时对水质进行一次分析，水处理厂实验室每隔两个小时对水质进行一次分析，水质检测站每天对水质分析一次。分析的项目随控制系统水平的不同而有所不同。35项水质控制指标每月检测一次，88项水质控制指标每年检测两次。福州自来水公司和成都自来水公司均达到了国家规定的35项及88项水质控制标准。

福州自来水公司和成都自来水公司对水质控制十分重视。自1994年以来，两家自来水公司每年在水质管理方面的投资超过100万元。1995年和1997年，福州市自来水公司在“国家供水水质控制评估”中各项指标全部达标。该公司还计划在网上建立一套完整的水质控制系统。成都自来水公司已经建立了一套现代化的网上水质控制系统，部分分析项目已开始在网上进行监测。张家口市供水点公司也实行三级水质控制系统，即从供水公司到水厂再到班组。但是水质监测系统还没有福州和成都的水质监测系统完备。

7 水价影响因素分析

7.1 环 境 影 响 因 素

7.1.1 原水水质

成都和福州水处理厂的水源水质是好的，传统的水处理方法可以满足饮用水的要求，但近年来越来越受到城市化带来的威胁。下面以福州为例来看原水水质。闽江是福州境内的一条主要河流，通过1995～1999年对闽江所进行的水质分析，可以看出闽江的水质在物理、化学和生物等各方面都非常好，1999年其水质达到了国家地面水环境质量标准(GB 3838—88)二类水，高锰酸钾指数也在这五年间呈逐年下降趋势。不过福州市一些小的内河水质不是很好，很多参数例如 BOD_5 尚未达到国家标准。污染的河流严重影响了水环境和自来水水质，因此应继续加大力度搞好水污染防治工作。

福州城市化进程的加快和工业的高速发展造成了环境的污染，也在一定程度上影响了原水水质。从城市供水安全可靠的角度考虑，福州自来水公司开发了第二水源，位置选在离市区 20km 的地方。虽然通过水污染治理，目前的原水水质已经达到了国家标准，但是第二水源可以进一步确保其他水源的水质。

7.1.2 水价与水污染控制

水价改革对于水环境保护具有积极的作用。水价调整首先会对用水量产生影响，而用水量又会对污水的排放量产生影响。水价可以促进节水，有利于供水的可持续发展和供水公司的持续运营。水价改革直接影响供水公司的财务，间接影响水污染控制。只有财务状况良好的供水公司，才有能力在污染治理方面加大投入。污染控制对供水公司很重要，因为供水公司在沉淀池排泥和冲洗过滤池时，要产生大约相当于其产水量2%～5%的废水，这些废水目前多数未经处理就直接排放到水体中。如果有合理的政策和足够的财务能力，就能够控制这些污染源。

《管理办法》对污染控制的重要作用不仅在于对供水公司本身，而且在于整个城市的污水处理。目前，市政府主要通过各种收费和税收来维持城市污水处理。《管理办法》认为将污水费作为一项单独收费附加在水费单上既简单又易于操作，它让用户知道供水和污水是密切相关的，使用户对未来为扩大污水处理规模会有更高的污水收费有进一步的了解和思想准备。

7.2 社 会 影 响 因 素

7.2.1 公众宣传

公众宣传活动主要是宣传节水、水价调整和其他与用户有关的信息。这一活动还可向公众提供技术、环境以及供水公司财务状况等方面的内容。公众宣传的目的是实现公众对供水问题的认识和理解，得到公众对供水公司的支持，鼓励公众参与供水公司的公众意识教育。

在公众宣传活动中，可以传达许多重要的信息：

• 让公众相信，在过去的几十年里，自来水一直是作为社会福利提供的，而实际上自来水是一种特殊的商品，公众使用自来水就必须付出一定的费用，以维持供水事业的长远发展。

• 告知公众水价调整申请已批准，以及调整后的水价。
• 告诉公众供水是需要成本的，节水可以减少水费。
• 告知城市贫困家庭，水价调整时，政府将出台有关政策给予适当的补贴和照顾。

为让公众了解水价在保证水资源和供水可持续发展中所起的重要作用，可以采取以下方式：

1. 通过各种媒体进行宣传，如广播、电视、报纸、互联网、公告栏等；
2. 举行宣传活动，召开研讨会；
3. 在水价调整听证会上进行宣传；
4. 通过社区和物业管理公司召开居民座谈会进行讨论，并收集用户意见；
5. 由政府组织召开新闻发布会，与用户代表进行座谈；
6. 走访用户，宣传水价的重要性；
7. 组织用户参观供水设施，如自来水厂、泵站，宣传节约用水的重要性。

试点城市通过政府会议、群众会议、媒体宣传等多种方式推动《管理办法》的实施和水价改革的进行。例如，在张家口市，市政府专门组织了“水价研究报告会”，全市及所属区县的近 300 位代表参加了这一会议，亚行咨询专家组在会议上介绍了供水价格研究项目，探讨了《管理办法》实施、成本补偿、承受能力等问题，和与会者交流了有关水价、节约用水以及环境保护的国际经验。亚行在试点城市召开的技援启动会议实际也是一种宣传性的会议。参加这些启动会议的副市长、各局委办领导以及人大、社会团体、地方协调委员会和协调办公室的成员在充分理解了《管理办法》实施、水价改革、节约用水的意义和内容后，又把他们的体会向周围的同事和亲属作了进一步的宣传。

张家口市在水价调整听证会后，采取各种方式对水价调整、供水成本补偿和节约用水开展宣传，以提高公众意识。市政府颁布了水价调整通知，说明了调价的目的和每一类型用户的水价。

各媒体对水价问题作了大量宣传。听证会的第二天，张家口市就报道了调价和听证会的有关内容，张家口市电视台和广播电台对水价调整作了报道，肯定了调价和节水的重要意义。《成都日报》也对水价会议作了报道，并介绍了亚行水价技援项目《管理办法》实施和水价改革等内容。

张家口市供水总公司为促进节约用水和水价调整，印制了 400 份印有日历的海报。海报的内容有：(1)水价调整政策；(2)水价调整对节约用水的意义；(3)水价调整对水资源可持续利用的意义；(4)水价调整对供水事业发展的意义；(5)水价调整的承受能力；(6)贫困家庭水价特殊政策；(7)不同类型用户的水价；(8)新水价生效日期。

新水价正式实行前，张家口市供水总公司派出宣传车在大街上巡回广播，宣传水价调整政策，促进了调价的顺利进行。

福州为了推动《福州市供水管理条例》的实施也开展了大量的宣传活动，包括在福州市各条繁华的大街上设立咨询点，悬挂大幅海报，广播有关供水管理条例的内容等。

7.2.2 公众参与

与公众宣传不同的是，公众参与旨在使公众参与决策的过程。过去，决策几乎全部是由政府部门作出，公众参与的机会很少。但如今，通过改革，公众参与将在政府决策中起着越来越重要的作用。

获悉公众参与情况的最简单方法是对用户进行社会调查，了解他们的观点和意见。调查所获得的信息有助于供水公司了解用户的满意度，便于进行正确决策。专家组所进行的居民家庭情况调查采用的就是这种方式，其他方式还有召开公众座谈会和居民委员会会议。座谈会主要是召集一些有识之士，根据预先设计的问题同与会者进行交流。举办座谈会可以更深入地了解公众的态度和意见，听取公众对决策的正反面意见，确定采取何种措施来减轻这种影响。通过社会调查，可以对承受能力作出评估，进一步了解城市贫困居民的状况及水价调整后可能产生的影响。

公众直接参与决策的主要方式有公众会和听证会。公众会和听证会可以达到教育目的，也可从中获得大量的公众反馈信息。《管理办法》实施的公众会议将从水价调整目标、水价结构、成本补偿计划等方面向用户介绍水价调整的情况。这种类型的会议一般由供水公司或物价局主持召开，并邀请来自各个阶层和群体的代表参加，听取他们对水价调整的意见。公众会议可为政府举行公众听证会打下基础。

听证会通常用来征求公众对水价调整的意见和建议，而公众会则没有这种目的。《管理办法》明确要求水价调整必须举行听证会。听证会的目标是保护公众利益，促进价格调整。水价听证会的另一个重要目的是让政府听取对水价调整方案的不同意见。

根据《管理办法》，水价听证会应由物价局主持召开，向各方面的公众代表开放，这样可以确保整个过程积极、透明。完善细致的准备工作是听证会成功举行的关键。在正式举行听证会之前，还可举行预听证会以对公众的态度取向作初步了解。听证会的准备工作主要包括：选定合适的会议地点和时间，使各方代表易于参加；编制有关讲演、展示材料(如标语、幻灯等)，编写新闻及其他需要公开发表的材料；拟订邀请单位及代表名单。邀请下列单位和人员参加听证会：政府部门、地方人大、地方政协、资深人士、用户代表、物业管理公司和一般公众，使有机会代表不同部门发表看法。

目前，举行价格听证会，包括公用事业价格听证会，在中国仍处在试行阶段。据《北京青年报》2000 年 9 月 19 日报道，有关听证会的法律正在制订中。听证会代表包括熟悉经济、技术、财政、法律、法规等的各阶层社会人士。由于所有参加听证会的代表都有权对听证会的决议发表意见、进行投票，因此使得公众参与又向前迈进了一步。这种方式有利于监督《管理办法》的实施，确保用户的权益不受侵害，也可以使政府在解决较为敏感的社会问题时，增加公众的信赖度。

7.2.3 试点城市听证会

成都市已经举行了多次听证会。福州市也于 2000 年 4 月 13 日举行了听证会，听证会由物价局主持召开，参加此次会议的有：福建省物价局、福州市人大、政协、财政局、审计局、经委、建委、自来水公司、工会、消协、工业与商业联合会、居民委员会、区物价局等多方的代表。福州日报、福州晚报等新闻媒体也参加了此次听证会，并作了新闻报道。会上，自来水公司、建委和物价局作了发言，与会者就供水发展、水价调整后水价收入的用途、不同类型用户之间的水价差异、水价水平、成本审计和下岗职工问题的应对措施等进行了广泛讨论。与会者普遍对水价调整表示理解和支持，并认为水价调整必须符合《管理办法》的要求，充分考虑节约用水和承受能力。

张家口市的第一次听证会是在《张家口市城市供水价格管理实施细则》颁布后的第二天召开的。会议由张家口市物价局主持，参会单位包括市人大、政协、建委、司法局、公用局、社调队、工商机关用户代表、居委会、劳动局、地区物价局、供水公司、张家口日报社、张家口电视台等。会议第一项为宣读《张家口市城市供水价格管理实施细则》，之后，技援项目专家作为特邀代表首先发言，发言内容包括《管理办法》的实施、可持续供水、成本补偿、节约用水、承受能力、用户权益和贫困家庭水费补贴计划等。随后张家口市供水公司提交了调价申请报告。听证会代表普遍对供水成本和供水事业的发展表示理解和认可，但对成本补偿和成本控制提出了一些问题，张家口市供水公司的代表对这些问题一一作了答复。代表们纷纷就水价调整和节约用水发表了意见，尤其是对节水、供水成本、成本补偿及控制等问题展开了热烈的讨论。讨论结果认为水价调整对于成本回收、偿还贷款、城市供水、可持续发展、节约用水、保护环境、提高服务水平和帮助贫困家庭方面具有十分必要的意义。张家口市物价局作了总结发言，提出调整水价是提高公众节水意识的一个有效举措，水价调整符合国家的水价政策，调整后的水价有助于偿还贷款和利息。与其他城市相比，张家口市调整后的水价仍是比较低的，这一调价方案是在综合考虑用户承受能力和供水公司的长期发展后作出的。

通过媒体可以再次看到张家口市的公众参与情况，在张家口市日报上有几篇关于水价调整的文章发表在“今日视点”专栏中，不同类型的用户均表达了他们对于调价的理解和支持。

7.2.4 承受能力

承受能力分析分为一般家庭分析和贫困家庭分析。贫困家庭的家庭收入假设为居民家庭收入的最低档或第一个10%分组。表7.1是不同类型的服务和消费支出，可以看出，在居民的各种消费项目中，水的花费是最少的。

2000年居民家庭消费支出 表7.1

消费项目	成都		福州		张家口	
	元/月	占可支配收入的比例(%)	元/月	占可支配收入的比例(%)	元/月	占可支配收入的比例(%)
食品	571.9	39.0	805.1	42.4	362.1	38.9
衣服	75.9	5.2	137.4	7.2	77.6	8.3
水	12.1	0.8	22.1	1.2	5.1	0.6
电	33.6	2.3	58.2	3.1	28.4	3.0
燃气	31.4	2.1	46.9	2.5	14.3	1.5
电话	63.0	4.3	99.0	5.2	29.2	3.1
交通	33.2	2.3	55.3	2.9	13.5	1.5
教育	165.5	11.3	207.0	10.9	250.1	26.8
父母赡养	120.3	8.2	103.5	5.5	37.98	4.1
医疗	59.2	4.0	76.5	4.0	69.0	7.4

资料来源：2000年技援项目社会调查数据。

试点城市水费占家庭可支配收入的比例见表7.2。

1996～1999年试点城市水费占家庭可支配收入的比例(%) 表7.2

年份	成都	福州	张家口
1996	0.47	0.43	0.28
1997	0.59	0.41	0.38
1998	0.69	0.51	0.36
1999	0.66	0.71	0.42

资料来源：各市统计局。

尽管水费所占的比例很小，许多被调查者还是认为供水水费太贵，正像表7.3所示那样，这主要是用户认为供水公司成本太高，供水服务质量太差。大多数被调查者反对水价调整，只有20%～30%的人愿意参加听证会。

社会调查中有关水价调整的意见 表7.3

意见	成都	福州	张家口
水费占收入小于2%的家庭	90%	80%	90%
认为水价高或过高的家庭	54%	67%	26%
如果水价上涨，愿意节水的家庭	51%	48%	49%
抱怨水质、水压等的家庭	50%	41%	23%
反对水价上调的家庭	89%	79%	42%
认为供水公司成本不合理的	48%	56%	26%
愿意参加水价调整听证会的家庭	29%	21%	31%

资料来源：技援项目社会调查。

表 7.4 是 1999 年城市居民家庭调查数据的分析结果和技援项目在 2000 年完成的调查成果。这些调查资料是由地方统计局城市社会调查队完成的。

试点城市承受能力分析 **表 7.4**

用水和水价假设	成　都	福　州	张家口
1999 年水价(张家口市为 2000 年)(元/m^3)	1.00	1.00	0.75
2000 年水价(张家口市为 2001 年)(元/m^3)	1.20	1.25	1.13
根据各市统计局 1999 年资料分析			
平均家庭可支配收入(元/月)	1727.2	1952.3	1027.2
平均家庭用水(m^3/月)	12.8	13.9	5.8
平均家庭用水水费(元/月)—1999	12.8	13.9	4.4
平均家庭用水水费(元/月)—2000	15.4	17.4	6.6
平均家庭水费占可支配收入的比例—1999	0.7%	0.7%	0.4%
平均家庭水费占可支配收入的比例—2000	0.9%	0.9%	0.6%
贫困家庭可支配收入(元/月)	716.9	807.0	464.0
贫困家庭用水(m^3/月)	9.6	10.9	4.1
贫困家庭用水水费(元/月)—1999	8.5	10.9	3.2
贫困家庭用水水费(元/月)—2000	10.2	13.6	4.7
贫困家庭水费占可支配收入的比例—1999	1.2%	1.4%	0.7%
贫困家庭水费占可支配收入的比例—2000	1.4%	1.7%	1.0%
根据技援项目 2000 年调研			
平均家庭可支配收入(元/月)	1466.1	1899.7	932.4
平均家庭用水(m^3/月)	12.1	18.1	6.8
平均家庭用水水费(元/月)—2000	12.1	18.1	5.1
平均家庭用水水费(元/月)—2001	14.6	22.6	7.7
平均家庭水费占可支配收入的比例—2000	0.8%	1.0%	0.6%
平均家庭水费占可支配收入的比例—2001	1.0%	1.1%	0.8%
贫困家庭可支配收入(元/月)	748.0	753.0	296
贫困家庭用水(m^3/月)	11.5	16.1	3.6
贫困家庭用水水费(元/月)—2000	11.5	16.1	2.7
贫困家庭用水水费(元/月)—2001	13.8	20.1	4.0
贫困家庭水费占可支配收入的比例—2000	1.5%	2.1%	0.9%
贫困家庭水费占可支配收入的比例—2001	1.8%	2.7%	1.4%

假设承受能力的界限值为家庭收入的 4%，水费支出占可支配收入比例可根据 1999 年居民水价和调整后的水价进行估算。3 个试点城市的水费支出比例都小于 4%，即使贫困家庭也是如此。

在张家口市，专家组利用建立的财务模型对该市的居民水价进行了长期分析，如表 7.5，水费支出比例都小于 4%。

张家口市居民水价承受能力分析 **表 7.5**

年　份	2000	2001	2002	2003	2004	2005	2006
居民水价(元/m^3)	0.75	1.13	1.13	1.49	1.49	1.96	1.96
平均家庭水费支出(元/月)	4.4	6.6	6.6	8.7	8.7	11.4	11.4
平均家庭水费占可支配收入比例(%)	0.4	0.6	0.6	0.9	0.9	1.1	1.1

续表

年　　份	2000	2001	2002	2003	2004	2005	2006
贫困家庭水费支出(元/月)	3.2	4.7	4.7	6.2	6.2	8.1	8.1
贫困家庭水费占可支配收入比例(%)	0.7	1.0	1.0	1.3	1.3	1.7	1.7

资料来源：统计局 1999 年数据。

7.2.5 贫困家庭减免计划

在技援项目专家组的倡导和协助下，3 个试点城市都制定了贫困家庭水费减免计划。除《管理办法》之外，《张家口细则》中也明确规定：在制定水价时要照顾贫困家庭，以减轻水价调整时对贫困居民的影响，维持社会稳定，使贫困居民也能享受到城市供水服务。根据这一细则，张家口市民政局和供水公司已经拟订了关于减免贫困家庭水费的详细实施计划，并递交市政府审批。张家口市政府认为这一计划将对其他公用事业部门制定类似的补助计划起到促进作用。成都市在起草供水价格实施细则时，也增加了有关贫困家庭补助的条款。

3 个试点城市的社会援助计划各有不同。张家口市的贫困家庭，即从民政局领取救济金的贫困户有权从计划中享受财政补助。每户家庭每月将获得相当于 5m^3 水的现金返还，由供水公司每半年发放一次。成都为贫困家庭制定了基本用水量，在此范围内的用水免交水费。福州市自来水公司准备建立社会福利基金，由民政局来管理，按照其他贫困家庭补助计划使用这笔基金，以帮助贫困家庭。这些减免计划得到了地方政府、有关部门、人大和社会群众的广泛欢迎。

8 供水企业财务分析

8.1 综　　述

《管理办法》的实施有利于改善供水公司的财务状况，这种改善主要是由于水价计算和审批程序上有所改变。水价改革目的主要是为了补偿成本，并取得合理的利润，但这只是供水公司财务改善的一部分。本章主要讲述如何应用试点城市的经验来评估供水公司的财务状况，并对提高供水公司财务能力的方法进行讨论，以加强《管理办法》的实施力度。

本章根据试点城市供水公司的财务记录进行分析。各试点城市供水公司的损益表见表 8.1、表 8.2。

损益表(10^6 元)——张家口市、宣化区　　**表 8.1**

城　　市	张家口市			宣化区		
	1997 年	1998 年	1999 年	1997 年	1998 年	1999 年
销售收入	18.99	25.11	28.21	10.59	13.39	15.45
销售成本	16.23	14.65	13.88	7.50	8.75	9.62
销售费用	0.05	0.11	0.15	0.00	0.00	0.00
销 售 税	0.12	0.16	0.17	0.07	0.08	0.09
销售利润	2.59	10.21	14.01	3.02	4.56	5.74
其他利润(亏损)	0.00	−0.96	0.32	0.06	0.17	−0.26
管理费用	9.04	9.98	13.92	2.85	4.07	5.28
财务费用	−0.05	0.05	0.17	0.20	0.37	0.26
营业利润	−6.41	−0.79	0.25	0.03	0.29	−0.05
投资利润	0.03	0.00	0.00	0.00	0.00	0.00
营业外收入	0.04	0.08	0.05	0.02	0.08	0.11
营业外费用	0.14	0.15	0.27	0.05	0.01	0.02
上年度平衡调整	−0.12	3.80	1.98	0.50	0.00	0.00
总 利 润	−6.60	2.93	2.01	0.50	0.36	0.05
税　　金	0.00	0.00	0.00	0.00	0.12	0.02
净 利 润	−6.60	2.93	2.01	0.50	0.24	0.04

损益表(10^6 元)——成都市、福州市　　**表 8.2**

城　　市	成都市			福州市		
	1997 年	1998 年	1999 年	1997 年	1998 年	1999 年
销售收入	135.67	188.77	195.81	130.95	154.21	180.86
销售成本	98.87	149.67	158.75	89.86	103.99	114.22
销售费用	3.53	7.65	7.61	3.09	2.74	3.95
销 售 税	1.28	1.78	1.84	1.48	1.79	2.10
销售利润	31.99	29.66	27.61	36.52	45.69	60.59

续表

城市	成都市			福州市		
	1997年	1998年	1999年	1997年	1998年	1999年
其他利润(亏损)	8.00	7.16	2.81	9.90	8.56	4.92
管理费用	23.17	25.08	30.66	22.84	26.34	33.38
财务费用	23.71	15.21	11.50	4.23	7.77	9.82
营业利润	−6.88	−3.47	−11.74	19.35	20.14	22.31
投资利润	1.54	5.55	1.46	0.01	0.61	0.17
营业外收入	0.20	0.09	1.50	2.55	1.58	1.24
营业外费用	0.38	0.37	0.20	0.76	1.15	0.59
上年度平衡调整	7.05	0.00	11.30	0.19	0.18	0.00
总利润	1.53	1.80	2.32	21.35	21.36	23.12
税金	0.00	0.29	0.28	7.76	7.03	7.59
净利润	1.53	1.51	2.04	13.59	14.33	15.53

8.2 供水企业财务状况评估

专家组用试点城市供水公司提供的损益表和资产负债表分析了供水公司的财务状况，首先是对供水公司的成本补偿、盈利能力和《管理办法》中涉及的有关内容进行分析，然后再分析现金流量和财务风险。某些性能指标可用在财务评估中。

8.2.1 成本补偿

售水收入对支出的补偿可通过售水收入与成本之比的百分率来衡量，称为成本补偿比率，是成本补偿的一个直接指标，应当大于100%，试点城市的售水收入与以下两种成本衡量方法的比较如下：

• 运行、维护和管理成本——包括销售成本、销售和管理费用减去折旧和债务利息。售水收入至少应能补偿这些成本，即生产中的劳动力、材料、物品和服务成本。

• 运行、维护和管理成本＋基建费用－销售成本、销售费用、管理费用和财务费用。这种收入和不同成本衡量方法的对比，可以表示水价对折旧和利息成本的补偿能力，如果超过100%说明有了盈利。

成本补偿指标见表8.3。多数情况下，售水收入超过运营和维护成本以及折旧和利息，但是成都的售水收入不足以补偿折旧和利息，而张家口市在1997年甚至不能补偿运行、维护和管理成本。

成本补偿指标*（应大于100%） **表8.3**

年份	1997	1998	1999
张家口市供水总公司			
水费收入(10^6元)	18.87	24.00	28.36
运营、维护和管理成本(10^6元)	22.06	21.49	24.43
运营、维护和管理成本＋折旧＋利息(10^6元)	25.28	24.79	28.11
水费收入/运营、维护和管理成本	86%	112%	116%
水费收入/(运营、维护和管理成本＋折旧＋利息)	75%	97%	101%
宣化供水公司			
水费收入(10^6元)	10.58	13.48	15.10
运营、维护和管理成本(10^6元)	8.90	10.88	13.12

续表

年　份	1997	1998	1999
宣化供水公司			
运营、维护和管理成本＋折旧＋利息（10^6 元）	10.55	13.18	15.15
水费收入/运营、维护和管理成本	119%	124%	115%
水费收入/运营、维护和管理成本＋折旧＋利息	100%	102%	100%
成都市自来水公司			
水费收入（10^6 元）	142.39	194.13	196.78
运营、维护和管理成本（10^6 元）	85.86	126.12	124.48
运营、维护和管理成本＋折旧＋利息（10^6 元）	149.28	197.60	208.52
水费收入/运营、维护和管理成本	166%	154%	158%
水费收入/（运营、维护和管理成本＋折旧＋利息）	95%	98%	94%
福州市自来水公司			
水费收入（10^6 元）	139.36	160.98	183.68
运营、维护和管理成本（10^6 元）	83.04	96.53	107.20
运营、维护和管理成本＋折旧＋利息（10^6 元）	120.01	140.84	161.38
水费收入/运营、维护和管理成本	168%	167%	171%
水费收入/（运营、维护和管理成本＋折旧＋利息）	116%	114%	114%

＊ 水费收入是供水运营总收入不包括增值税。

公用事业服务偶尔有适度亏损是可能的，例如由于销售量受到当地经济和气候条件的影响，而成本也可能因未预见的设备故障而有变化。1997 年张家口市因气候关系亏损过大，但在以后 2 年亏损有所下降。这段时间成都的成本补偿一直很差。因此，成本补偿应按数年时间加以评估以得较完整和精确的结果。偶尔亏损因可在以后几年得到补偿，所以并不成为问题，但不能经常亏损。

表 8.3 只是说明供水运营情况。总收入包括售水收入和其业务净收入（或亏损），以及其他由于出售资产或注销坏账所产生的收入或亏损。表中的指标只是说明供水运营的情况，并不代表整个企业的情况。即使作为供水运营指标，这种对成本比率的衡量方法在与预算收入相差较大时，也会产生误导作用，例如有些收入以费的形式出现在水费单上，它本应交给政府，但实际上却用来维持供水的正常运行。这些费用将会逐渐被取消。

成都市、福州市、张家口市和宣化供水公司近 5 年来（1995～1999）供水系统的成本如表 8.4 所示。

供水系统成本增长表（10^6 元）　　**表 8.4**

成本项目	成都市自来水公司		福州市自来水公司		张家口市供水总公司		宣化供水公司	
	1995～1999年各成本项增加值占总成本增加值的百分比	年均单位成本增长率	1995～1999年各成本项增加值占总成本增加值的百分比	年均单位成本增长率	1995～1999年各成本项增加值占总成本增加值的百分比	年均单位成本增长率	1995～1999年各成本项增加值占总成本增加值的百分比	年均单位成本增长率
工资	10.0%	11%	15.0%	16.0%	47.0%	21%	37.0%	11%
折旧	41.0%	23%	36.0%	23.0%	9.0%	8%	10.0%	6%
利息	5.0%	9%	6.0%	16.0%	2.0%		1.0%	2%
电力	3.0%	3%	20.0%	16.0%	17.0%	12%	25.0%	11%
水资源费	19.0%							
维护费					5.0%	6%		
其他	21.0%	17%	24.0%	15.0%	21.0%	11%	27.0%	8%
总成本	100.0%	16%	100.0%	19.0%	100.0%	13%	100.0%	9%

这段时间，大多数成本项目增长速度较快，特别是与中国目前低通胀率，甚至是负通胀率相比，这一点就显得更为突出。成都市和福州市自来水公司近年来成本项目中增长最快的是折旧，主要是由于兴建新水厂而有大量的固定资产入账。3个供水公司电力成本的增长速度也较快，但现在已有所下降。此外，应控制工资和其他成本。

8.2.2 盈利能力

盈利能力是衡量供水企业财务运行状况的一个重要标志，盈利能力和成本补偿比率的关系密切。成本补偿比率考虑的是企业对所有生产因素的支付能力，而不是对投资人投资的偿还能力。如果成本补偿比率大于100%，那么超过的部分就是企业对投资人的资产回报率。盈利能力指标衡量的是净资产利润率。对大多数供水公司来说，政府是供水公司惟一的权益投资人，所以政府拥有对供水公司税后利润的惟一求偿权。

供水公司盈利水平 **表 8.5**

年　份	1997	1998	1999
张家口市供水总公司			
总利润(10^6 元)	−6.60	2.93	2.01
营业利润(10^6 元)	−6.41	−0.79	0.25
净资产(10^6 元)	39.29	41.22	43.23
净资产营业利润率(%)	−16.3	−1.9	0.6
总税后净资产利润率(%)	−16.8	7.1	4.7
宣化供水公司			
总利润(10^6 元)	0.50	0.24	0.04
营业利润(10^6 元)	0.03	0.29	−0.05
净资产(10^6 元)	34.58	37.68	42.26
净资产营业利润率(%)	0.1	0.8	−0.1
总税后净资产利润率(%)	1.4	0.6	0.1
成都市自来水公司			
总利润(10^6 元)	−6.88	−3.47	−11.74
营业利润(10^6 元)	1.53	1.51	2.04
净资产(10^6 元)	737.5	827.5	865.0
净资产营业利润率(%)	−0.9	−0.4	−1.4
总税后净资产利润率(%)	0.2	0.2	0.2
福州市自来水公司			
总利润(10^6 元)	13.59	14.33	15.53
营业利润(10^6 元)	19.35	20.14	22.31
净资产(10^6 元)	352.6	375.8	455.8
净资产营业利润率(%)	5.5	5.4	4.9
总税后净资产利润率(%)	3.9	3.8	3.4

资料来源：根据供水公司财务报表分析，说明：净资产＝总资产－总负债，营业利润＝销售收入－销售成本－销售费用－管理费用－财务费用，总税后利润＝利润总额－所得税＝营业利润＋非营业利润－所得税。

表8.5中用两种方法说明供水公司的利润。营业利润(按税前利润计)仅与供水公司的营业有关。大部分情况下，营业利润都很小或为负值，但总税后利润水平较高，这通常是由于会计上所做的一些调整和营业外收入所致。通常两种方法的利润都低。张家口市1998年和1999年的税后利润较高是因为进行了会计调整。只有福州的利润水平达到了《管理办法》所规定的上限。

表8.5的两种利润方法并没有指出其他费用和收费的收入对利润的影响，可能会有误导作用。例

如，福州市的增容费是主要的收入来源，但并未包含在收入中。当计入增容费时，则1999年福州市的税后利润率会从3.4%增加到6.4%。

随着《管理办法》的实施，供水公司的利润有望增加。地方政府可以采用红利的形式，提取供水公司的税后利润，或将其留在供水公司来偿还债务和作为基建投资。为保护企业的权益，帮助企业发展，基建投资是必要的。一部分企业利润可用来分配给职工。地方政府可能选择把供水公司的利润水平限制在《管理办法》允许的水平之下。这将通过降低供水成本使用水户受益来实现。

8.2.3 收费率

供水公司的水费收入都记录在收入一栏，而应收但还未收取的水费则以应收账款的形式出现在财务报表中。水费的应收账款越多，则表明供水公司越不能很快地从用户那里收回水费。如果应收账款较多，可引起现金短缺、短期财务费用增加等问题，还会降低供水公司的收入和利润。

应收账款与售水收入之比称为收费率，它是衡量供水公司收费效益的重要指标，收费率越高，表明供水公司越能较快的收回水费，因而现金流量的问题也越小。各种类型供水企业的正常或可以接受的收费率有一定范围。例如一个月后能从用户收到水费的企业，其收费率是正常的。售水一个月后可以收到水费，则收费率为12%。有时用应收账款周转期表示收费效益，周转期按360除以收费率计算，周转期越短表明收费情况越好。表8.6为供水公司的收费率和周转期。

供水公司收费率 **表8.6**

年　份	1997	1998	1999
张家口市供水总公司			
营业收入(10^6 元)	18.99	25.11	28.21
应收款(10^6 元)	0.60	0.88	0.74
收费率(%)	32	29	38
周转期(d)	11	12	10
宣化供水公司			
营业收入(10^6 元)	10.59	13.39	15.45
应收款(10^6 元)	5.49	6.07	8.18
收费率(%)	1.9	2.2	1.9
周转期(d)	187	163	191
成都市自来水公司			
营业收入(10^6 元)	135.67	188.75	195.81
应收款(10^6 元)	8.38	14.24	26.47
收费率(%)	16	13	7
周转期(d)	22	27	49
福州市供水公司			
营业收入(10^6 元)	130.95	154.21	180.86
应收款(10^6 元)	95.77	73.77	104.36
收费率(%)	1.4	2.1	1.7
周转期(d)	263	172	208

资料来源：供水公司财务报表；收费率=应收账款/售水收入，周转期=360/收费率。

张家口市和成都市的收费率相对较合理，平均周转期为两周至两月。福州市和宣化区的收费率最低，周转期则更长些。这些城市较低的收费率主要是许多用户没有交纳水费以及这些用户相关的款项是无法收现的账款。表8.7是1999年年终未交纳水费用户占年账单数的统计表。

未交纳水费用户统计表 表 8.7

城市/区	未交纳水费用户所占百分比(%)	城市/区	未交纳水费用户所占百分比(%)
张家口市	2.2	成都市	1.5
宣化区	20.8	福州市	8.8

这些过期的水费单，有些是最终可能收回的，有些是永远不能收回而作为坏账注销的。成都市和张家口市未交纳水费用户所占的比例较低，这在国内是比较普遍的，因为供水公司有权中断未按期交纳水费用户的供水服务。宣化区和福州市未交纳水费用户所占的比例较高，这是因为许多国有企业没有按期缴纳水费，而切断这些大型国有企业的供水，无论是从社会的角度还是从政治稳定的角度来看都是不合适的。

8.2.4 流动比率

流动资产与流动负债之比称为流动比率，用于考察企业资产的流动性，即供水公司偿还短期债务的能力。流动比率通常应为 2∶1 或更大，如果供水公司的流动比率达到此值，表示有足够的流动资金来偿还短期债务，维持企业的运营。试点城市的流动比率见表 8.8。

流 动 比 率 表 8.8

年 份	1997	1998	1999
张家口市供水总公司			
总流动资产(10^6 元)	4.78	8.66	5.49
总流动负债(10^6 元)	17.78	25.43	25.95
调整后的流动负债(10^6 元)*	11.65	12.23	16.45
流动比率=流动资产/流动负债	0.27	0.34	0.21
调整后的流动比率**	0.41	0.71	0.33
宣化供水公司			
总流动资产(10^6 元)	10.09	15.46	31.51
总流动负债(10^6 元)	15.23	23.23	39.63
调整后的流动负债(10^6 元)*	11.81	19.74	36.78
流动比率=流动资产/流动负债	0.66	0.67	0.80
调整后的流动比率**	0.85	0.78	0.86
成都市自来水公司			
总流动资产(10^6 元)	169.22	135.45	189.89
总流动负债(10^6 元)	176.49	211.24	321.66
调整后的流动负债(10^6 元)*	66.11	51.26	140.61
流动比率=流动资产/流动负债	0.96	0.64	0.59
调整后的流动比率**	2.56	2.64	1.35
福州市供水公司			
总流动资产(10^6 元)	120.42	170.24	149.47
总流动负债(10^6 元)	177.33	180.52	209.78
调整后的流动负债(10^6 元)*	61.73	130.57	82.70
流动比率=流动资产/流动负债	0.68	0.94	0.71
调整后的流动比率**	1.95	1.30	1.81

资料来源：根据供水公司财务报表分析：* 总流动负债减去非货币性流动负债；** 流动资产/调整后的流动负债。

表 8.8 中的前一个流动比率是用供水公司资产负债表中的总流动负债和总流动资产计算的。调整后的流动比率是按扣除非货币性流动负债(计入“其他应付款”或“其他应交款”科目的款项)后的净流动负债来计算，这些科目中的款项来源于各种费用如城建费或增容费。这些资金应交给政府，政府再将这些资金返还给供水公司，专门用作供水公司的投资。由于这笔资金不代表对第三方的负债，因此实际上被计入流动负债下的递延收入或所有者权益中的资本公积科目。

调整前的流动比率都比较低，流动负债调整后的比率似乎好一些。尽管如此，大多数供水公司仍面临资金流动性较差的问题。成都市 1997 年和 1998 年的流动比率均大于 2∶1，但 1999 年低于 2∶1。福州市 1999 年的流动比率小于但接近于 2∶1。这两个供水公司的比率至少都大于 1∶1，说明他们有充足的资金来偿还短期债务。张家口市和宣化区的情况则不同，调整前后的比率都小于 1。

上表 8.8 中调整后流动比率的计算方法是对企业运营资金所作的更深一层的分析。流动资产包括应收账款，在宣化区和福州市可能还包括大量的难以回收的账款。如果根据这些难以回收的账款对流动资产进行调整，那么流动比率就会降低，从而更加真实地反映出供水公司资金的运营状况。

8.2.5 权益比率

权益比率用来考察企业资产结构中各项资产所占的相对份额：

权益比率=资产/(资产+负债)

该比率表明各类产权投资者对企业的相对贡献以及债权人的风险。较低的权益比率表示较高的债务，这是供水公司更大风险的来源。该比率是亚行在审查贷款资格时用到的一个指标，一般要求该指标不小于 0.3。所有供水公司的权益比率都远大于该值，详见表 8.9。

试点城市供水公司权益比率 **表 8.9**

年　份	1997	1998	1999
张家口市			
总资产(10^6 元)	39.29	41.22	43.23
总资产+负债(10^6 元)	57.07	66.22	68.61
权益比率	0.69	0.62	0.63
宣化区			
总资产(10^6 元)	34.58	37.86	42.26
总资产+负债(10^6 元)	52.95	58.97	80.03
权益比率	0.65	0.64	0.53
成都市			
总资产(10^6 元)	737.53	827.52	865.04
总资产+负债(10^6 元)	1249.92	1340.58	1472.08
权益比率	0.59	0.62	0.59
福州市			
总资产(10^6 元)	352.62	375.82	455.84
总资产+负债(10^6 元)	563.97	673.44	791.15
权益比率	0.63	0.56	0.58

资料来源：供水公司财务报告数据分析。

8.2.6 偿债比率

偿债比率用以表明收入是否足以偿还债务，收入是可用于偿还债务的总资金，按税后利润、折旧成本和利息成本计算。该比率至少应大于 1.0。亚行规定贷款申请中该比率应大于 1.3。收入可以用水价收入计算。计算的偿债比率见表8.10，税后利润来自供水公司的损益表并与整个企业的业务活动有关。福州自来水公司偿债比率良好，张家口市、宣化区和成都市自来水公司的偿债比率很接近。因为试点城市供水公司该年所欠大部分债务难以直接衡量，只有从现金流量表和资产负债表估算，所以对试点城市供水公司估计的偿债比率应慎重看待。所有供水公司的偿债比率并不包括增容费的收入，它在损益表中不作为收入，但供水公司可用以偿还债务。

试点城市供水公司偿债比率 **表8.10**

年　份	1997	1998	1999
张家口市供水公司			
偿还债务的总资金(10^6 元)		6.23	5.69
偿债成本(10^6 元)		0.05	2.17
偿债比率*	**	124.6	2.62
宣化供水公司			
偿还债务的总资金(10^6 元)	2.15	2.55	2.07
偿债成本(10^6 元)	2.95	5.33	11.06
偿债比率	0.73	0.48	0.19
成都市供水公司			
偿还债务的总资金(10^6 元)	49.81	62.63	71.33
偿债成本(10^6 元)	35.65	90.19	61.02
偿债比率	1.40	0.69	1.17
福州市供水公司			
偿还债务的总资金(10^6 元)	51.26	60.36	76.84
偿债成本(10^6 元)	23.23	28.77	19.82
偿债比率	2.21	2.10	3.88

资料来源：试点城市供水公司；* 偿债比率=(税后利润+利息+折旧)/(债务本金+利息)；** 净收入为负。

8.3　改善财务状况的途径

由前面的分析可以看出，试点城市供水公司的财务状况多数不太好，成本补偿能力弱，盈利少，收费率低，基建资金一般较为缺乏。

影响供水公司财务状况的因素有很多，水价太低是其中一个重要因素，这在《管理办法》实施时应重新强调。提高水价不一定就能解决供水公司的财务问题，还必须同时提高供水公司的财务管理水平。有效的财务控制一般遵循下列流程：

根据战略规划和年度计划制定目标 → 跟踪监督 → 评估各目标取得的成果 → 改正缺点进一步提高

在此流程中，目标是企业预期的主要财务结果，而目的是确定是否达到目标的、可以估量的标准。战略规划应当定期进行，以制定长期的财务战略规划和目标，并进一步细化战略目标实现的条件，使目标处于监督之下，使管理者和员工在必要时可采取补救行动。

8.4　财　务　计　划

8.4.1　战略规划

战略规划为企业制定目标奠定了基础。城市总体规划、五年计划、供水行业计划都影响供水公司的战略规划。制定地方《管理办法》实施细则有助于供水公司制定战略规划，因为《管理办法》中明确规定了水价制定的原则，即补偿成本、合理盈利、节约用水、公平负担、用户权益、承受能力、法律依据等。

战略规划就是要将《管理办法》中的原则细化为更明确、可度量和可实现的目标。例如“成本补偿”原则，看起来很简单，但要成为具体目标还须进一步的细化。下面是一个假设的例子：

一个供水公司常年运营亏损，有大量的应收账款和应付账款，没有基建资金。在这种情况下，希望在短期内达到完全成本补偿的目标是不现实的，还是以 3～5 年内达到这一目标较为现实。可行的方法是，冻结 3 年成本，在第一年和第三年分别将水价提高 50%，在 18 个月内处理完全部的应付账款和应收账款，使应收账款周转期平均仅为 20 天。

在这个例子中，目标是相当具体的，措施也是可行的。作为战略目标的财务比率内容见 8.2 节。

8.4.2 长期财务计划

长期财务计划的制定主要是建立模型，预测未来 5～10 年的收入和成本、盈利和亏损、负债和现金流量等。长期财务预测模型的目的主要是检验不同的决策和管理条件下，供水公司的财务状况如何。

这种属于分析类型的预测当然不可能特别精确，因为有许多未知的因素会影响供水公司的运行。但是这种预测可以对不同的财务状况进行对比，并对未来几年的财务行为提供指导。为提高模型的精度，应尽可能满足以下条件：

• 为进行财务分析的第一年或基准年所输入的基准数据，应是供水公司运行和财务状况的真实数据，给定的未来成本在一定程度上是经过证实的，例如现有债务的服务成本；

• 某些因素，如售水量能反映历史特征和事先预知的未来条件，例如已经批准的供水服务地区扩大的条件；

• 预测在财务上应趋于保守，偏向于最差的财务情况；

• 预测必须建立在灵敏度分析的基础上，如果灵敏度分析表明某些参数有问题，则需重新召集有关人员核定相关参数；

• 财务计算建立在标准会计和对现实假设(如利息、通货膨胀率)的基础上。

张家口市的实例研究表明，长期财务计划对制定战略规划很有帮助。该市的战略问题主要包括：

• 低水平的成本补偿和盈利能力；

• 居民用户的承受能力；

• 新水厂运行增加了成本。

前面的水价讨论主要集中在来年的水价调整，并未给出解决方法，这是因为要实现完全成本补偿，水价就会提得很高，而政府又不愿意补贴，于是就允许水价有较小幅度的提高。

前瞻性的财务分析是试点城市分析的一部分，旨在制定一个 10 年期的水价方案。分析时考虑了多年水价调整计划和新建水厂的融资渠道。专家组还举行了多次会议，与地方有关部门对售水、成本按各种假设条件和数据进行了核实和探讨。假设条件是对成本进行严格控制，并假设售水量不变。通过不同的假设条件，如债务偿还比例和水价调整幅度制定了多种方案。所制定的战略规划已总体上获得通过，战略规划的内容包括两个每隔两年调整一次的水价调整方案和 6 年债务偿还计划。根据这个计划，在刚开始的几年里，供水公司仍然亏损，现金仍然不足；但是到第六年末，所有的债务都可偿清，其他所有的成本都已补偿，利润水平符合《管理办法》的要求，并且已经开始有现金积累。计划中所拟订的价格都充分考虑了承受能力。

前面几个例子说明战略规划在长达 10 年的期间内不是一成不变的，理解这一点是很重要的。水价制定方案仅与来年有直接的关系，而对随后的几年具有指导意义，水价方案较为复杂，允许随着时间的推移和条件的变化而进行调整和修改。还有一点特别重要，那就是必须进行成本控制，这样规划目标才能成功实现。

8.4.3 年度计划

供水公司一旦制定了具体的战略目标，就应采取相应的举措来实现这些目标，在目标实施的不同阶段应有年度计划。其他举措还有，建立信息系统以提供跟踪整个实施过程和监督实施行为所需的数据。监督行为必须在科一级和个人一级进行。如果目标没有达到，必须采取更正措施，对于做得好的，要进行奖励。

从财务角度来看，最重要的计划是年度预算，它是管理和控制财务计划最主要的工具。总预算是对企业收支预算、经营预算和资金预算的综合，其中收支预算是以销售预测和成本目标为基础。总体来看，这些预算为制定预算期内的水价提供了依据。经营预算是以最近的历史成本为基础，允许由于需求增长、通货膨胀等因素而导致的可变成本的增加，经营预算应说明关键的假设条件和重要的成本变量。资金预算应列出计划的资金项目，完成这些项目所需要的资金以及资金偿还计划。财务计划反映了资金的来源，包括每年从水价中所获得的资金盈余。

8.4.4 财务信息

为控制成本所需的财务信息主要包含在预算文件、资产负债表、损益表和现金流量表中。供水公司会计人员应根据国家有关会计规定定期编制上述报表。

供水公司的成本按功能可分为以下几类：

- 售水成本——直接的生产成本；
- 销售费用——销售过程中所花的费用；
- 管理费用——供水公司用于管理的费用；
- 财务费用——利息。

这种划分成本的方法已经可以满足损益表的需要。如果采用更详细的按功能划分成本的方法和按功能和目标交叉划分成本的方法，目前看来还有很大的困难。

更详细的按功能划分成本的方法，要求供水公司按运行过程记录成本，例如，供水系统的成本划分应包括以下几类运行过程：

- 供水水源；
- 水处理；
- 输配水和贮水；
- 用户服务(装表和接管道)；
- 读表和收账；
- 管理。

有些成本例如修理和维护成本或不能控制的成本，如折旧、购买电力或药剂，还可以进一步细分。供水公司进行适当的成本分类在一定程度上依赖于公司内部的管理结构，因为管理结构是公司内部的基本财务报告单位。

更加详细的按功能划分成本的价值在于，供水公司的每个员工会更加认真的控制成本。按功能划分的成本可以与运行数据结合起来，计算出读表、收账、水处理等过程的单位成本。如果一段时间资源的利用效率提高或降低，从单位成本的趋势可以看出成本和物价的变化。而同其他供水公司单位成本的比较，可以看出该公司运行的效率。

供水公司每年无论是否需要，都必须招收一定数量的新员工，所以劳动力成本的详细分类可能会更有实用价值。将劳动力划分为必要劳动力和剩余劳动力可以更加准确的评价供水公司的运行效率，也可以很清楚的看出政府用工政策造成的结果。

8.5 加强成本控制的经营措施

企业的经营有很多潜在的目标，供水公司可以参考企业运行标准和统计资料制订自己的目标。但是，在制订具体的目标时，应考虑供水公司的实际情况，如配水系统的老化程度、供水距离、地形条件等。

监督特别是财务监督是企业管理的主要职能，但这一目标的实现将最终落实到职工身上。为此，职工应参与目标的制订，以便很好理解哪些是可行的，哪些是不可行的。如果没有职工的参与，企业的战略规划将很难得到支持。

企业如果精简劳动力将大大提高企业的效率。供水公司应以提高企业效率为重点，对人员的配备进行改革，国企职工可以作为企业独立的员工与企业签订用工合同。企业的供水经营应与其他经营相分离。供水企业应建立科学合理的岗位，引入岗位竞争机制。

供水公司的工资水平应根据市场条件，包括劳动生产率、企业盈利情况、不同工种的工资差别、奖励等来确定。

8.5.1 运行标准

企业的运行标准，比如电耗，已经在中国应用了很多年，供水公司监督和调控自身的运行，并将执行情况上报主管部门，但这只限于几个选定的指标，并不能提供企业全面的执行状况。

企业内部用水较多的环节应当在制定运行标准时充分考虑，这样有利于控制成本和提高企业经济效益，表 8.11 列出了一些可用来制定运行标准的主要环节。在某些方面例如水质和未计水量，已经有了一些标准。

供水企业运行标准 **表 8.11**

产 水 量	服 务 质 量
水厂自身用水量/产水量(%)	饮用水标准不合格的水样比例(%)
未计量水/总产水量(%)	低压占系统压力比例(%)
总售水量(m^3/人)	消防流量试验
家庭售水量(m^3/人)	未供水总时数/用户用水总时间(%)
运行效率和成本控制	用户投诉件数/总用户数(件/用户)
单位产水量耗能(kWh/m^3)	固定资产管理
单位产水量耗人力(人/m^3)	维护费/总固定资产(%)
平均日产水量/最大日产水量(%)	爆管总次数/管道总长度(次/km)

评价供水公司经营业绩的财务分析方法包括成本补偿率、净资产回报率、偿债比率、流动比率和产权比率。《管理办法》为成本补偿和净资产利润率标准的建立提供了基础。如果供水企业有了财务执行标准，供水公司就会因此而得益。某些指标比如流动比率就会较快地完成，因为用于财务分析目的的通用财务标准是现成的。

只有当供水公司员工接受了这些标准并努力加以实现，运行标准才能成为提高企业运行效益的有效工具。在这方面货币刺激可能会起作用。但是，员工最重要的动力来源是他们的职业作风和做好工作的意愿，职业作风可通过培训和企业文化来提高。一个好的企业应对员工的良好行为和表现进行奖励，个人奖励包括足够的经济回报、晋升机会和良好的工作环境等。

8.5.2 奖励机制

为达到企业的经营目标和财务目标，可以采取物质奖励的方法。目前有些供水公司为提高收账的效率已经使用了这种方法。如果能达到一定的标准，这种方法就是有效的：

1. 目标必须明确，容易衡量，可以用财务或其他方法来审查。

2. 实现目标的责任应明确，责任人员必须有权力采取一定的措施实现目标。

3. 奖励的数额不能超过供水公司实现目标后增加的产值，使供水公司的总成本不会有很大的增加。

物质奖励可根据公司利润的大小向员工发放奖金或将工资结构同生产效率挂钩，例如，抄表员可以采取底薪加提成的方法。对于表现突出的员工可给予高工资以表示奖励。但是对所有员工来说，增加工资并不能形成一种有效的物质激励，因为这会引起供水公司成本长期大量的增加，从而削弱对员工的激励作用。

必须对激励机制进行仔细研究，以确保正确的激励机制，减少滥用激励机制的可能性，例如，如果售水量和产水量没有经过审计，那么定量的未计水量控制目标就会因为滥用激励机制而不能实现，如果有更具体的漏失检测和维修目标，未计水量的检测就会得到更好的效果。

当战略目标是提高供水公司运行的财务状况时，应当仅以供水公司运行的财务为基础，不应该包括其他营业外的财务项目。例如因为营业外的收入而达到利润目标的，不应给予奖励。

8.5.3 标准体系

对于企业运行状况和运行效益，各行业都有一个衡量的基本指标，这些基本指标就是一个标准体系。标准体系在供水公司中的应用较为普遍，可用来评估运行状况，促使供水公司改善经营。下面的原则可以帮助供水公司学习那些运行效益较高的企业的经营和管理经验。

第一步是用标准体系对供水公司的经营行为进行内部评价。这主要包括，对供水公司运营的各方面进行全面真实的自我检查，并确定在那些方面还需要提高，然后进行仔细研究，选中一家典型企业，在供水公司需要提高的领域该企业在同行业中是最好的。对典型企业的经营活动进行研究和考察，判断该企业的经验能否推广。

通过公开出版的运行标准和统计数据的对比分析，可帮助供水公司确定在那些方面需要提高，当然这只是一个初步的对比，因也有供水公司自身不可控制的因素，如供水区的地形等。

8.6 预算、水价和成本控制

有效的成本控制可以确保资源的有效利用，既能将水价保持在较低水平，还能维持可持续供水。提高对预算的控制是一个提高成本控制最重要的途径。

按照目前的程序，水价调整申请应以对收入需求的评价和影响亏损因素的评价为基础。亏损及潜在的亏损是水价调整的起因。因此，批准的水价不是根据对未来几年的专门预算确定的。而且供水公司每年的预算都没有经过政府部门的严格审查以确定所作的调价是否合适。控制总预算并保证预算的成本能通过批准的水价得到补偿是供水公司内部评价每年预算的基本原则。在水价申请中，应仔细审查特殊成本(例如工资)的增加情况，要保证增加的幅度在规定的范围内。但每年外部机构对供水公司预算的评价却没有固定的程序。

目前的程序并没有充分反映会计在调价中的责任。供水公司应当制定预算，使成本和费用等能从批准的水价中取得补偿，但是政府并没有要求供水公司这样做，所以在预期的收入范围内也不能形成有效的成本控制机制。如何形成这样一种成本控制机制，将在以下讨论。

如果能正确处理预算和水价之间的关系，将预算审批和水价审批相结合有助于成本控制。主要过程是：

(1) 在财政年度的最后 3 个月内准备来年的年度预算。预算应包括运行成本、基建成本、水价及其他收入、利润、估计的现金流量需求、投资项目计划和经营中的不可预见费用；

(2) 根据所作预算，每年进行一次长期的财务预测，以证实所做的预算是否适合5～10年的财务计划；

(3) 为长期计划的每一年确定一年或多年能够完全补偿成本的水价。几年内实现完全成本补偿意味着某一年的亏损可在当年内用短期贷款和现金储备来补偿，而在随后的几年通过水价收入来补偿；

(4) 每年向政府物价主管部门递交来年的预算、来年的水价和长期财务计划；

(5) 市政府管理部门应同时仔细审查财务计划、预算和水价，如果审查合格，应尽快批准；

(6) 根据预定计划，在预算期内自动实施所批准的水价；

(7) 在供水公司不能控制的主要成本项目如动力、趸售水和税收(通常指利税指标)发生变化时，应自动调整水价(上调或下调)；

(8) 由供水公司不可控制的因素如自然灾害和政府颁布的可能影响供水运营的法规而导致成本迅速上升时，允许对预算和水价重新作出调整。自然灾害不包括因气候变化而引起的销售量波动，因为气候是经常变化的，供水公司可动用意外储备金或用其他的财务措施来应付特殊情况；

(9) 如果市政府新出台的政策可能对供水成本(供水公司的预算中没有考虑这些因素)造成影响时，政府应给予供水公司以充分的补偿；

(10) 供水公司有责任通过筹集外部资金来应付(5)、(6)、(7)中无法考虑的超预算开支，包括动用储备金、降低工资、临时解雇员工、减少某些不重要的成本等；

(11) 公司员工的利润分配应根据预算目标的完成情况和企业运营所达到的标准来确定。与利润挂钩的员工奖金只有在公司的年度财务报告经过独立审计后才能发放。年度财务审计旨在审核供水公司的年度财务报告是否准确，是否真正反映了供水公司的财务状况。此外还包括对供水公司运营状况的审计，例如，检查水厂的读表记录，以确定供水量的统计和未计水量的计算是否准确。

为了确保成本控制，这样的预算一般要经历很长的时间。一般要将预算的成本与水价收入相比较，以防止出现批准的水价收入不能补偿增加的成本。

在这种程序下的水价申请与通常提交的水价申请相比，是一份更为详细的材料，包括按用户类型划分的销售计划、申请阶段详细的运行和资金预算、建议的水价调整计划、盈亏分析、现金流量需求和预测期的财务指标。

批准的预算和水价要符合现实，要计及可能的成本上涨，要有合理的净资产收益率，同时应避免使供水公司承担不必要的财务风险。但是，在预算期内供水公司应该有效经营，至少要提高效率。总之，批准的预算必须是可靠的，以免供水公司因难以控制成本而需政府补贴。

8.7 财务管理和基建计划

8.7.1 基建计划

供水公司目前进行基建计划有两种方式：供水公司负责小型基建工程如设备更换、管网延长的基建计划和融资。大型基建工程如水厂扩建一般由政府负责，因为供水公司不能提供工程所需的资金。地方政府作出投资决定后，由公用局或建委负责项目的计划和设计，新工程建设完成后，新增的资产连同债务一起转交供水公司管理。

供水公司尽管在计划时只起次要作用，但要负责资产的运行以及部分或全部债务成本的偿还。上级部门在规划时并不直接对成本补偿负责，所以不重视这个问题，因此可能导致供水公司的生产能力过剩。

如果供水公司在规划和设计阶段起主要作用，就有可能更多地强调成本控制。理想的状况是供水公司在基建计划和筹集资金阶段承担主要责任，将可使投资效率最高，使供水公司在成本补偿方面的权利与义务对等。

从财务的角度看，供水公司对资金计划负责是与控制资金预算(例如建设费)一致的，这将使供水公司有机会取得更多的盈余资金，安排资金的筹集。但是要更多的控制基建计划还需要进行机构改革，增加供水公司的自主权，使能直接管理来自用户的水费收入。

8.7.2 供水能力需求

供水系统有必要保留一定的剩余生产能力以满足高峰期的用水量。除此之外，供水公司通常根据增加的需水量提前扩大生产能力。水厂的扩建必须根据水厂建设的经济规模来完成，从而有可能在几年内生产能力过剩。当生产能力远远超过按照需水量增长所需的生产能力或水厂设计的经济规模时，过剩生产能力的问题就出现了。在北美，水厂扩建按未来 10～20 年的供水能力设计是非常普遍的，原因是供水服务区的开发程度较高而人口增长速度都相对较慢。在中国，由于人口增长速度较快、供水区域扩大以及生活水平不断提高，所以新建水厂一般在 5 年内就可满负荷运行。

不管水厂是 5 年内还是 20 年内达到其全部生产能力，供水能力扩展计划应在长期规划的基础上分二期或多期实施。较长的时间框架可使工程设计人员提出多种设计方案，进行技术经济比较，得出优化的基建计划。

8.7.3 生产能力过剩

在试点城市由于设施能力的迅速扩大而引起的高额成本是成本补偿的主要问题。根源在于超前的能力建设导致生产能力严重过剩。如果投资计划能在计划阶段进行优化，以达到成本的有效平衡，能力过剩问题就可避免。

从成本控制的角度来看，能力过剩会立即产生成本。如果基建成本与供水公司生产能力要求相差太远，运行成本就极有可能太高，因为新增的设施需要维护费用以防止其因为闲置而快速报废。

供水公司建设超过它所需要生产能力的原因，有可能是工程设计的失误造成的，也可能是规划不合理造成的。规划人员根据所服务地区用水量增长、人均用水需求、预计的经济和人口增长率来预测所需的生产能力。预测是在规划阶段根据当地的历史和发展趋势做出的，增长快速的预测就会得出生产能力需很大增长的结果。通常，这类预测过于理想化，经实践证明是错误的，错误的预测导致了过剩的生产能力，这样的错误带来的成本却要靠水价来补偿。

对未来用水量增长的乐观看法可能影响政策的制定，例如，对公用事业局或其他当地较高一级的政府决策部门产生影响。如果关于供水公司生产能力过度需求的错误决策不是公司做出的，就不应该只由供水公司承担生产能力过剩的责任。

在某些情况下，对过剩生产能力起推动作用的可能是机构或经济的原因。当资金管理部门批准进行最小规模的投资时，机构就有可能过度投资。当水价是根据投资的最大允许利润率制定时，经济利益就会驱动进行过度建设。面对投资利润率的限制，供水公司将过度投资作为增加总利润的一种手段。过度投资可使供水公司通过多提折旧来增加现金流量。

为了解决生产能力投资过度的问题，必须去除刺激过度投资的因素。管理层可以允许供水公司仅能补偿与所需生产能力相关的基建成本。根据当前或将来平均日或最大日用水量进行生产能力评估，来确定有效生产能力扩建的成本。这种评估应采取简单的技术评价方法。必须采取一定的措施来评价预测是否有根据，并且分担生产能力扩建投资的决策责任。

生产能力扩建一旦完成，过剩生产能力的投资也必须偿还，问题是应当由谁来偿还。主要责任应由投资决策部门承担，但也应考虑其他因素，如支付能力、成本补偿的财务影响等。在这方面用水量预测是一个有效的准则。以用户的水费去支付 5～10 年时间框架内为扩大生产能力所需的成本是合适的。超过这个成本的财务费用应与有关机构商议如何偿还。最终，过剩的生产能力还是需要的，到那时，供水公司将得到这些资产。如果市政府偿还这些资产的投资，供水公司应向政府付款购买或将该资产转为政府的权益资本。

8.7.4 现金流量

如果企业不能很好地安排现金流量，即使获得了可观的利润，财务上也难以维持。以下讨论这样的例子，据以说明未收款达到多少时会出现财务危机。另外一个与现金流量相关的重要的财务危机可出现在当企业贷款进行大的投资项目时。通过水价收入可以支付利息成本，但贷款本金必需要用折旧和利润积累的资金来偿还。如果贷款期限短于折旧年限，这一来源的资金就不足以偿还债务本金。

供水公司应每周或每月对现金流量进行检查，以确保有足够的现金维持企业的运营、偿付短期债务和贷款。当制订基建工程的长远财务计划时，要特别注意现金流量，以保持合理的偿债比率。

供水公司在编制预算和计算水价时，应当像评估资产利润率一样，仔细地进行现金流量评估。由于《管理办法》主要强调的是为补偿成本而调整水价后达到的获利能力，并没有考虑这一风险。

8.7.5 不可回收账款

试点城市财务报告中的应收账款包括无法回收现金的水费账单。对于供水服务，这类账单越少越好，以免成为财务上的负担，甚至还可能影响到供水服务质量。通常，应收账款包括当前还没有支付但供水公司希望能在将来收回的账单。真正无法收回的水费账单在会计上作为坏账处理。

供水公司都不希望出现无法收回的水费，所以应维持在一个适当的比例，以免变成财务负担。公用企业提供的是人们生活必需的商品，无法回收的水费比例应当相当低，每年应低于1%，这是因为如果不按期付清水费，将有可能影响供水服务。

无法收回的水费过多将减少现金流量并使供水公司增加不必要的成本，这主要是用来筹集短期资金以解决现金流量问题。如果减少必要的维护和修理成本，以暂时解决现金流量的问题，则在一段时间后，由于紧急修理等问题的出现，有可能使成本更高。

研究解决无法收回的水费问题是很有必要的，其中包括及时记录无法收回的水费和准备处理这些账单。如果水费账单确实无法收回，应列为坏账。通过记录这些无法收回的水费账单，可以看出那些已经成为坏账，那些年的亏损与当年报表中的收入不相配。政府补贴可用于弥补由于历史原因导致的坏账损失，这个补贴应根据需要随时进行调整。

通过记录坏账，供水公司可以在损益表上列为亏损。这样供水公司就可在以后水价调整时从其他用户处补偿这部分损失。通常，将用户的欠账记为坏账意味着该用户已经破产、停止了经营或对该用户的供水服务已经中断。但目前，大部分坏账多数是与大型国有企业有关，这些国有企业对国家很重要，供水公司不能中断其供水服务，必须用其他办法来解决问题。供水公司为了保证最小的资金利润率，补偿供水服务的短期边际成本，可以先与国企协商，要求先支付一部分水费。供水公司也可以要求通过水价调整来弥补自己的损失。如果政府决定要保留国有企业，也没有批准水价调整，那只有政府拨款来补偿这部分损失了。

8.8 通过机构改组控制成本

成本控制需要有效的财务管理和合适的机构设置。前面讨论了供水财务管理，关于成本控制的机构设置是本节的重点。财务管理实现了对企事业单位内部如何运用资源的控制，而机构设置创造了控制资本所必需的机会和激励。机构设置对成本控制是重要的，因为它决定谁负责成本控制，谁有权控制成本和谁从成本控制中受益。

8.8.1 企业结构

现行制度下，供水公司所处的位置在许多方面是相互矛盾的。一方面属于国有和自然垄断企业，另一方面又呈现出靠市场调节的企业的性质，但是又不完全受市场调节，远远达不到自主经营。例如，许多供水公司对大的投资项目几乎没有控制权，从这方面看，供水公司是作为政府部门而不是企业在运作。但是，它又不像政府部门，它的预算不受供水公司以外的任何机构或部门的审查和批准。

现有的水价调整机构设置是使供水公司处于矛盾地位的原因，一些机构直接干预这个过程。从机构设置方面看，已经采取了一些措施来加强成本控制，如企业运行与评价标准，但是并没有解决主要问题。许多机构在供水企业中存在既得利益，没有一个机构有权或极力去实行严格的成本控制措施。克服这个矛盾的办法就是把供水公司建成一个完全自主经营、财务独立的企业。作为自主独立的企业，供水公司应该：

- 承担供水运营中的技术和财务方面的全部责任；
- 控制全部供水收入；
- 控制全部基建投资。

供水公司独立自主意味着别的政府部门如公用局再也不能干预供水运营的计划和管理。这些机构中参与计划和设计工作的一些人员必须转移到供水公司。留在公用局中的人员和其他机构的人员负责执行政府的多种调控功能：包括水价审查、制定供水服务实施标准、监督执行情况、水资源的规划、税金审计等。

建立独立自主的供水公司意味着供水公司对所有与供水服务相关的事务有权作出决定。有多种途径可以帮助供水公司走向自主经营，包括将原有的政府部门决策权转移到供水公司。最好的途径应该满足下面 3 条标准：

1. 与市场经济管理体制相一致；
2. 有利于供水公司成为完全独立的企业；
3. 公平对待供水中不同利益的群体，即供水公司员工、用户和资产所有者。

在市场体系中，企业资产的所有者应有这样的正当权利，即盈利资产的使用和管理以及得到投资保值。对于大多数的供水公司，政府是所有者，这是因为政府是供水公司资产的直接或间接投资者。由于政府代表着用户的利益，所以所有权的收益应留给代表用户的政府。通过给予员工选择供水公司管理或决定如何运用利润的权利来增加供水公司自主权的做法，转移了部分政府所有权给供水公司员工。这样做增加了员工为自身利益而运作供水公司的权力：发给工资或分享利润，这些劳动收益高于在私人部门中付出同样劳动所得的收益。在现实中就能看到这类例子，供水公司员工在没有外部审批的情况下制定预算，结果是成本几乎不能控制，特别是对工资和其他福利的控制显得软弱无力。转移更多的权力到供水公司员工的手中，不符合供水公司的最大利益，同时也是不公平的，因为它为供水公司带来了意外之财，可是损害了广大用户的利益。

给予供水公司员工全部决策权也会阻碍供水公司的将来发展，使引入特许经营或全部私有化的成本控制措施将更加困难，因此代表员工利益的强有力的管理层坚决反对这些措施。

将供水企业转变为自主经营企业的最好方法是，按照公司法的有关规定组成股份公司，所有者变成股东。对供水行业这样大的股份制企业，股东通过委任董事会来代表他们的利益，监督企业而行使他们的正当权力，董事会聘用管理层负责经营和财务管理、企业内部的资源分配和员工雇用。管理层代表企业股东的利益，董事会有权确定公司政策和作出关于公司预算、利润、投资和选择管理队伍的决定。

如果供水公司改组成股份公司，由政府任命董事会管理供水公司，并代表政府的财政利益，尽管董事会的成员包括政府高级官员，比如副市长，但它不具有政治主体的功能，其功能更应当像私营企业的董事会。作为供水公司的一部分，董事会仅作为保护供水公司财务利益的代表涉入管理过程，因此董事会的指定成员应该与监督和调控供水公司的政府机构脱钩。

8.8.2 内部控制的机构设置

企业在进行内部财务控制时往往采用很多措施。内部控制系统涉及会计、审计、财务机构设置等诸多方面，以下就成都市自来水公司的内部控制系统为例加以讨论。

为保持良好的内部控制体系，企业首先应建立一整套完善的会计系统，以便记录和处理发生的经济业务。成都自来水公司在记录经济业务时，全部使用了标准的账面格式。大多数业务都是按照发生的先后顺序记录的。全部业务最终都输入到计算机中加以处理。企业根据国家的法律、法规，如《中华人民共和国会计法》、《企业财务通则》、《工业企业会计制度》等，制定了内部控制制度，并在实践中遵照执行。

会计系统提供了大量的支持内部控制的报告，其中包括年度财务报表。在本次研究期间，专家组发现成都市自来水公司为加强内部控制，使用了各种会计报告。这些报告将在每月的管理会议上进行讨论，帮助企业发现问题，及时改正。

审计是内部控制系统的关键一环。1998 年由市财政局指派的审计师对成都市自来水公司的经营情况作了全面评估，对企业的内部控制系统作了检查。审计报告的内容包括年度财务报表、有关说明以及审计意见书，并指出企业在审计过程中所暴露出来的问题，但是审计人员对于如何解决这些问题并未提出建议。

以前在同其他供水公司一起工作时，专家组注意到到外部审计主要是核对会计记录的真实性和准确性，但是成都市自来水公司的年度审计所发挥的作用似乎远不至此。如果审计时能够对供水公司的财务和经营状况作出检查和评估，势必会加强企业的财务管理。

成都市自来水公司有专门的内部审计部门，参与企业的财务计划活动，并对各部门是否遵守财务管理规定进行检查。内部审计是财务评估体系的一部分，其作用是确定企业计划的执行情况，如果供水公司改组为由董事会领导的股份公司，那么内部审计人员就应该直接对董事会负责。

在供水公司中应用经营收益标准有助于内部控制。实行 ISO 9002 认证对于公司加强经营管理具有很好的效果。专业或管理人员每人的职责和技术水平都是以相应的企业标准为依据，企业标准也同样适用于运营的财务和技术领域。这些标准为员工提供了企业的经营目标和激励员工实现这些目标的奖励机制。

财务活动中，部门职责的独立性是内部控制系统的一个重要部分。成都市自来水公司看来已经很好地建立起这一原则。他们对于资金项目合同的管理即是一个例证，首先技术部门拟订资金项目建议书，然后提交给计划、销售和管理部门进行审批，接下来，销售和管理部门组织招标，订立合同，并由技术销售和财务部门对合同金额进行检查。供水公司经理将对合同作最终的审批，审批通过后，由财务部门支付合同款项。在用户水费的计算和收取上，各职能部门也体现出类似的独立性。这种职责相互分离、相互独立的惟一缺点存在于财务部门内部人员的配置上。

尽管我们能够保证财务人员的工作是完全独立的，但是这样的一种组织结构仍然不能够体现出其独立性，在这一部门中，会计职能与财务职能应当是相互分离的。

8.8.3 特许经营或外部采购

特许经营或外部采购，可通过引入竞争机制以激励供水公司进行成本控制。特许经营合同的年限一般只有几年，在合同中明确规定了特许经营者的权利和义务，但是供水公司资产的所有权并没有转让给特许经营者。在合同中还明确规定了特许经营者服务应达到的技术指标，如水压、水质标准。合同中还有一些固定条款，它能给特许经营者财务上的补偿，如固定的水价、售水量等。特许经营的范围可以是供水公司全部经营活动，也可以是其中的一部分，例如水处理厂的运营、查表、检漏与防漏等。特许经营合同应明确设施的所有权和投资需求。另外，在合同中还有一些条款涉及政府所考虑的社会问题，如雇用多少人员以及如何帮助国有企业等。

特许经营活动通过合同来规定签约方的义务和权利，能更强有力地进行成本控制。特许经营合同越全面，企业成本控制的效果就越好。

一个综合全面的特许经营可使现有机构和部门的活动出现中断，但是没有必要取消现有的供水公司，因为供水公司仍然有权对特许经营活动进行投标，如果投标获胜，它可继续运行。参加投标的还可以是来自其他城市的供水公司、地方银行以及国际供水公司(集团)。

然而，无论是对政府还是对特许经营者，特许经营都存在风险。如果在订立合同时能够明确规定特许经营的目标，就会降低风险。例如，对以提高效益和成本控制为目标的特许经营和以引资为目标的特许经营，其合同的设计和结构有很大的差别。考虑到特许经营的风险，特许经营最好逐步实施，可考虑先拿出供水系统的一部分进行特许经营，这样一方面可以降低风险，另一方面也可使政府从中积累特许经营的经验。

9 张家口试点研究

9.1 背　　景

9.1.1 概述

张家口市位于河北省西北部，其主城区以清水河为界分为两个区：桥东区和桥西区。在市政府的行政区域内还有另外两个区，即宣化区和下花园区，两者距主城区较远，分别约为 30km 和 50km。全市共有 3 个供水公司：张家口市供水总公司、宣化供水公司和下花园公司，分别向城区，宣化区和下花园区供水。这 3 个供水公司的水源和配水系统是分开的。试点城市的水价研究绝大部分是在张家口市供水总公司完成。

张家口市供水总公司向 29.6km^2 面积内的居民、工业、商业和机关院校供水，用水人口约 39.7 万人。张家口市各水厂采用的是由降水和河流入渗补给的地下水源，既有潜水又有承压水。浅井水位随季节而变化，因此供水能力也有波动。

张家口市供水总公司有 3 个水厂：北水厂、南水厂和腰站堡水厂，其供水能力见表 9.1。在供水公司服务区内还有一些企业有自备井，总供水能力为 5.6 万 m^3/d。

张家口市总公司的供水能力　　　　**表 9.1**

水　　厂	供水能力(万 m^3/d)	水　　厂	供水能力(万 m^3/d)
北水厂	10	腰站堡水厂	15
南水厂	5	合　　计	30

资料来源：张家口市供水总公司，2000。

9.1.2 城市供水和水质

随着城市人口增加、城市发展和人民生活水平的提高，需水量不断增加。

1990～1999 年的供水能力超过了最高日产水量，供水能力已从 1990 年的 9.5 万 m^3/d 增长到 1999 年的 30 万 m^3/d，增加到 3 倍，这是由于腰站堡水厂建成投产的缘故，到 1999 年已有富裕的供水能力。

在 1990～1999 年期间，家庭生活用水其中包括行政事业用水和商业用水逐渐增长，而工业用水量保持平稳或略有下降，见图 9.1。据称，未计量水率很低，在此期间约为 6.3%～8.3%。

对非居民用户如工业、行政事业、大学、商业和部队实行节水计划，每一非居民用户都有用水定额。定额按生产情况、历史用水量以及企业的类型和规模确定，如果用户的用水量超过定额，将根据罚款标准对其用水实施加价。例如当用水量超过其定额 5%时，则超额部分的水价加倍；当用水量超过其定额 95%以上时，执行最高加价，即定额水价的 20 倍。

张家口市的水质控制采用三级分析化验系统，即供水公司实验室、水厂和车间班组。从 1991～1995 年的分析报表可以看出，地下水水质通常很好，符合水质标准，只是硬度略微超标，氯化后的水达到饮用水标准，1999 年水质达标率为 99.8%。

尽管饮用水水质良好，但由于污水缺乏处理影响到地下水水质。许多小型工业企业的废水处理设施

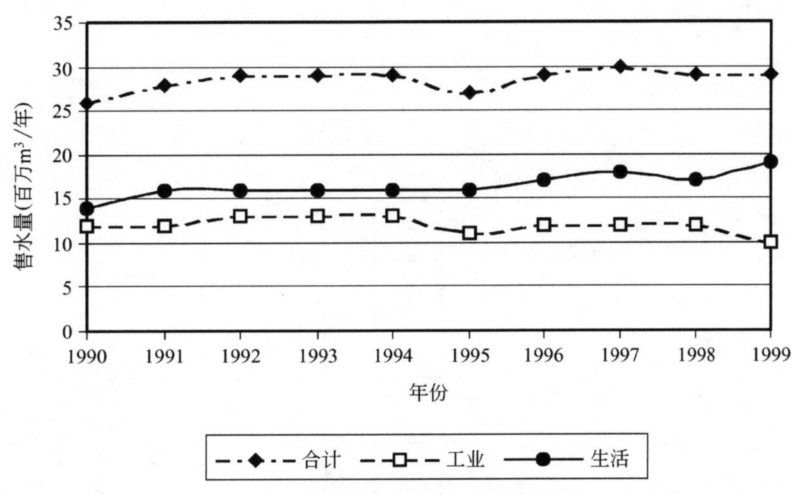

图 9.1 张家口市供水总公司售水量

陈旧，有些污水未经处理就直接排入水体。此外，没有生活污水处理厂，其结果是地表水受到污染，而浅层地下水水质下降。

9.1.3 机构设置

张家口市政府与水价和收费有关机构的设置见图 9.2。市政府及其与供水和水价有关部门的职能说明如下。

建设委员会通过项目办公室、节约用水办公室和城市建设开发公司负责城市规划、项目筹建、城市建设、节水、公用事业资产管理以及筹措城市基础设施基金。公用事业局负责管理公用事业。物价局负责水价管理，依照国家发展计划委员会 1999 年 1 号文件《价格违法行为行政处罚规定》，专设一个部门负责管理供水公司和用户对水价的执行情况。

9.1.4 水价制定目标

《管理办法》规定，水价的制定目标是补偿成本、合理收益、节约用水和公平负担。而张家口市原来的水价制定目标是补偿成本、合理收益和承受能力。当供水公司估计有潜在的经营亏损时，就会向市政府提出水价调整申请，市政府会根据补偿成本的原则进行审批。但是，补偿成本的水平会随每次申请及其申请程序而有变化。《管理办法》明确指出，水价应包含供水成本、费用、税金和利润，但在原来的几次水价调整中，补偿成本的目标并不很清楚。这次水价制定时上述四种水价成分以及成本控制和利润目标，都是清楚的。

值得一提的是，在以前两次水价调整的审批过程中，水价被相关部门不断提高，但并未说明提高水价的原因，因此不能确定成本补偿的目标。既没有明确指出需要控制成本，也没有规定净资产利润率。利润水平规定为成本的 1%～3%，但是以成本定利润是与《管理办法》不相符的。

承受能力是影响水价和水价结构的一个因素。居民用户的水价比其他用户低，且新水价的执行可能比其他类型用户滞后，例如 1994 年居民用户新水价的执行就滞后了一个月。

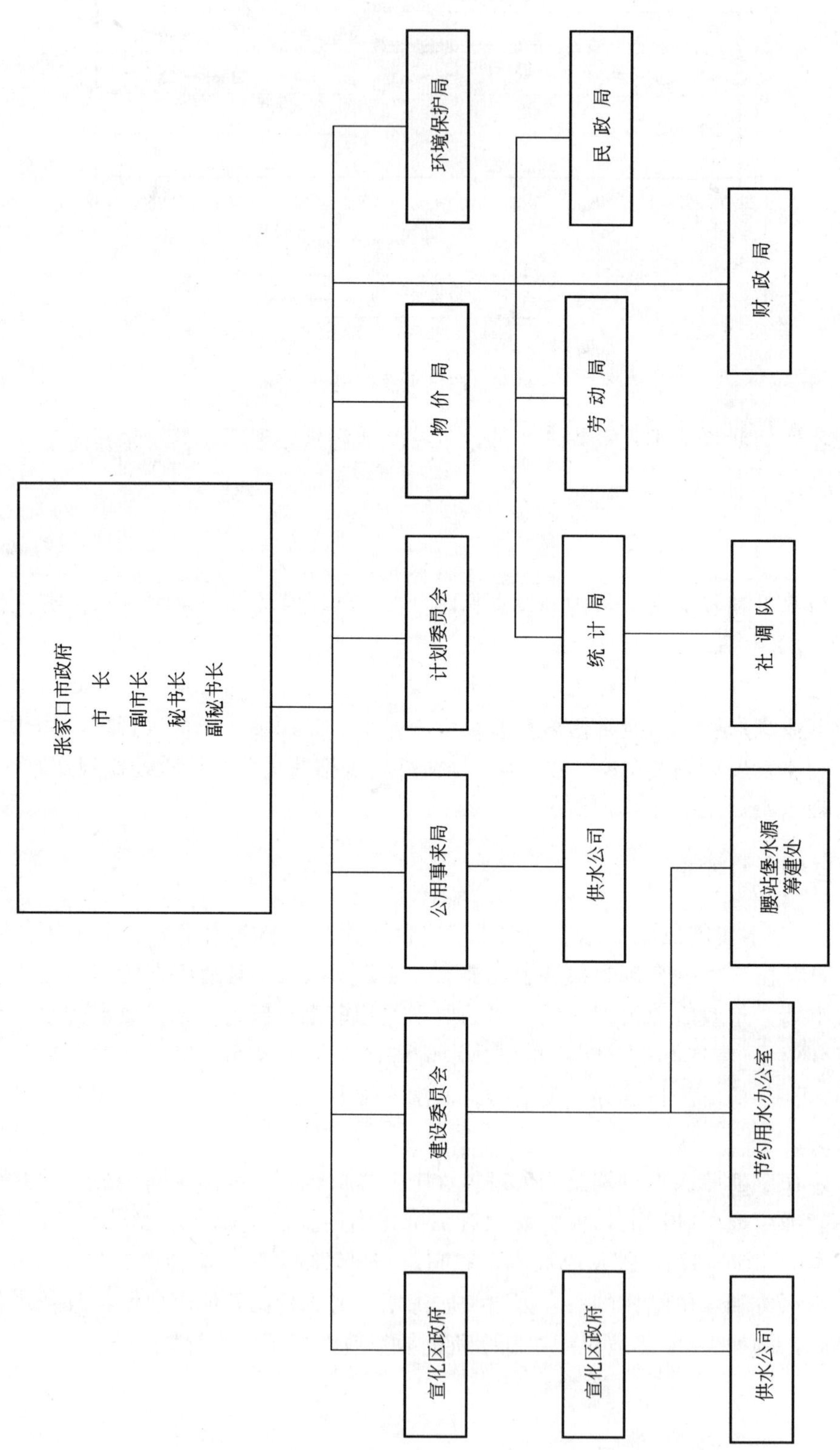

图 9.2 张家口市政府组织机构图

9.2 水 价 改 革

在技援专家组协助下，张家口市进行了水价改革，现将情况概述如下，所提的建议可供其他城市供水公司参考。

9.2.1 制定实施细则

张家口市城市供水价格管理实施细则是根据《管理办法》并结合地方实际情况制定的地方水价准则。细则的颁布为水价制定提供了法律依据，同时也提高了水价调整过程的透明度和效率，因此是张家口市水价改革重要的一步。一旦细则实施后，对新水价进行管理，包括规范水价目标，标准的水价申请格式和计算方法。

《管理办法》中规定的成本补偿、合理收益、节约用水和公平负担的水价制定原则，是制定地方水价条例的依据。但是实施细则必须考虑地方的条件，包括：

1. 关键的术语须明确定义；
2. 对某些条款加以解释；
3. 重组某些条款；
4. 提供细节使条款可以操作；
5. 增加条款，例如贫困户的社会帮困计划以及家庭用户递增式水价计算等；
6. 删去当地不适用的条款，例如季节性水价。

为了制定地方水价管理实施细则，张家口市物价局和公用事业局在副市长的直接领导和专家组的协助下，起草了《管理办法》实施细则草案，分发到有关部门和供水公司征求意见。汇总这些意见后，对草案作了许多修改，经司法局审核后，上报张家口市政府审批。2000 年 9 月 21 日，张家口市政府专门为水价改革召开了市长常务委员会会议，通过了《张家口市城市供水价格管理实施细则》，并于 2000 年 9 月 26 日正式公布。它是根据《管理办法》制订出的第一部地方水价管理实施细则，也是中国第一部城市公用事业价格管理实施细则。张家口市按照《张家口市城市供水价格管理实施细则》，计算，制订并批准了新的水价。

张家口市水价改革的经验是：

1. 地方政府的意愿和支持是实施《管理办法》的关键；
2. 需要有副市长牵头的地方协调委员会和协调办公室以检查地方实施的成效；
3. 指定高级官员为技援协调员极为重要。

建议：

- 须优先制定地方实施细则，可为水价调整提供法律依据；
- 强有力的地方领导是成功的关键。在市长的直接领导下，可增加所有参与部门的工作凝聚力。水价改革过程需要有经验协调员的指导和适当的技术援助；
- 应根据《管理办法》制订地方实施细则；
- 必须考虑当地具体条件。

9.2.2 机构精简

在新的实施细则中，明确了水价申请和审批过程中各部门的作用，并简化了管理程序。现在由张家口市供水公司提出水价调整申请，申请时应有明确的水价目标。张家口市物价局负责审批调价申请，在征求公用局的意见后，物价局开始着手审核申请报告。与此同时，物价局组织公众听证会以审查水价调整申请，最后由张家口市政府批准水价。这一手续避免出现以往申请时的长期拖延现象，同时也提高了效率并强化了有关部门的职责。

地方一级政府单独审批水价增加了他们决定水价的权力，并且促进了供水公司为增加财务自主权的努力。在《管理办法》的指导下，分清物价局和供水公司的责任，可以减少双方利害冲突。

建议：

- 地方政府应是最后的水价批准机构，而上一级政府应将水价申请记录在案，并保持审计水价的权力；
- 物价局是水价审核过程的领导机构；
- 公用事业局仍应是供水的领导机构；
- 在水价审批过程中公共听证会是必要的。

9.2.3 水价调整申请

当供水公司不能补偿成本时就要提出水价申请。每年应结合预算准备过程加以检验，如果来年基建和运营预算计划中的成本，不能由现有水价和预算年的计划售水量来补偿时，就须在编制预算的同时，准备水价调整申请。如果在下一个预算年之前做好调价申请，并且及时审批，将可防止供水公司亏损。

水价申请应是供水公司综合财务计划的一部分，而财务计划应每年修订一次，侧重于今后的 12 个月，但也可有长期的指标。长期财务分析可为未来提供资金筹集计划。

张家口市物价局、供水公司和专家组已经提出对水价调整申请和所附文件的要求，内容如下：

1. 书面说明调价的原因；
2. 如果水价结构有了变化，应说明原因和条件；
3. 概述预算的运营成本和基建成本；
4. 成本补偿计划，应说明希望通过售水量的收入，其他费用和收费以及额外的贷款基金和资金分配；
5. 现行的和建议的水价，并提出可供选择的水价；
6. 供水公司的最近运营状况；
7. 用户和需水量增长的预测；
8. 计划的运行、维护和管理成本；
9. 说明成本补偿、现金流量、承受能力、成本控制及其他与水价调整有关事项的目标；
10. 10 年资金计划，包括资金支出、补贴、利息率等的条件；
11. 近期的财务报表；
12. 现行和建议水价的财务报表预测；
13. 建议的水价对用户的影响；
14. 水价调整的实施计划。

建议：

- 水价调整申请时必须有上述附带文件；
- 每次水价申请的全部信息都应采用标准格式；
- 财务数据应列表，做到条理清楚，易于理解，并注明条件以及与上一年相比的重大变化。

9.2.4 水价的财务计划

专家组应用 10 年财务规划模型向供水公司和有关部门人员介绍了财务管理概念和方法，规划模型见表 9.2。根据运行、维护、管理等项资金需求和债务等的预测，可用该模型计算水价，得出预期损益表和现金流量。

水价的10年财务模型 **表9.2**

第一部分——测试年价格

工作表1——价格计算和分析，输入测试年数据；计算收入需求；改进测试年价格表以及评价财务状况和居民承受力

第二部分——价格预测

工作表6——详细的价格计算，计算10年的价格表，根据计算的价格或用户指定的价格预测收入和支出

工作表5——固定资产和资金成本，预测固定资产和长期贷款，计算贷款成本和资金需求

工作表4——运行、维护和管理成本，预测运行、维护和管理成本

工作表3——设施需求，预测接管成本，售水量和生产能力需求

工作表2——数据输入和分析，输入预测数据和假定，输入要计算的价格的用户指定的价格，评价财务影响和边际成本

财务模型和方法可以明确水价申请目标，并且提供可供选择的成本、债务、需水量增长和水价调整假设对成本补偿、承受能力和其他关键目标对水价的实际影响。

长期财务计划包括预期模型，以预测未来5～10年的收入和成本、盈利和亏损、资产负债表科目和现金流量等。长期财务模型的主要目的是检验在不同的决策和管理条件下，如何影响供水公司的财务状况。由于缺乏所需数据以及使模型相对较为简单，所以模型中不包括弹性计算。

建议：

为了支持水价调整申请须应用财务管理概念和方法。

9.2.5 水价调整

技援专家组在试点城市工作期间，张家口市政府和供水公司面临债务成本的困难，国内外的贷款已达1.04亿元，用于建造投资为2.3亿元的新水厂，而供水公司现有资产约为7000万元。

专家组分析了当地准备的水价调整申请报告，核对了各项成本分类。申请报告中建议平均水价增长57%～78%，但没有仔细考虑债务成本。专家组从成本补偿、承受能力、节约用水和允许利润等方面评议了申请报告。

预期财务分析已经完成，可以预见10年计划期内不同水价的结果。此时召开了多次工作会议，讨论成本和售水量，并在输入数据和假设方面取得了一致意见。假设是基于严格的成本控制和售水量保持不变。通过专家组所开发的财务计划模型的应用，引进了财务管理的概念。预测的内容有用水量、运营、维护和管理成本、债务、利润、折旧和现金需求。

预期财务分析中考虑了若干种多年水价调整表以及可供选择的债务和水价调整方案。专家组研制了水价调整建议方案，包括6年水价调整和资金财务计划，如表9.3所示。该计划有明确的成本补偿目标，并且达到承受能力的要求。如与以往申请相比，水价增长较少，且每2年调整一次而不再是每年一次。预测供水公司的利润水平符合《管理办法》的规定。

张家口市水价调整计划(2000年11月)(元/m^3) **表9.3**

年　份	2000	2001	2002	2003	2004	2005	2006
与上一年比较的水价增长率(%)		48	0	32	0	32	0
生活用水	0.75	1.13	1.13	1.49	1.49	1.96	1.96
利润水平(%)		−5.1	−5.1	1.6	1.9	8.3	8.1

注：到2006年底可还清1.04亿元贷款。

最终提出了每隔2年调价和6年内偿还全部债务的策略性计划。计划中开始几年将依然亏损和现金短缺，而需短期筹资。分析表明，到第6年末，所有债务都可偿清，全部其他成本将完全得到补偿，利

润水平在《管理办法》的规定范围内，会开始出现现金储备。上述结果是按承受能力制订的水价所作的预测。这一水价调整建议作为最后的水价调整申请，经市政府批准后，于2000年11月1日起生效。

需要着重指出的是，所开发的10年财务计划在10年预测期内并不是一成不变的，水价计划只和来年有关。对于今后年份来说，计划只能提供一般性指导。计划有灵活性，可随时间和条件的变化随时修改。另外，为了成功实现计划，成本控制是很重要的。

建议：

- 合理的水价调整计划必须有基于完全成本补偿以及债务和利润的财务计划；
- 应按数年时间制订水价调整计划。

9.2.6 承受能力评估

在水价调整时还没有评估承受能力的方法或准则。专家组考察了地方的社会经济状况，访问了社会福利机构，进行过家庭调查，完成了承受能力的分析，建立了承受能力评估系统和准则。应用地方的社会经济统计数据和家庭调查数据，通过分析认为居民可以承受建议增加的水价。

根据当地平均家庭和贫困家庭的收支情况统计，估计了家庭在水费方面的支出。根据1999年政府每年的家庭调查和2000年技援所进行的家庭调查数据，完成了承受能力分析，张家口市统计局的社调队进行了两者的调查。假定供水承受能力的界限值是家庭收入的4%，则贫困家庭水费支出的预测值是，第一次水价调整后水费支出为家庭收入的1.4%，2006年为2.4%，两者都低于4%。因此承受能力不是一个重要问题。

承受能力分析使地方政府消除了水价增长可能引起社会不稳定的顾虑，因此水价调整易于批准。实践经验表明，明确而合乎逻辑的分析有助于解决承受能力的争议。在公众听证会、公众公告以及水价调整审批时均可应用分析的结果。

建议：

- 应建立承受能力评估系统和准则；
- 为了评估承受能力必须进行社会调查；
- 以家庭收入的4%作为承受能力的界限值是评价承受能力的有效方法。

9.2.7 社会帮困计划

专家组提出了城市贫困家庭的社会帮困计划以减轻水价调整的影响。在张家口市《管理办法》实施细则中已列入社会帮困计划的条款，由此确定了供水公司和有关机构的法定义务，即设法为城市贫困家庭减轻水价负担，缓和水价增加所产生的影响。这样有助于促进社会稳定，并使供水服务得到普及。它是公用事业中第一个城市帮困计划。张家口市政府深信，这一举措将对其他公用事业部门完成类似的计划有重要的影响。

张家口市《管理办法》实施细则中规定，必须帮助贫困家庭，并且允许财务上有困难的企业，可以申请延长支付水费的期限。张家口市城市贫困家庭减免计划已由市民政局和供水公司共同拟订，措施是现金补助。贫困家庭每月可以享受5m^3水费的现金补助，由供水公司每半年发放一次。该项计划得到政府及其有关部门、人大和公众的欢迎。在张家口市，下岗工人和困难家庭分别在工会和民政局管理下，认定获得补助的资格。

建议：

- 据目前社会条件，极需要有社会贫困家庭减免计划；
- 可以采用不同措施以帮助贫困户；
- 帮困计划应遵循政府的社会援助计划。

9.2.8 公众教育

张家口市采取多种措施以提高公共意识，并对用户进行教育，包括政府和公众会议、媒体宣传和其他活动。曾经多次召开大型的政府会议以宣传《管理办法》的实施和水价改革。例如张家口市召开过有300人以上由地方政府和区县级官员参加的水价研究会。大会上专家组就亚行技援项目、《管理办法》的实施、成本补偿、承受能力、水价改革、水价的国际经验、节约用水、环境保护等问题作了发言。参会人员获得了《管理办法》实施、水价改革、节水等的信息，再转告他们的同事、家庭和亲属，从而增加了宣传效果。

张家口日报报导了水价调整和公众听证会的信息，并专文评述水价调整和节水的重要性。张家口电视台在不同的栏目对水价调整每天宣传2次。张家口广播站也播出了水价调整的消息。张家口日报发布了水价调整的有关事项，用户们普遍表示对水价调整的理解和支持。

在公众听证会后，继续进行水价调整、供水成本补偿和节约用水方面的宣传。张家口市政府发布了水价调整的通告，包括调价目的、不同类型用户的水价和调价日期。

张家口市供水公司分发了400份大型年历，用以宣传水价调整和节约用水。实行新水价的前10天，供水公司用宣传车向公众宣传水价调整有关事项。

建议：

- 采取教育方法，提高公共意识，使水价调整获得各方支持；
- 可用不同宣传方式，如会议、媒体宣传和发放教育材料。

9.2.9 公众听证会

《管理办法》中规定水价调整时应召开公众听证会，会议目的和公众教育不同。听证会在于相互沟通，并为供水服务商、用户和水价制订者提供相互了解的机会。特别是公众会议可使政府了解公众对供水以及供水服务包括水价政策的看法。为此，专家组非常强调听证会。张家口以前并未举行过为水价调整而召开这类会议，所以专家组积极参与准备，使会议得以召开。

准备工作包括：调查公众对水价改革的兴趣和想法，起草供水和水价改革方面的材料，将上述材料和邀请信发给公众代表和相关机构。

张家口市第一次听证会是在市政府发布《张家口市城市供水价格管理实施细则》后的次日召开，由市物价局主持会议。会议在宣布《张家口市城市供水价格管理实施细则》后，由专家组应邀首先发言，对《管理办法》实施、可持续供水、成本补偿、节约用水、承受能力、用户权益和帮困计划方面发表了意见，为接下来的水价调整讨论打下了坚实的基础。会上，供水公司介绍了水价调整申请情况，物价局发表了初步的评价意见，接着进行热烈的讨论。每一代表表达了自己对水价调整和节水的看法。会上的讨论集中在节水、供水成本、成本补偿和成本控制等问题。经过讨论，提高了对供水成本和供水发展的理解，增强了成本补偿和成本控制的认识，会上供水公司代表回答了有关问题，说明了水价调整和可持续供水的关系。全体代表一致支持为补偿成本和债务所作的水价调整，调价对于供水服务的可持续发展、节水和帮助贫困户都是必须的。

根据会上的讨论意见，物价局对建议的水价调整申请总结为：

1. 是一个强化公众节水意识的有效方法；
2. 符合政府政策；
3. 供水公司偿还债务是必要的；
4. 与其他城市相比，水价还是低的；
5. 考虑了用户承受能力和供水公司的长期发展。

建议：

• 《管理办法》要求召开公众听证会。各地应当用以促进水价改革；

• 公众听证会事先的充分准备非常重要，应该从公众利益出发，写出清晰的背景材料。会议目的是既让公众理解水价调整又能得到公众反馈的意见。会后，可将代表们的意见纳入水价建议中并用以改进供水服务。

9.2.10 允许利润

张家口市在水价改革后着手水价调整，其依据是净资产利润率的计算而不是销售成本，这是和张家口市实施细则以及《管理办法》相一致的。此外，当外来资金用作项目资金时，建议的水价调整计划符合最高利润率小于12%的要求。调价申请中的利润水平也能满足现金需求。

建议：

• 调价申请中应按净资产计算利润；

• 最高利润率应在《管理办法》规定的范围内；

• 根据需求制定利润水平。

9.2.11 取消不合理收费

取消不合理收费后，所有用户只交纳规定的水费。多项的地方费用和收费已经取消或即将取消，这些收入在会计上的处理，建议加以修改，以符合《管理办法》中有关取消收费的规定。

建议：

• 不合理的费用和收费应该取消；

• 所有来自用户水费的收入应计入供水公司财务报表中；

• 须明确其在产生利润和股东权益分配方面所起的作用。

9.2.12 节约用水

专家组对张家口市需水量和供水能力的分析表明，未来一段时间的供水能力已经足够，但是节水工作还是很重要，因为水资源是有限的，并且再要扩大供水能力也是不现实的。

张家口市节约用水办公室于2000年6月发布的《张家口市城市节水规划(1999—2010)》中，节水目标是：

1. 贯彻执行《城市节约用水管理规定》和《城市用水定额管理办法》；
2. 制订主要工业产品的用水定额；
3. 建立城区和不同部门节水统计数据库；
4. 加强宣传，建立“节水模范户”；
5. 工业用水重复利用率2005年达到75%，2010年为89%(不包括电力工业)；
6. 工业万元产值用水量，2005年降至78m^3，2010年为67m^3。

为了提高节水效果，建议如下：

• 根据工业产值或历史用水量数据所确定的工业用水定额并不太适用，由于工业结构和生产工艺的不同，就有不同的用水和循环用水的方式。但是确定每一企业的实际用水定额并加以执行是很困难的，这需要政府部门和用户的共同努力。

• 由于张家口市的水资源有限，所以只对企业进行经济处罚是不够的，今后可考虑经济处罚与停止供水服务相结合的措施；

• 可对水的分配、用户间问题的解决进行评估，并纳入计划。

在改善生活标准的前提下，用水和节水目标之间在可能今后存在矛盾。一方面，与全国城市的平均水平相比，张家口市的生活用水量是相当低的；但是另一方面，张家口市的水资源虽不充沛，可是供水能力却是绰绰有余。要最大限度地利用现有的供水能力，就需要协调为保证长期可持续发展而节水与因生活水平提高而增加用水量的关系。

提高水价可以起到节水效果，但由于张家口市的节水加价费很高，以及部分大用户的经济状况不好，所以节水加价收费的账单回收率低。那些付费的用户，是用水量较少所付水费相对较低的用户。这种情况下，高的节水加价费和较高的水价难以达到预期的节水效果。由于收账的困难，计划采用两种方法：一是对居民用户采用递增式水价，另一是各类用户之间实行新的水价差异。《张家口市城市供水价格管理实施细则》提出应逐步实施三级递增式水价，根据家庭用水情况，专门设计了分级水价结构。第一级按每人每月用水 3m³ 计算，第二级为 3～5m³，第三级用水在 5m³ 以上。第一级是以低水价满足基本生活用水量需求，通常称为最低水费，这一级是为了保证困难家庭用得上水。制订第一级用水量限额时，考虑了承受能力、满足基本需求的水量和现在的用水情况。第二级的用水限额可满足目前和生活水平提高后的正常需求。第三级采用高水价，可满足特殊需求或超额用水。级数越高，水价相应增加，将有利于节水。

最近一次水价调整时，采用新的用户分类，其中包括用水量大的工商企业，为了加强节水，这类用户的水价最高。

只是提高水价可能不足以达到节水目标，还是需要对居民和工业企业进行有效的节水宣传，教育用户提高节水意识是节水计划成功的关键。现在张家口市所采取的措施是每年有“节水周”，并利用新闻媒体大力宣传水资源保护和节水的重要性。

建议：

- 采用递增式水价以鼓励家庭用户节约用水并以此帮助困难家庭，这一做法值得提倡；
- 每级用水限额应考虑地方条件细致制订；
- 须加强公众教育提高节水意识。

9.2.13 需水和供水预测

为了评估供水公司的基建计划和供水能力需求，专家组研究了需水和供水条件以及需水量预测，同时也评估了现有节水计划和水价改革对节水的影响。需水量预测基于所调查的用水情况而不是依据设计参数，因为应用较现实的需水量估计可以减少基建成本和不必要的水价增长。

地方有关部门预测的最高日需水量为：2005 年 286000m³/d，2010 年 319500m³/d。如果预测是准确的，那么到 2010 年张家口市供水总公司的供水能力将不能满足最高日需水量的要求。因此，建议另行开发一套非饮用水供水系统。但是鉴于腰站堡新水厂有多余的供水能力，并且需水量增长缓慢，上述预测可能是不现实的。专家组根据历史用水量增加情况的分析，以及人口增长和经济发展的趋势，进行了需水量的研究。分析表明，现有供水能力将有可能满足 2010 年的需水要求，但是某些地区的配水系统存在严重问题，将会影响供水服务，这应是下一个 10 年基建计划的重点。

当供水能力远超过由需水量增长或水厂设计规模确定的供水能力时，就有过剩的生产能力。如果计划期内的投资计划做得尽量完善，使投资到较大供水能力的成本与建造较大规模水厂所节省的成本之间达到成本效益平衡，就可避免出现过剩供水能力问题。

建议：

- 为了保证供水能力的投资既能规模适当又能有效规划，应根据当地条件和用水情况进行现实评估，然后制定需水量计划；
- 在开发供水能力和配水系统时应采用平衡方法。

9.2.14 成本控制

成本控制是供水中的主要问题。有效的成本控制可以在水价增长尽可能少的条件下，达到高质量和可持续的供水服务。在1995～1999年，张家口市供水公司的成本平均每年增长率为13%，这与同期中国的低或负通货膨胀相比算是高的。

成本控制不力的最重要因素是机构设置。过去的体系是在供水公司财务亏损时才批准水价申请。在供水公司预算程序中没有特定的预算指标也没有外部控制。预算每年编制，但是否确实按照预期的水价收入来制定，并未经过政府审核。为有效的成本控制可以采取许多措施。近期，预算控制是最重要的因素。如有适当的机构安排，将外部预算审核程序与水价审批程序结合起来将有利于成本控制。

长期来看，机构改革和引入竞争机制将为成本控制提供充分的机遇。机构改革包括股份公司制和机构改组，据以增加供水公司的独立自主权和责任感并加强内部财务控制。

可用多种方式引入竞争力。私有部门的作用可从有限服务合同(例如特许经营或外部采购)扩大到完全私有化。特许经营合同的范围通常很小，如读表、时间不长的检漏等。综合性的长期特许运营合同范围可以包括供水公司大部分经营活动，例如水处理厂的运行。在上述两种情况下，合同的作用是规定私营公司的权利和义务，既有在特定的一部分经营中应承担的责任，同时明确订立工资报酬，例如基于销售水价的报酬。

如张家口市所开发的10年财务预测和6年水价调整计划为私人参与特别是特许运营确立了良好的基础。张家口市政府和张家口市供水总公司促使按此步骤进行。

建议：

• 成本控制应采用各种措施。机构改革是最重要的长期措施，包括供水公司在竞争投标基础上的特许经营或外部采购；

• 私人参与引入竞争应是成本控制的一种方法；

• 供水公司考虑私人参与供水运行时，应准备长期财务预测和水价调整计划，以便在评估私有部门选择权时以及与潜在的私有部门股东讨论时得到支持。

9.2.15 未计量水

张家口市的未计量水率不到10%。管网渗漏是未计量水的主要原因，因为部分配水系统是1937年敷设的。另外因管网系统的压力高以及产水能力与配水能力的不配套，以致某些地区的管网出现故障。配水系统的水量核查和检漏是控制管网水量损失的方法，张家口市在这方面正在不断更新。进一步的措施是建立管道情况，检漏活动的数据库，这将会提高供水公司能力来计划和管理更有效的程序。此外，还应努力控制无水费收入的水，包括用户水表并不记录的一部分水量、冲洗干管道用水、公共绿地浇洒用水等，这些并不属于未计量水。对于公共用水可以计量并加以记录，水表误差可以校准或更新。

假定控制和减少无水费收入的水包括未计量水有适当的措施，那么供水公司应在水价中补偿包括未计量水在内的成本。按照国家规定以及对未计量水率有重要影响的地方，可以制订未计量水的标准。一旦标准确定后，就可订出未计量水控制计划，同时引入经济激励机制以降低未计量水量。

建议：

• 根据地方具体条件规定未计量水标准；

• 应引入降低未计量水的经济激励机制。

9.2.16 家庭单独装表计量

为了改进供水服务质量和更好的推行递增式水价，张家口市实施细则规定，在细则实施3年内，应装表到户、抄表到户、计量收费。新建住宅必须每户安装水表。对原有住房，供水企业应根据实际情况，采取措施，保证装表到户，进行维修、读表和计量收费。专家组调查了家庭水表情况，并在目前装表条件下用递增式水价方面提些看法。

建议：

• 应根据地方条件逐步实现装表到户；
• 地方政府可在政策上加以支持，以加快装表到户的速度。

9.2.17 水资源保护

水污染控制和地下水保护是保护城市水资源所必需的措施。现在正在计划建造污水处理设施。其他可用的措施包括制订工业废水控制的有关规定，更好的土地利用规划和公众教育。在供水方面，节约用水和水价政策都可以降低用水量、水厂自身的用水量和未经处理的污水排放量。收取污水处理费可为污水基建工程建设和运行提供资金。

建议：

• 污水处理厂须尽快建造；
• 应征收污水处理费，以促使节约用水并为污水处理厂的建造和运行筹集资金。

9.3 水价改革的影响

张家口市政府、有关部门和供水公司在水价改革方面取得了明显的成果，对中国的水价改革作出了重要贡献。其中，主要的成果是建立地方一级水价调整的法规体系，代替了以往由地方和上一级政府管理的旧体系。地方实施细则中明确了水价目标，规定了可以申请水价调整的条件。水价改革影响的最好说明是张家口市在实施中的受益：

1. 明确了物价局在水价调整中的主导作用；
2. 公用局的供水管理职能得到精简；
3. 财务计划可使供水公司在适当的时间框架内偿还债务，补偿全部成本并获得利润；
4. 市政府可在 6 年内偿还国内外贷款，并将有今后积累所需的资金；
5. 建设委员会有资金完成张家口市新水厂工程；
6. 居民用户可以承受建议的水价，贫困家庭可以从社会援助计划中受益；
7. 公众参与可增加水价审批过程的透明度，促使成本控制，改善供水服务，增进对调价重要性的认识，最终有利于支持水价调整；
8. 成本控制和水价增长的机构能力得到加强；
9. 适当提高水价和合适的水价结构有利于节约用水。

张家口市的多年水价调整建议还有其他好处。例如，建议的财务计划提供了政府与供水公司之间服务合同的基础，而合同是控制成本的手段。长期财务计划也是吸引私人投资者的一种方法。这一建议可以达到成本补偿、偿清债务和承受能力的目标，所以受到张家口市政府、有关部门和供水公司的高度赞赏。

9.4 结论和建议

专家组通过现场调查、研讨会和各种会议，与官员交谈看法等活动，在许多方面都获得了共识。在各种场合都宣传了《管理办法》，并且建议早日实施。深入地考虑了现有水价体系和供水公司成本。明确了现有地方水价系统与《管理办法》规定的水价系统的差别。评估了为减少成本或消除这些差别会遇到的困难，提出了克服困难的办法。本项研究特别是张家口市的试点研究对促进中国的水价改革已经产生了重要的影响。政府已认可了技援工作的成果。

以下是对今后水价改革的建议：

• 中央政府加大水价改革的力度是非常重要的而且显示了效果。现在考虑的各项新政策，其意图是：

① 努力实施《管理办法》；

② 加强节约用水；

③ 对水价制订和审批有合理而简化的管理机制；

④ 鼓励供水公司改革；

⑤ 促使市政府支持水价改革并承担义务；

• 因为水价与所有地方政府和城市居民的关系密切，建议国务院发布强化水价改革的政策；

• 宣传张家口市水价改革的经验，以推动其他城市的水价改革；

• 水价改革实施可分两期进行，每一期的完成时间为 8 个月到 1 年。第一期可包括省会城市、自治区和直辖市。第二期分别包括地级和县级城市。每一期的工作可以参照张家口市水价改革的经验。但是在每期结束时应总结新经验以指导今后政策的制订；

• 建议建设部和国家计委组织专家组继续进行技术支援，专家组可为他们提供参考意见；

• 供水企业须进行机构改革，包括增加供水公司自主权和责任感的股份制以及引入竞争的私人部门参与经营活动。这种改革可和市政府的机构重组相协调，为实现机构改革需有相应的政策和法规。

10 福州试点研究

10.1 背　　景

福州市是福建省的省会城市，是重要的商贸中心，也是国家级的历史文化名城。

闽江为福建省第一大河，流域面积 60992km^2，总长 2959km。1936～1980 年间的平均年径流量为 552.7 亿 m^3，最大流量为 1992 年的 30300m^3/s，最小流量为 1971 年枯水季节的 196m^3/s。闽江自西向东穿过福州市的南部，将福州市分为江北和江南两个区。敖江在市区以北 20km，为福建省第二大河，流向也是自西向东，其流域面积为 2655km^2，年均径流量为 30.4 亿 m^3。

福州市市区面积 102km^2，人口 136 万。福州市自来水公司为市区内的居民、工业、商业及机关用户供水。闽江为第一供水水源，敖江将成为第二水源。

福州市自来水公司成立于 1956 年，现有 6 个水厂，配水管网总长度为 1200km。1999 年，6 个水厂的年总供水量为 2.75 亿 m^3，其余年份的供水能力见表 10.1。

福州市自来水公司的供水能力　　**表 10.1**

水　厂　名	供水能力(m^3/d)		
	2000 年	2005 年	2010 年
西水厂	450000	450000	450000
老西水厂	70000	停用	停用
北水厂	150000	150000	150000
东南水厂	150000	150000	150000
南水厂	30000	停用	停用
城门水厂	100000	100000	100000
义序水厂	15000	15000	退役
合　计	965000	865000	850000

资料来源：福州市自来水公司，2000。

城市供水根据自然条件分为两个区域：江南区和江北区，虽然跨江有 4 条相互连接的管道，但两区各有单独的供水系统。东南水厂、北水厂和西水厂向江北区供水，而城门水厂、义序水厂和南水厂向江南区供水。

10.2 机　构　分　析

10.2.1 机构设置

福州市政府的组织机构见图 10.1。建设委员会主要通过各项目办公室、节约用水办公室和城市建设发展公司，负责管理、城市规划、项目筹备、建设、节约用水、公用事业资产管理及城市基本建设基金的筹集。

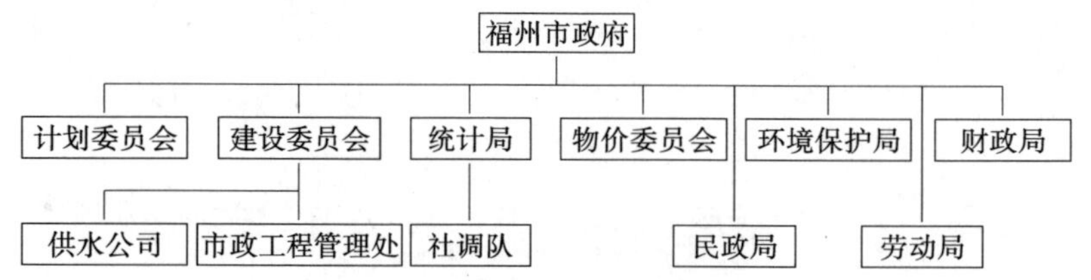

图 10.1 福州市政府组织机构图

福州市物价委员会负责管理水价条例。由于福州市是福建省的省会，所以其水价需要福建省物价委员会批准。

10.2.2 水价申请及审批程序

福州市上一次的水价申请过程，是由供水公司准备水价申请报告并连同附件一起提交给福州市建设委员会，福州市建委审阅供水公司的申请报告并核实供水公司的财务账簿，然后由建委准备水价调整申请报告呈送福州物价委员会。物价委的检查组进驻供水公司，对其成本和利润水平进行校核，并与供水公司一起进行商讨。对供水公司的财务执行情况进行校核以后，综合考虑诸如通货膨胀、价格水平控制、承受能力以及建委的意见等因素，物价委便向市政府办公室提交水价调整申请报告。申请报告在负责供水与价格的副秘书长和副市长中传阅。审批过程中，要求福州市建委和物价委向副市长介绍情况。一旦经副市长们通过，就将申请报告送市长及市长常务委员会会议审批。市长常务委员会会议对申请报告进行审核。会上所讨论的经常是承受能力问题。若会议对申请报告一致通过，物价委便准备一份申请报告报至福建省物价委员会审批。

福建省物价委员会按要求举行一次由人大、政协、消费者代表、企业和居委会等参加的听证会，这对审批过程很重要。水价调整申请获得听证会通过，并将其意见汇总之后，省物价委将正式批准申报报告。一旦福州市物价委接到省物价委的水价批准执行通知，便通知福州市建委、然后通知福州市自来水公司执行新水价，同时公告水价的变化。

10.2.3 水价审批机构改革

10.2.3.1 与《管理办法》的比较

将福州市原来申请程序与《管理办法》所规定的相对比，有以下几点不同：

• 《管理办法》要求，供水公司提交水价调整申请报告给物价管理部门(福州市物价委)，并抄送供水管理部门(福州市建委)，市建委将其意见送市物价委。而原申请程序是将申请报告先交市建委再交市物价委。

• 《管理办法》将水价申请报告交地方政府最终审批，并报上一级人民政府价格和供水行政主管部门备案。原程序为由福建省物价委最终审批。

• 福州的水价制定目标是成本补偿、合理收益、通货膨胀和承受能力，这和《管理办法》的原则并不完全一致。

• 政府部门审批水价前，应召开听证会。专家组开始现场工作之前，原有程序中没有《管理办法》要求的听证会。

• 没有正式规定供水公司何时提交水价调整申请，而《管理办法》规定，根据成本补偿或为将来扩大供水规模筹集资金需要是申请的先决条件。

• 水价制定方法是成本加利润，其中利润来自售水量，这不符合《管理办法》应据净资产定利润的规定。

10.2.3.2 协助起草地方实施细则

在福州，专家组通过深入对话，使市政府领导认识到要有一部《管理办法》的实施细则——《福州细则》，并原则上考虑《福州细则》。专家组与福州市物价委、建委和供水公司一起，准备了《福州细则》草案。专家组对制定《福州细则》提出如下建议：

- 《管理办法》是制定《福州细则》的基础；
- 《管理办法》的管理权限为全国，《福州细则》的管理权限为福州市；
- 《管理办法》中的部分条款，如两部制水价的详细计算方法等，很难适用于福州具体情况，故《福州细则》中将不予列入；
- 其他条例如《福州市城市供水条例》中已有的条款，《福州细则》中不再列出；
- 将术语(如水价构成等)表述清楚；
- 补充供水公司成本控制的内容。价格及供水管理部门应该审查供水公司的经营活动及其成本，确定合理成本，保护消费者权益并实现公平负担；
- 增加条款，以便根据节约用水、公平负担、承受能力和环境保护以及地方具体情况等确定阶梯式水价的各级水价水平；
- 应清楚说明申请及审批程序。

10.3 供 水 工 程

10.3.1 城市需水量

随着城市人口的增长、城市的发展和生活水平的提高，福州市的需水量也在增长，表10.2为1990～1999年的供水情况，近年的最大日系数呈下降趋势。售水量变化情况见图10.2。总用水量直至1998年一直在上升，以后则呈下降趋势。工业用水量自1994年以来一直下降，而居民用水量则呈现稳步上升的态势。商业用水量比较稳定，居民与商业用水占总用水量的份额已从1990年的64%上升到1999年的75%。福州市的用水曲线的变化与全国的用水量变化趋势相吻合。

福州市城市供水情况(1990～1999) **表10.2**

年 份	用水人口	年供水量(m^3)	最大日供水量(m^3/d)	最大日系数
1990	983000	178485600	563400	1.15
1991	991400	186648600	580 600	1.14
1992	1005000	194124300	591800	1.12
1993	1019000	213326600	671400	1.15
1994	1097000	238717100	778600	1.19
1995	1224000	254420100	791900	1.14
1996	1243800	260445000	813200	1.14
1997	1264000	273161600	841200	1.12
1998	1288000	286642500	870500	1.11
1999	1363300	274875500	831200	1.10

资料来源：福州市自来水公司2000。

表10.3列出了人均生活用水量和人均综合用水量。生活用水量包括机关和商业用水，这两种用水呈现相似曲线特征。最大的人均综合用水量出现在1994年，正是10年中工业用水量达到最高的年份。1994年以后，工业用水量逐渐下降，生活用水量持续上升。最大人均生活用水量为360L/(人·d)，出现于1998年，这一年的总用水量也是10年中最大的。虽然人均生活用水量在增长，但由于工业用水量的下降，总用水量也在下降。

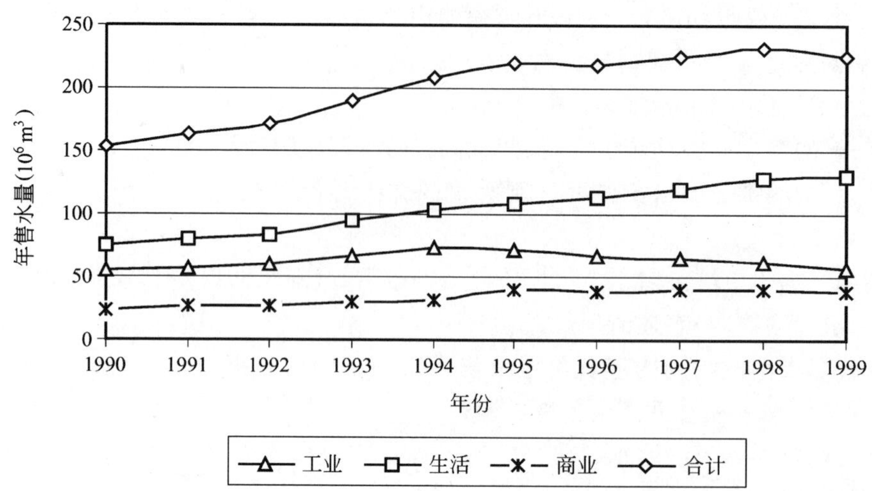

图 10.2　福州市自来水公司的售水量

福州市人均用水量　　表 10.3

年　份	人均生活用水量(L/(人·d))	人均综合用水量(L/(人·d))
1990	276	429
1991	293	451
1992	302	466
1993	334	512
1994	336	518
1995	332	492
1996	335	481
1997	347	488
1998	360	493
1999	340	453

资料来源：根据福州市自来水公司提供的资料计算，2000。

10.3.2　需水规划的回顾与评价

10.3.2.1　现有研究

福州市未来供水情况见《福州市城市总体规划》(1995～2010)(以下简称《总体规划》)和《福州市城市供水规划》(2000～2020)(以下简称《水规划》)。在《福州市西水厂扩建工程可行性研究报告》(Ⅱ-2期)以及《福州市第二水源与处理工程可行性研究报告》中，对福州市的需水规划作了研究。

《总体规划》由福州市人民政府编制，并于1999年5月经国务院批准。其中人口增长目标是：在城市区域内，2000年为144万人，2010年为170万人，这时城市总人口的2/3住在江北区，1/3在江南区。经济发展目标是：巩固第一产业，调整第二产业结构，特别是电子、轻纺等领域，大力发展商业、贸易、技术信息等第三产业。《总体规划》还对工业质量与效率的提高、生产力的合理化以及工业结构的调整提出了要求。

福州市政府批准了《水规划》。根据《总体规划》以及水质控制目标，《水规划》提出了供水能力的发展计划。

西水厂扩建工程的总处理能力为60万m^3/d。第Ⅰ期工程30万m^3/d已于1992年完工，第Ⅱ-1期15万m^3/d于1998年完成，其余15万m^3/d(第Ⅱ-2期)于2000年完成。《福州市第二水源与处理工程》

即“亚行敖江项目”将为福州市开发第二供水水源，项目包括：70 万 m^3/d 的原水输水干管，第一期 30 万 m^3/d 的处理及供水设施。两项研究使用相同的方法、数据和参数进行需水量的预测。

在上述研究中对需水量的预测采用了人均用水量概念，选用两种方法。方法 A 是用假定的年用水增长率并按 1987～1997 年的用水量数据进行线性回归分析，以预测人均综合用水量。年用水增长率在 2000 年以前假定为 2.2%，2000～2010 年采用 1.54%的增长率。

方法 B 是用生活用水、工业和其他用水的人均定额。生活用水包括机关和商业用水。生活用水量定额根据《室外给水设计规范》(GBJ 13—86)确定。《室外给水设计规范》(GBJ 13—86)中规定，平均日生活用水定额为 210～340L/(人·d)，最大日生活用水定额为 260～410L/(人·d)。2000 年前的工业需水量用以往用水量数据及 5.5%(《水规划》)和 4.5%(《可行性研究报告》)的增长率，2000～2010 年采用 4.5%(《水规划》)和 3.5%(《可行性研究报告》)的增长率。其他用水包括浇灌用水和漏失，以生活和工业需水总量的 25%计算。

应用 A 和 B 两种方法估算的需水量见表 10.4。预计 2000 年需水量为(102.45～109.51)万 m^3/d，2010 年为(137.93～154.78)万 m^3/d。《水规划》和《可行性研究报告》中用这两种方法的计算结果很接近，相差只有 6%～10%。

福州市自来水公司需水量规划 **表 10.4**

预测年份	2000				2010			
研究项目	《水规划》*		Ⅱ-2 期可研** 及第二水源可研		《水规划》*		Ⅱ-2 期可研*** 及第二水源可研	
预测方法	A	B	A	B	A	B	A	B
规划城市人口(万人)	144	144	144	144	170	170	170	170
城市人口供水普及率(%)	99	99	99	99	99.5	99.5	99.5	99.5
平均日综合用水量定额(L/(人·d))	628～650		657～668		732～750		778～817	
平均日生活用水量定额(L/(人·d))		330		330		360～380		380～410
生活用水量(m^3/d)		470400		470400		608900～642800		642800～693500
工业需水量(m^3/d)		242300		264300		376300		410400
其他用水(25%)(m^3/d)		178200		183700		246300～254800		263300～276000
日变化系数	1.15	1.15	1.15	1.15	1.12	1.12	1.12	1.12
最大日总用水量(m^3/d)	1029600～1065600	1024500	1077100～1095100	1056200	1386800～1420900	1379300～1426800	1473900～1547800	1474500～1545500

*《福州市城市供水规划》(2000～2020)；

**《福州市西水厂扩建工程(Ⅱ-2 期)可行性研究报告》，1998 年；

***《福州市第二水源与处理工程可行性研究报告》，1998 年；

注：1. 方法 A 是据用水量资料用回归分析方法估计的每人用水量；方法 B 是根据室外给水规范得出的每人用水量。

除两项在建工程外，《水规划》还计划将城门水厂的供水能力增加 10 万 m^3/d，并新建 10 万 m^3/d 的吉山水厂。福州市自来水公司已经确定这些项目，并将于 2010 年以前竣工，以满足长期需要并替换退役的水厂。

为了校核预测结果，将预测的最大日需水量与 2000 年以来的实际最大日用水量相比较。《水规划》和可行性研究报告中预测 2000 年的最大日需水量分别为(102.45～106.56)万 m^3/d 和(105.62～109.51)万 m^3/d，比 2000 年的实际用水量 84.9 万 m^3/d 高出(17.55～24.61)万 m^3/d，或用水量增长了 21%～29%。

预测值偏高可能有以下几方面的原因：

• 早期的历史数据和基准年的影响。在20世纪90年代初期，经济增长速度快，用水量增速相应也高。在90年代中后期，用水增速趋缓。《水规划》和可行性研究报告中虽使用了相同的预测方法，但所依据的基准年和历史记录不同，由此可以得出解释。《水规划》采用1987～1997年的数据，以1997年为基准年，所得出的预测结果比以1993年为基准年的可行性研究报告所预测的结果要小些；

• 实际的人口增长率比预测的小；

• 1994年以来，工业用水量实际上是在减少而不是增加。1999年的工业用水量几乎与1990年相同。然而在方法B中，《水规划》和可行性研究报告都假定为5.5%的增长率；

• 包括未计量水的其他用水按生活及工业总用水量的25%计算，而1999年实际的未计量水仅为17.9%。

因此可以认为2010年的用水量预测值偏高，故需进行修正。

10.3.2.2　预测需水量的修正

修改后的需水量预测考虑了人口增长和经济发展规划，依据的是历史用水量数据、用水增长模式及未来趋势，并考虑了当地具体情况。

在最近的用水量预测中，假定用水人口等于城市总人口，规划中预期在2010年以前因部分人口使用自备供水系统，因此供水普及率不到100%。如果用原来的高用水增长率来预测未来需水量，则由于近期用水量的下降趋势，使预测结果不能符实际情况。反之，如果不考虑历史因素和当地具体情况而仅依靠设计规范也是不现实的。因此，用水量预测时应采用历史数据分析与应用设计规范相结合的方法。

10.3.2.3　供水能力的发展及检验

在建的"福州市西水厂扩建工程"和"福州市第二水源及处理工程"，加上规划的扩建工程和新水厂，将使福州的供水能力2001年达到111万m^3/d，2010年达到150万m^3/d。

2001～2010年间各年需水量与供水量的对比见表10.5，其中需水量从2000年至2010年按线性增长计算。随着上述工程的完成，福州市的供水能力有望超过2000～2010年的最大需水要求。

2001～2010年的供水能力　　**表10.5**

年　份	城市最大日需水量(m^3/d)	供水能力(m^3/d)
2001	864000	1115000
2002	898000	1085000
2003	932000	1015000
2004	966000	1315000
2005	1000000	1300000
2006	1034000	1300000
2007	1068000	1300000
2008	1102000	1300000
2009	1134000	1300000
2010	1170000	1500000

尽管总供水能力可以满足需要，但仍须说明几点：

• 现有的和在建的水厂扩建工程，大多数位于江北区，但还有1/3的人口在江南区。为了满足江南区的用水，必须将水从江北区输送到江南区，因此需要铺设新输水干管和配水管网；

• 1999年对管网压力的测定显示，江南区有两个地区的管道压力低于国家供水压力标准0.14MPa，江北区有一处。总体上说，水厂的供水能力可以达到要求，然而，配水系统的能力不足以全部输送水厂的水量，无论现在还是将来，都需要扩建配水管网；

• 《水规划》的范围包括一部分郊区。如果综合考虑城区和郊区的发展，福州市供水公司便增加了一项为郊区供水的选择。根据规划，到 2010 年，郊区的人口将为 12.74 万人，最大日用水量为 8.5 万 m^3/d。自来水公司的供水能力(包括在建的和规划的)仍可满足 125.5 万 m^3/d 的城区和郊区需水量。如自来水公司有剩余供水能力，这一选择将会带来更多的用户和水费收入，当然必须考虑为扩大服务所增加的成本。

• 随着在建工程的完工，供水公司将会有剩余的供水能力。应该制定最大限度地利用富裕能力的计划。

10.3.3 未计量水

10.3.3.1 未计量水产生的原因

福州市自来水公司 1990～1999 年的产销差率见表 10.6。从 1990 年至 1995 年，产销差率从 11%到 13%上下波动。从 1996 年开始，产销差率增长到 16%以上。福州市供水公司的资料显示，管网系统自 1996 年以来有所扩展，管道的延伸和接口的增多导致未计量水的增加。

福州市自来水公司 1990～1999 年的产销差率 **表 10.6**

年份	产销差率(%)	年份	产销差率(%)
1990	13.86	1995	13.61
1991	12.70	1996	16.09
1992	11.97	1997	17.56
1993	10.66	1998	19.20
1994	13.07	1999	17.94

资料来源：福州市自来水公司，2000。

未计量水的组成有以下几种：

(1) 管网系统漏失

管网漏失的主要原因是管网的管道材质、施工质量，使用年限以及系统的检修维护，这些都对未计量水产生影响。

由于产销差率的上升，从 1997 年开始就在城市一些地区进行管网系统漏失控制，当年便发现了 34 处渗漏，修漏后估计可减少水量损失 12514m^3/d。1998 年对管网管线进行了勘察，建立了管网系统数据库、管理系统及 GIS 系统，探测到并修理了 225 处渗漏点。已设立了电话在线服务，便于公众反映漏水情况，使能及时采取措施，以减少断水时间并减少漏水损失。同年成立了漏水探测队，购买了先进的检漏设备，每天都进行漏失探测，还计划在夜间进行最小流速测量。管网系统的状况看起来还是比较好的。

为了降低产销差率，探测队于 1999 年总共探测到 61 处隐蔽的漏水地点，总漏失量可减少 471 万 m^3，产销差率终于开始下降。通过对产销差率影响因素的分析，继续采取相应的措施，以控制并降低产销差率。

(2) 计量

福州市自来水公司对所有用水服务都予以装表计量。对于多个单位比如单元楼的情况，每一用户都有自己的分水表，公司根据总表读数收取水费。物业管理或房产管理部门负责其管理范围内的用户收费。通常，总表读数与各分表总读数之差由用户负担。

用户的水表直接读数，水表读数输入手提的设备中，而此设备可与计算机连接，并将数据传输到记账系统中。另外还有 6 个远程读数水表用于大户，这种水表不用抄表员读数，可通过电话自动将水表数据传至计算机。现在，这些远程读数水表还处于样品测试阶段。

根据福州市自来水公司的资料，时常会有很多大用户的水表损坏，使未计量水量增加，据说是因用水量超过水表容量所致。

读表的日期也会影响未计量水量。读表工作虽然每天都在进行，但通常对各水表每月只读一次，而且哪一天抄表并不固定，然而用水量是根据本次读数与上次读数之差计算。由于不同月份的天数有相差，而且售水量和泵送水量读数并不是在同一日期，这也会引起产销差率的变化。

(3) 非法连接

与供水系统的非法连接是福州市自来水公司的一大难题。这一问题发生在由福州市自来水公司供水的边缘地区，对这种非法连接难以监控。

(4) 其他

水厂自用水、消防用水、管道冲洗、绿地浇灌及其他公共用水等是未计量水的另一构成部分。

10.3.3.2 未计量水的监控

福州市自来水公司近期要实现的未计量水目标定为16.3%。为了与建设部关于未计量水的评价系统相一致，福州市自来水公司于2000年4月建成了未计量水评价与控制系统，分3个阶段：

(1) 准备与启动

对销售管理系统进行重组，建立基本的会计系统，以便评价和控制未计量水。销售资料和记录可以反映影响未计量水的因素及未计量水量。本阶段的目标是加强未计量水的监控。

(2) 分析影响未计量水的因素

根据原来对未计量水产生因素的调查，进行深入分析，并提出未计量水控制的措施，据此建立相对完整的评价与控制系统。

(3) 工作计划

为了达到16.3%的产销差率标准，需要在流量测量、管网维护和运行等方面做好工作。为了防止未计量水的反弹，将按月或按年编制未计量水控制的工作计划。应用成本效益核算和优化方法取得最佳效果，以期进入全国未计量水控制的先进水平。

为了达到未计量水的标准，福州市自来水公司已经制订了清楚、详细的工作目标，有以下几方面：

(1) 流量测量

管网流量测量是有效控制未计量水的关键因素。精确可靠的测量设备是评价未计量水的有效工具。流量测量计划包括：水厂出水管的流量测量，水厂自身用水、市政用水(含绿地和道路浇洒)和消防用水的测量；用户水表的保养和校准，以期将装表损坏率降低至2%以下。

(2) 水量损失数据库

建立数据库以记录爆管信息(次数、管径和管材、漏水和修复时间、漏损类型、地点和原因、漏水量估计)，非法接管用水以及因计量错误导致的水量损失估计。

(3) 管网维护和运营

采取管网系统优化、检漏、阀门维修、按计划更新管网等措施，以降低漏失率至7%。

福州市自来水公司售水和管网部门负责控制未计水量计划，未计水量的高低直接影响到各部门职工的奖金。

10.4 城市节水

10.4.1 节水机构框架

《福州节约用水管理暂行办法》是基于国家《城市节约用水管理办法》和《福建省城市节约用水管

理暂行办法》制定的，于1992年由福州市政府发布。福州节水办成立于1982年，归属市建委领导，分两种三级管理层次，第一种是从节水办到用水单位上级主管部门，再到用水单位；第二种是从用水单位到车间再到班组。

《福州节约用水管理暂行办法》中规定了节水办在计划用水区内的职责，例如：节水办负责福州市的用水管理和节水计划，当制定供水发展计划时，节水计划和年度供水计划也应同时制定。工业节水计划、年度供水计划和用水定额需要同相应的用水单位一起制定。

10.4.2 节水计划

2000年的节水工作计划：

- 工业用水重复利用率要比上一年度提高1个百分点；
- 2000年工业用水量不超过9000万 m^3；
- 新增工业需水量的一半通过节水措施解决；
- 福州将通过以下措施成为节水模范城市：协调节水和水资源管理法规以完善管理系统；建立切实可行的、短期和长期的用水和节水可行性计划；制定合理的用水结构和系统，建立较高水平和合理的用水模型；

节水管理系统化和标准化；提高公众节水意识；节水指标高于全国平均水平。

10.4.3 节水实施

节水对象是工业、机关、院校和商业企业用户，节水实施就是为这些用户制定用水定额。定额根据历史用水量数据和工业产品产量、企业类型和规模制定，每月用水量超过1000m^3的非居民用户均在计划范围内，至今已有792个计划用水户。用水量超过定额的非居民用户必须交纳罚款。

节约用水设备和器具的推广是计划的重要组成部分，对用户节水工作要定期检查。

10.4.4 节水宣传

宣传工作集中在“水不是无穷无尽也不会自动从水龙头里流出来”这个重要概念，人们必须认识到水是我们赖以生存的重要自然资源，为了城市的可持续发展，必须重视节约用水工作。除了降低用水量和提高重复利用率，日常生活中还要使用节水型设备和器具。

宣传工作计划包括：

- 总体上提高社会节水意识；
- 加强节水管理，扩展工作范围；
- 利用经济杠杆提高用水效率；
- 推广使用节水器具。

10.4.5 节水效果

从1990～1999年的10年间节水工作取得了巨大成就，工业用水重复利用率从1990年的50%提高到60%以上，表10.7列出了详细数据。

福州节水成就 表10.7

年　份	减少漏失所节约的水量(万 m^3)	工业用水重复利用量(万 m^3)	工业用水重复利用率(%)
1990	1283	5348	50.40
1991	1238	6150	52.8
1992	1084	6418	55.2

续表

年　份	减少漏失所节约的水量(万 m^3)	工业用水重复利用量(万 m^3)	工业用水重复利用率(%)
1993	1163	9467	57.04
1994	1168	11079	60.23
1995	1026	12829	61.88
1996	1202	12846	62.91
1997	1249	12046	62.59
1998	1222	11611	62.76
1999	1283	10481	62.96

资料来源：福州节水办，2000。

10.5 供水水质控制

10.5.1 水源水质

1990年以来，福州市的城市化水平有很大提高，但供水能力不能满足用水需求已有8年历史，用水需求带来的压力很大。城市化水平快速提高带来的环境污染也在一定程度上影响了水源水质。

1995～1999年对闽江的水质分析显示，原水的理化及生化指标非常好，均符合《地面水环境质量标准》(GB 3838—88)的Ⅰ类或Ⅱ类水质。只有极少的污染现象，如悬浮物浓度从1995年的47.6mg/L提高到1999年的70.5mg/L。

但是，市区一些小型河流的水质已经恶化，有些水质指标如BOD_5不能满足国家原水水质标准，受污染的河水影响水生态环境和人民健康。

福州市虽是丰水城市，但从供水安全性的角度，市区以北20km的第二水源是必要的，这样可以充分保证原水水质符合国家标准。

10.5.2 水质监测

国家饮用水行业标准共分4类，其中Ⅰ类的要求最高，福州市自来水公司遵从Ⅰ类标准。

福州水质控制分3个层次的分析系统：

• 国家城市供水水质监测网——福州监测站的任务是分析原水、饮用水和水处理药剂，以满足国家和地方的水质标准要求；福州市监测站测试35项饮用水水质指标，每月测一次，88项水质指标每半年测定一次。

• 水厂分析——水厂实验室每2h对原水、沉淀后水、滤后水和出厂水进行一次浊度、余氯、pH值及其他指标的测定，每天对原水、沉淀水和出厂水的水温、色度、浊度和细菌等17项指标进行一次测定；

• 水厂班组分析——每小时对原水、沉淀后水和出厂水进行一次浊度、余氯、pH值等指标的分析。

水样从配水系统中的64个取样点采集，监测站负责日常管网水质分析以保证供水水质。福州市自来水公司保证水质达标率超过98.8%，一旦出现水质问题，公司会在4h内采取水样进行分析，并在5个工作日内告知用户。

供水系统的原水水质很好，经过常规处理即可达到饮用水标准。福州自来水公司出厂水水质可同时满足35项和88项水质标准。例如，管网的细菌总数、大肠菌群数、余氯和浊度，在1999年达标率分别是100%、99.82%、99.72%。1999年每月取水样化验的35项指标，平均达标率为99.84%。

福州市监测站由建设部和国家技术监督局授权，在建设部和福州市自来水公司领导下行使职权。1999年11月由福州市监测站编制的质量手册中，自来水公司经理表示，福州市监测站具有行使相关职权的授权，可以不受自来水公司经理的任何影响和干涉，从而保证公正地运行。

福州市自来水公司在水质控制上投入很大精力，1994年以来该公司每年投入100余万元用于水质监测，1995～1997年在国家供水水质控制评估中获得满分。福州市自来水公司计划建立一套完善的在线水质控制系统，现在有些分析测试项目已经在线监测。

国家技术监督局每5年对福州市监测站检查一次，审查合格后发给资质证书。福州市卫生防疫站负责定期监测配水管网的水质，以保证饮用水质量。

10.6 水价、费用和其他收费

10.6.1 水价

福州市水价和污水处理费如表10.8所示。原水单独销售，1999年原水水费收入154万元。

水价和污水处理费(元/m³) **表10.8**

用户分类	水　价	污水处理费*	合　计	附　注
居民和机关	1.00	0.15(1－10%)＝0.135	1.135	1999年5月1日起从0.75上调
工商业	1.00		1.135	2000年5月1日起从0.85上调
服务业	1.25		1.385	
原　水	0.30			原水分开计费

数据来源：福州市自来水公司；＊所有用户交纳同样的污水处理费，污水量按用水量的90%计算。

除基本水价外，现行水价包括以下部分：

- 城市建设费——居民为0.06元/m³，工商业用户为0.07元/m³，服务业用户为0.10元/m³。1998年以前该项收费占自来水公司水费收入的10%，这笔款项上交福州市财政局用于公用事业。
- 增值税——按6%收取，上交市政府。
- 其他税金——包括与增值税相关的约0.9%的税费，收入上交市政府。以上3项费用不列入供水公司财务报表中。

以上收费分类见表10.9。

现行水价收入分类(元/m³) **表10.9**

类　别	居民和机关用户	商业和工业用户	服务业用户
城市建设费	0.06	0.07	0.10
其他税费	0.008	0.008	0.01
增值税	0.053	0.053	0.065
基本水价	0.879	0.869	1.075
合　计	1.00	1.00	1.25

除基本水价外，约有0.121元/m³或13%的水费收入不属于自来水公司。

10.6.2 水价外的收费

下列收费列在水费账单上，但不包括在水价内：

季节性加价水费——从6月到10月间实行季节性收费，只限非居民用户。1993年5月福州市物价委员会首次提出季节性收费，现行收费标准见1999年5月18日福州市物价委员会发给福州市节水办的通知。这项收费由供水公司在水费账单中单独列项代收，以加强节水的影响。

此项收费基于用户用水定额，每一非居民用户均有定额，超过350m³/月的用水量将收取超定额加价水费，该定额由福州市节水办制定并输入收费系统。至1999年为止，定额按两种方式制定，即如果有相应的行业定额，则直接采用，否则按用户的历史用水量确定用水定额。由于这种方法存在缺陷，即对用户用水量的合理增长进行惩罚，所以每个用户的定额都需要检查调整。例如，对于用水量大的出口型企业，允许采用较高定额。加价收费见表10.10。

对非居民用户的季节性加价收费 **表10.10**

用户分类	用水量超定额时的收费(元/m³)			
	10%以下	10%～20%	20%～30%	30%以上
机　关	0.045	0.105	0.24	0.45
工商业	0.057	0.133	0.30	0.57
食品/服务业	0.075	0.175	0.40	0.75

数据来源：福州市物价委员会文件，1999年5月18日。

这些收入由供水公司保留使用并记作“其他利润”。1999年对用水定额重新评估以后，季节性加价收费由1995～1998年的800万～1000万元降至1999年的492万元。在超定额收费中不存在不能收取的问题，这也意味着收费是有效的。

季节性加价收费是符合《管理办法》的一种选择，但目前尚未规定作为水价的一部分。将加价收费纳入水价体系要加以注意，以保证充分考虑到对用户和运营收入所产生的影响。

增容费——对新用户或增加用水量的用户收取的费用，用以补偿水厂扩建的一部分成本，也就是说用户分摊了水厂的扩建费用。增容费由供水公司收取并上交财政局，用于支付基建费用或偿还债务，每年可收取2000万～3000万元，是供水公司保持基建资金独立性的主要资金来源。

10.6.3 污水处理费

1998年福州市政府发布了福州市污水处理费暂行规定，其主要条款如下：

- 城市区域内使用城市污水系统的所有单位与个人都应缴纳污水处理费。
- 污水排放量按用水量的90%计算。
- 福州自来水公司向单位及个人用户通过水费账单一起收取污水处理费。福州市市政工程管理处向非供水公司用户的单位收取污水处理费。
- 污水处理费上缴市财政，并用于污水处理设施的运行与维护。
- 福州市建委是污水处理费的管理机构。福州市市政工程管理处是污水系统管理部门，负责执行本规定。
- 自从征收污水处理费开始，便不再征收污水排放费和城市污水设施使用费。

2000年污水处理费从0.15元/m³ 调整到0.25元/m³。

污水处理费的调整程序与水价的调整程序相同。也存在与水价相似的问题，例如污水处理费水平相对偏低，不能全部补偿成本。完全的成本补偿需要增加收费。尽管现在还没有污水价格规定，但《管理办法》的相关条款以及有关污水处理费的暂行规定已为此打下了良好的基础，污水处理费将随着污水处理设施的发展而完善起来。

10.6.4 各类用户间的成本分摊

水价结构中居民和机关用户的水费负担较轻，而工商服务业的负担较重，这种政策产生的结果将在下文中说明。计算使用了1999年1月份水价，其中包含6%增值税和0.06～0.10元/m³的城市建设附加费，但不含原水费、污水费和季节性加价水费。

如果使用2000年水价会对分析产生失真，因居民水价调整于1999年5月完成，而那时工商业水价调整正在进行。

表10.11中的收入基于1月份水价计算，因1999年5月水价上涨后实际收入要高一些。

按用户类型的用水量和水价收入比较 **表10.11**

用户类型	用水量(10⁶m³)		比例(%)		
居　　民	83.52	37.0	水价(元/m³)	收入(10⁶元)	所占比例(%)
商　　业	25.78	11.4	0.70	58.46	32.7
工　　业	56.53	25.1	0.85	21.91	12.2
机　　关	43.93	19.5	0.85	48.05	26.9
服务业	15.81	7.0	0.70	30.75	17.2
合　　计	225.57	100	1.25	19.76	11.0

数据来源：根据自来水公司提供的用水量和水价数据所作的分析。

在现有的水价差异情况下，居民和机关用户用水占售水量的56%，其他用户占44%，但两者交费各占50%的年收入。服务业受影响最大，用水量为7%，交费达水费收入的11%，因此居民和机关用户是受益者，也就是从其他用户处获得了补贴。

季节性加价水费对公平负担的影响不大。表10.12为水费和季节性加价水费的收入分配。

水费和季节性加价水费的收入分配 **表10.12**

用户类别	收入(10⁶元)			百分比(%)
	合　　计	从水费	从季节性加价水费	
居　　民	58.46	0	58.46	31.8
非居民	120.48	4.92	125.40	68.2
合　　计	178.94	4.92	183.86	100.0

数据来源：居民水费收入来自表10.11，季节性加价水费基于财务报表数据，居民用户没有季节性分类。

季节性水费收入相对较少，不到水费总收入的3%，尽管对个别用户影响较大，但对整体来说影响不大。收取季节性加价水费后，从非居民用户处的水费收入从67.3%增加到68.2%。

10.6.5 水价计算方法回顾

水价计算时须考虑以下因素：

- 预期支出，包括运行、维护和管理成本、债务利息、债务本金和其他资金成本需求。
- 预期的各类用户售水量。
- 从总现金需求量的角度对资金成本(债务本金和利息以及投资)进行评估。
- 在设施基础上表示资金成本(利息、折旧和利润)。
- 按《管理办法》要求，对试行的两部制水价根据净固定资产计算利润率。
- 计算能够补偿支出的平均水价调幅。
- 根据过去各类用户水价的差异来分配提高后的水价，工商业水价接近平均成本，而居民水价较低于平均成本，服务业则较高。

从水价计算方法的评估中，可以看出水价的制定主要以成本补偿为基础，水价为自来水公司运营和偿还大部分债务提供了资金。居民用户水费低于平均水平，增强了居民的承受能力，但是居民的水价并非基于承受能力准则或者计算方法。

水价计算考虑了水价调整年份的预期成本和销售收入，但没有考虑以后的年份。

10.6.6 与《管理办法》的比较

现行水价与《管理办法》的比较见表 10.13。

福州市水价目标与《管理办法》的比较 **表 10.13**

《管理办法》	福州现行	说 明
水价结构应符合以下用户分类： ·居民 ·机关 ·商业 ·工业 ·特种用户	用户分类包括： ·居民和机关 ·工商业 ·饮食和服务业	用户分类较少
水价结构应为两部分，包括容量水价和计量水价	采用简单计量水价，对每一类用户均采用单一水价	福州正在考虑对非居民用户实行两部制水价
对旅游城市或用水季节性变化明显的城市允许季节性收费	对非居民用户收取季节性加价水费	季节性加价水费同季节性水费相类似，但目前未规定为水价的一部分
成本包括：供水成本、费用、税金、利润	成本包括：供水成本、费用、税金、利润	成本分类相同
充分考虑社会承受能力	水价申请时并未着重强调承受能力	承受能力是水价审批的一个目标
合理利润基于：(1)投资方为政府，净资产收益率不超过 6%；(2)投资来自企业，净资产收益率不超过 12%	利润目标未给出，利润计算以销售水量的百分率为基础	现行净资产实际利润水平低于 3%，这在《管理办法》规定范围内
水价应该有助于提高用水效率	季节性加价水费提高了用水效率	应用水表计量收费提高了用水效率，季节性加价收费进一步提高了效率

10.7 财 务 分 析

10.7.1 成本结构

1995～1999 年的主要供水成本见表 10.14：

按项目的水费支出 **表 10.14**

年 份	1995		1999		1995～1999 增长		年平均单位成本增长(%)
项 目	总成本(10^6 元)	单位成本(元/m^3)	总成本(10^6 元)	单位成本(元/m^3)	总成本(10^6 元)	比例(%)	
工 资	12.6	0.05	24.9	0.09	12.5	14.5	15.6
折 旧	20.9	0.08	51.5	0.19	30.6	35.6	22.9
利 息	5.1	0.02	9.8	0.04	4.8	5.6	16.0
动 力	17.5	0.07	34.0	0.13	17.3	20.1	16.4
其 他	19.3	0.08	41.1	0.14	20.9	24.2	15.0
合 计	75.4	0.30	161.3	0.59	86.1	100.0	18.7

数据来源：据自来水公司提供的支出预算的分析。

过去几年内大多数成本增长较快，尤其是与中国低的或负的通货膨胀率相比是如此。对成本增加影响最大的是折旧，占22.9%，是由于新建的城门水厂和西水厂二期工程带来的影响。其次是电费支出，占16.4%；相对而言，年均工资增长率为15.6%，与其他项目相比位于平均水平。

此外也考虑到了按用途的成本分类，直接生产成本不能分解到各部分，如水处理和配水，但可按表10.15和表10.16进行分类。

1999年供水成本分类(10^6元) **表10.15**

成本分类	直接成本	间接成本	管理费用	财务费用	合　计	比例(%)
工　资	12.85	3.07	9.00	0.00	24.92	15
折　旧	48.01	0.09	3.40	0.00	51.49	32
利　息	0.00	0.00	0.00	9.82	9.82	6
动　力	34.03	0.00	0.00	0.00	34.03	21
其　他	19.34	0.79	20.94	0.00	41.08	26
合　计	114.22	3.95	33.34	9.82	161.34	100
比例(%)	71	2	21	6	100	

数据来源：数据基于对供水公司支出数据的分析。

折旧和动力是直接成本中影响最大的因素。管理费用中工资支出和其他成本，包括办公费、保险费、交通费和业务招待费等都很高。

按用途的成本分类(10^6元) **表10.16**

成本分类	1995年	1996年	1997年	1998年	1999年	年平均增长率(%)
直接生产成本*	51.48	63.52	89.86	103.99	114.22	22
间接生产成本**	1.89	2.79	3.09	2.74	3.95	20
管理费用	16.99	22.53	22.84	26.34	33.38	18
财务费用	5.06	6.48	4.23	7.77	9.82	18
合　计	75.42	95.32	120.02	140.84	161.38	21
年增长率(%)		26.3	25.4	17.9	14.6	

数据来源：自来水公司损益表(注意此处成本与前表中的成本因来源不同而有微小差别)；*等于销售成本，**等于销售费用即日常生产费用。

上面提到的成本高增长率在按用途分类的各项中均可看出，成本增长率的逐年降低反映出通货膨胀压力的降低。成本增长率已由1995～1996年的26.3%降至1998～1999年的14.6%，但同近几年的低或负通货膨胀率相比，目前的成本增长率仍然较高。

10.7.2 《管理办法》允许的最高利润水平

允许利润水平取决于自来水公司的资本结构，1999年资本结构如表10.17所示，其中没有私有资本。实际投入资本和资本盈余体现了市政府以拨款和注入扩建基金形式的贡献。资产再评估时，资本盈余也会影响资产净值的增加，供水公司盈余来源于运营利润。由于自来水公司归政府所有，因此公司的利润也应按照政府的基金形式分类，最高允许利润率为6%[1]。

---

[1] 在抵押品拍卖，私有资金债转股的情况下，一部分投入资本会来源于私有资本，因此也会在留存收益和指定用途盈余中产生同样的情况。

1999年《管理办法》最高允许混合利润水平　　表10.17

资本说明	来　　源	价值(10^6元)	《管理办法》的利润水平(%)	利润水平×价值(10^6元)
实际投入资本	政　　府	209.08	6%	12.54
资本盈余	政　　府	133.81	6%	8.03
指定用途盈余	供水公司	112.95	6%	6.78
留存收益	供水公司	0	6%	0
合　　计		455.84	结果=6%	27.35

数据来源：1999年供水公司资产负债表，分析基于财务报表的资产净值。

如果不计借款融资的影响，供水公司最高允利润为6%，1999年允许利润总额为2735万元。

《管理办法》认为，应该将借款作为确定允许利润率的一个影响因素。在考虑允许利润时，除了利润和折旧这两个主要的现金来源外，借款融资是与自来水公司现金需求有关的因素。需要对自来水公司财务状况详细评估后才能对这一因素有全面认识，这种评估属于财务模型的一部分。

10.7.3　未收账款

为鼓励及时付款，过期未付的水费账单需支付每天0.2%的滞纳金。尽管如此，过去3年内每年年底仍有约9%的欠款，见表10.18。

福州市自来水公司的坏账　　表10.18

年　　份	年水费账单金额(10^6元)	年未付费账单	
		(10^6元)	(%)
1997	130.95	11.56	8.9
1998	154.21	13.43	8.7
1999	180.86	16.48	8.8

数据来源：自来水公司。

这些未付账单中一部分是12月份开始收取而1月才是最终付款期，其余部分为逾期账款，这些账款中有一部分最终收回，1999年底的未收账款平衡表显示出平均收款期超过1个月，这对公用事业服务来说是比较高的[1]。

如果应收账款中包含了应冲销的坏账时，预计的回收期会更长。自来水公司每年冲销年收入的0.2%~0.3%用来处理变成坏账的逾期账款，考虑到应收账款同年内未收回账款相比数额很大，目前的冲销率是很低的。

[1] 这个数目对于1999年资产负债表所列应收账款来说是很小一部分，剩余部分与自来水公司完成的工程设施有关。

11 成都试点研究

11.1 背景

成都市自来水公司始建于1946年，向二环路内和部分二环路外地区供应工业、居民、商业和机关用水。

岷江是省内最大河流，著名的都江堰水利枢纽位于灌县城西北的岷江中游，它将岷江分为内河和外河，外河用于排涝，内河用于灌溉。成都市的地表水供应来自内河支流，是成都市自来水公司的原水来源，雨季时的内河流量能满足城市供水和工农业用水需要，但在旱季，因农灌用水量增加会导致原水的短缺。

成都市自来水公司供水区面积为140km^2。1999年服务人口207万，目前有4家水厂：一水厂、二水厂、五水厂和六水厂。管网总长度为1119km(管径均在100mm以上)。4家水厂共有13条干管，六水厂地形高于成都市区约60m，可重力供水，其余水厂由水泵站供水，1999年4家水厂总供水量为3.33亿m^3。

11.2 机构分析

11.2.1 机构设置

成都市政府的机构设置如图11.1所示，成都市公用事业局通过节水办和自来水公司负责供水、节水和公用设施资产管理，水价制定由成都物价局负责，由于成都是四川省省会，水价需由四川省物价局批准。

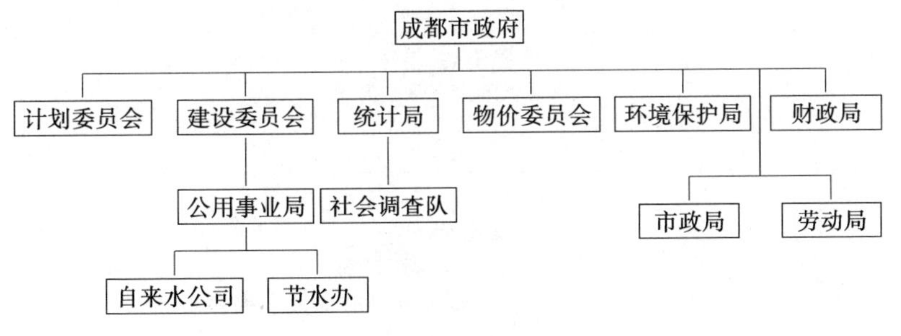

图11.1 成都市政府组织机构图

11.2.2 水价申请和审批程序

图11.2所示的是成都市上一次水价申请和批准的全过程。

水价调整程序是在成都市自来水公司预见有经营亏损时启动，向成都市公用局提交申请和相关文件，公用局在审查了申请和自来水公司财务报告后，将调价申请递交物价局，物价局到自来水公司核实成本和利润水平并经过讨论，物价审计中心也检查自来水公司的成本、财务数据和利润，核实财务能力之后，再考虑其他因素(如通货膨胀、物价水平控制、承受能力)以及公用局的意见，将调价申请上报市政府。申请由主管供水和价格的副市长审阅，并由物价局向主管副市长作汇报，副市长批准后将调价申请上交市长和市政府常务办公会讨论，办公会由市长主持，相关局委参加。若申请获得会上通过，则由市物价局向四川省物价局提交申请，当市物价局收到批准通知后再通知公用局，然后由自来水公司实施新水价并将水价变化公告用户。

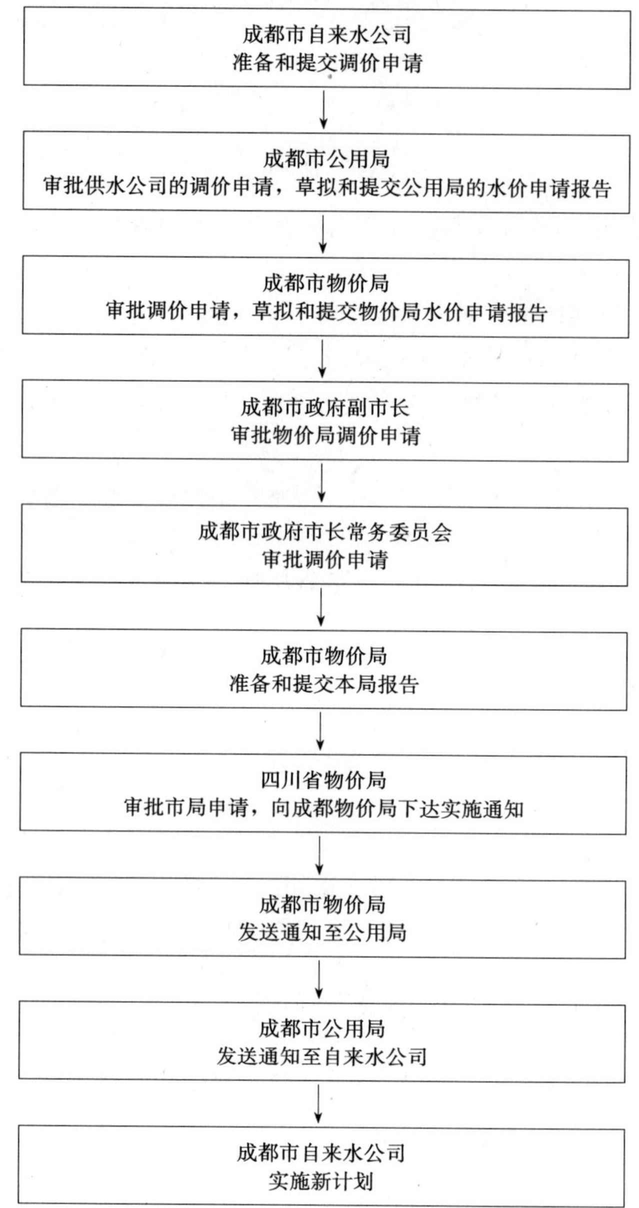

图 11.2　成都市原来水价申请和批准程序

11.2.3　水价审批的机构改革

11.2.3.1　与《管理办法》的比较

成都市原来的水价调整程序(图 11.2)与《管理办法》的规定比较如下：

• 《管理办法》要求自来水公司向物价局提交调价申请，并抄送公用事业局，后者将意见发送至物价局。现行程序要求将申请先报建委再报物价局。

• 《管理办法》将最终审批权下放到地方政府，并报上一级政府备案，现行体制下由四川省物价局最终批准。

• 供水公司提出调价申请缺乏目标，例如为了补偿成本或为将来扩建筹集资金才提出申请等未加说明。

•《管理办法》要求召开公众听证会，使公众有机会参与水价调整的过程，但成都市并未召开。

•《管理办法》的水价制定目标是成本补偿、合理利润、节约用水和公平负担，而原来成都市的水价目标是成本补偿、合理利润、通货膨胀和承受能力。

11.2.3.2 协助制定水价管理办法

专家组协助成都市制定城市水价管理办法的方式是：经过会谈，成都市政府的高层领导指出，成都有必要制定水价管理实施细则，原则上应当制定成都市供水价格管理实施细则。根据城市现状，专家组提出实施细则初稿，并与成都市公用局、建委、物价局和自来水公司一起讨论。参照《管理办法》，专家组与相关机构和自来水公司考察了当地的实际情况，对起草成都市城市供水价格管理办法提出以下建议：

•《管理办法》是制定成都实施细则的基础；

• 将《管理办法》规定的国家管理权限在实施细则中转换为成都市的权限；

•《管理办法》中的某些条款，如两部制水价的详细计算，限于地方条件难以实施，因此不体现在实施细则中；

• 明确定义水价组成等术语；

• 增加三项条款，一是自来水公司成本控制，物价和供水管理部门应对自来水公司的运营和成本进行审计，确定合理成本，保护消费者权益，实现公平负担。自来水公司应加强成本控制，参照供水管理先进水平建立成本控制机制；二是为贫困家庭提供减免计划；三是监督和检查水价实施过程，违反价格的单位和个人要受到处罚。消费者协会、居民委员会和用户都有权监督水价；

• 应根据节水、公平、承受能力、环境保护和当地条件，增加有关递增式水价的条款；

• 明确水价申请和审批程序。

11.3 供 水 工 程

11.3.1 需水量

表 11.1 列出了 1990～1999 年成都市的供水量。图 11.3 显示出工业用水量 1995 年以来缓慢下降，而生活用水量直到 1999 年还是稳定增长，其他用水则比较稳定。用水量变化趋势与全国大多数自来水公司的情况相符合。

成都市供水量(1990～1999) **表 11.1**

年　份	服务人口(10^6)	年供水量(m^3)	最高日供水量(m^3/d)	最高日变化系数
1990	1.531	213140000	709000	1.21
1991	1.537	219630000	711500	1.18
1992	1.539	241570000	805700	1.22
1993	1.551	263070000	812600	1.13
1994	1.613	295530000	1018000	1.26
1995	1.664	308270000	1020000	1.21
1996	1.672	339120000	1104300	1.19
1997	1.832	349900000	1116800	1.16
1998	2.009	359270000	1127200	1.15
1999	2.073	333110000	1048900	1.15

数据来源：成都市自来水公司，2000。

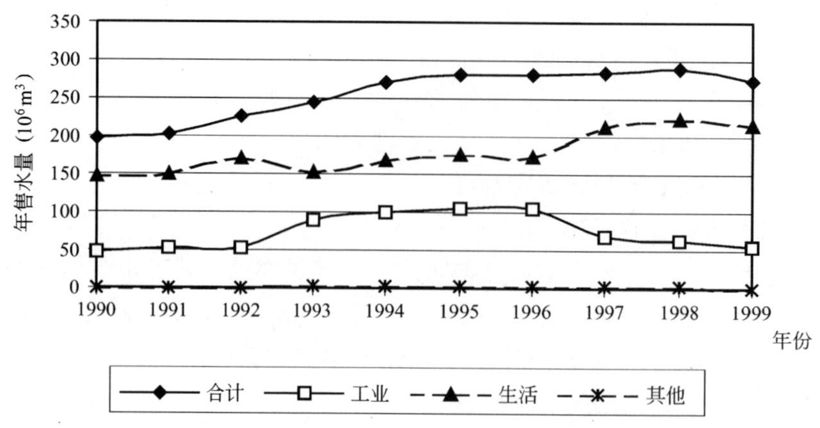

图 11.3 成都市自来水公司的年售水量

表 11.2 是从用水量和服务人口数据估算的居民生活用水量和综合用水量。生活用水量包括居民、机关和商业用水。1990～1999 年的人均生活用水量保持稳定，而包含工业用水在内的综合用水量，在早期上升而在 1995 年以后呈现下降趋势。

成都市单位用水量(L/(人·d)) **表 11.2**

年 份	人均生活用水量	人均综合用水量	年 份	人均生活用水量	人均综合用水量
1990	266	353	1995	288	466
1991	269	363	1996	285	460
1992	306	401	1997	320	425
1993	270	431	1998	304	395
1994	287	461	1999	287	362

数据来源：根据成都市自来水公司 2000 年数据计算。

11.3.2 供水能力

表 11.3 为成都市现有供水能力和未来规划。

成都市自来水公司产水能力(m^3/d) **表 11.3**

项 目	产水能力(m^3/d)		
	2000 年	2005 年	2010 年
第一水厂	70000	停产	停产
第二水厂	230000	230000	230000
第五水厂	150000	150000	150000
第六水厂	600000	600000	600000
六水厂 4 期扩建工程		400000	400000
六水厂 5 期扩建工程		400000	400000
合 计	1050000	1780000	1780000

11.3.3 需水量预测回顾与评估

11.3.3.1 现行研究评估

成都第六水厂 5 期预可行性研究报告由中国市政工程西南设计研究院和成都市给水排水设计院于

1995 年完成，随后提交了项目建议书。同年，在建议书经国家计委批准后，完成了《成都第六水厂 5 期工程可行性研究报告》。1999 年项目鉴定后对可行性研究报告进行了修订。

成都第六水厂的建设分 3 个阶段，第一阶段的 3 期供水能力为 20 万 m^3/d，4 期和 5 期各为 40 万 m^3/d，扩建后第六水厂总供水能力为 140 万 m^3/d。

5 期扩建项目包括水厂和配水系统，可行性研究报告中，需水量预测年份为 2005 年和 2010 年。需水量预测采用两种方法，方法 A 使用生活用水定额和工业用水比例，方法 B 使用最高日用水量的年增长率。方法 A 中的人均生活用水定额基于历史数据和给水设计规范，工业用水量根据工业用水和生活用水的比例估算；方法 B 中，年增长率根据 1960～1998 年最高日用水量数据确定。预测的基准年为 1998 年。

研究报告中提到市区周围 7 个卫星城镇今后需要由成都市自来水公司供水，其中 3 个已有自己的供水系统，但由于地表水源的水质恶化以及地下水过量开采等原因，这些城镇水厂将由成都市自来水公司供水系统取代。

卫星城镇需水量预测采用方法 A，但生活用水量指标低于市区，总需水量预测结果见表 11.4。此外，成都市自来水公司制定了 2005 年的战略规划，概述了市区、郊区和郊县的总需水量，用水普及率目标分别是 97.5%、95%和 75%～95%。估计 2000 年最高日用水量是 159 万 m^3/d。规划中，成都市自来水公司将取代 100 万 m^3/d 的市区自备井供水量。

成都市自来水公司需水量预测 **表 11.4**

年　份	2000		2005		2010	
预测方法	A	B	A	B	A	B
规划城市人口(万人)	230	230	250	250	270	270
用水普及率(%)	97	97	99	99	100	100
最高日用水量增长率(%/年)		6		2.6		2.5
人均生活用水定额(L/(人·d))	255		270		285	
总生活用水量(m^3/d)	568900		668300		769500	
工业与生活用水量比例(%)	31		28		25	
工业和生活总用水量(m^3/d)	824500		928200		1026000	
其他(20%)(m^3/d)	164900		185600		205200	
总用水量(m^3/d)	989400		1113800		1231200	
最高日变化系数	1.3		1.3		1.3	
市区最高日用水量(m^3/d)	1286000	1266500	1447900	1439900	1600600	1621200
两种方法平均的最高日用水量(m^3/d)	1270000		1440000		1610000	
卫星城镇最高日用水量(m^3/d)	190000		290000		330000	
最高日总用水量(m^3/d)	1450000		1730000		1940000	

数据来源：成都第六水厂 5 期工程预可行性研究报告，1999。

11.3.3.2 需水量预测修正

修正的需水量预测考虑了经济发展目标、人口增长率和生活水平提高的因素。在修正时采用了人均总用水量、人均生活用水量和工业用水量等指标。人均用水量指标基于历史数据、预测趋势、全国平均值和室外给水设计规范(GBJ 13—86)。

新的预测确定了 2010 年成都市(包括卫星城镇供水)最高日需水量为 170 万 m^3/d。

11.3.3.3 供水能力开发和校核

成都市第六水厂 4 期和 5 期项目需要满足 2010 年城市用水需求。表 11.5 为供水能力能够满足市区和7个卫星城镇的用水需求，2010年前不需再新建水厂。将供水服务区域扩展到郊区和郊县，能充分利用现有设施能力并为用户提供良好的服务，自然是一个好的设想。

2001～2010年供水能力校核(m^3/d) **表11.5**

年　份	最高日用水量	供水能力	年　份	最高日用水量	供水能力
2001	1187000	1050000	2006	1451000	1780000
2002	1235000	1450000	2007	1511000	1780000
2003	1286000	1450000	2008	1573000	1780000
2004	1339000	1450000	2009	1637000	1780000
2005	1394000	1780000	2010	1704000	1780000

数据来源：成都市自来水公司。

11.3.4　未计量水

11.3.4.1　未计量水产生的原因

1990～1995年未计量水增长率的增长为0.9%，1996年未计量水率比1995年突然增加了9.0%，见表11.6。增长的原因尚不清楚，但近期的较高数值应该更准确地反映了未计量水率的水平。从1996年开始，未计量水率连续3年增长之后，于1999年出现了回落。成都市自来水公司制定了每年下降0.5%的目标，近期未计量水率的目标是16.3%。

1990～1999年未计量水率 **表11.6**

年　　份	未计量水率(%)	年　　份	未计量水率(%)
1990	7.4	1995	8.3
1991	7.3	1996	17.3
1992	6.7	1997	18.7
1993	7.3	1998	19.4
1994	8.1	1999	17.8

数据来源：成都市自来水公司，2000。

未计量水的产生有多种原因，说明如下：

(1) 管网渗漏

成都市自来水公司的数据显示，有10%的管网不符合服务标准而应该更换，供水干管爆管率高于平均水平，管网陈旧可能是原因之一。因为近年来未计量水率增长很快，已于1998年成立管网测漏公司，归供水公司领导但财政独立。公司购置了先进的声学和电声学检漏仪器，其成员均经过培训或参加技术研讨会以提高工作技能。检测渗漏工作分昼夜进行，对漏水点或潜在漏水点再进行详细的探查。测漏公司计划实施全区测漏，并在关键地点实行连续监测。

检测发现管径小于100mm的管材腐蚀和大于800mm的管道接口是导致管网渗漏的原因，此外还有阀门渗漏问题。找到漏水点后接着要测定漏水量，1999年找到100多个漏水点，年漏水量达1000万m^3，明显漏水点的检修由自来水公司完成。

成都市自来水公司管网科负责管网维护和修理工作以及部分寻漏工作。当用肉眼或听漏仪发现潜在漏水点后，由测漏公司负责详细检测。

(2) 计量

成都市自来水公司没有对所有用户直接读表计量，所有用户都付计量水费。自来水公司对许多单元建筑物安装总水表计量，并向物业管理公司按总表读数收费，物业管理公司负责向管辖范围内的用户按分水表读数收费。如果是因为总水表计量不准或其他原因导致总表和分表总读数有差异时，则由自来水公司或用户支付其差额。

水表损坏或读数不准会对未计水量的计算产生影响。根据成都市自来水公司资料，所有水表均定期维修、校准和更换，每个水表均有档案号以便管理，水表档案记录了水表的使用年限、尺寸、维修、校准等。水表校准记录显示98%的100～200mm水表和75%的40～50mm水表符合精确度标准。

由于水厂出厂管的管径较大，计量错误会产生相对更大的未计水量。老水厂的流量计已超出误差范围，会影响计量准确度，已计划更换这些水表。

(3) 非法连接

有时会发生非法从供水干管或支管上接水的情况，一经发现将受到重罚。

(1) 其他

水厂自用水、消防用水、管道试压、绿地浇洒和其他市政用水是未计量水产生的其他原因。

11.3.4.2 未计量水的控制

未计量水的控制可以采取一些措施。

测漏公司和管网管理部门的任务有所交叉，因此协同工作很重要，信息交换、共享和更新为双方履行职责提供了必要的基础。建立包括管道和接口(管材、使用年限、尺寸和位置等)，检漏和修理(位置、大小和原因等)在内的数据库系统，是成都市自来水公司降低未计水量的一个重要步骤。

每一次漏失的原因都要记录下来，管道或接口材料、老化、漏失和修理的持续时间等要有记录，这对于管网管理和评估未计水量都是有帮助的。旧管段和阀门的更新计划应建立在管网历史损坏记录的经济分析基础上，这种记录对于今后扩建时选用何种管材是有价值的。在设计新管线时，应注意可能因水锤作用破坏管道而导致水的漏失，管线施工质量是确保管网系统可靠性的重要因素。

11.4 城 市 节 水

11.4.1 城市节水机构框架

成都市公用事业局领导下的成都节水办负责城区内的节水工作，包括地表水和地下水。每个区都有节水办，但属于水利局领导，仅负责郊区的地下水节水工作。

成都市节水办负责成都市自来水公司服务范围内的用水计划、节水和管理工作，也负责自备井的节水。

除居民用户外，城区范围内的所有用户都由成都市节水办管理，成都市节水办的节水计划中已有超过3700多的用户。

11.4.2 节水目标

成都市的目标是成为节水型模范城市。因此，工业用水重复利用率要超过75%，冷却水循环利用率要超过95%。渗漏和非节水型的用水器具要逐步更换。

11.4.3 节水实施

成都市节水办的主要职能为用水和节水计划、自备井管理和节水收费管理。

建设部的规定要求在新建建筑物中使用高效用水器具，成都市节水办有权检查这些用水器具是否符合要求。

成都市节水办也投资在公共机构中安装节水器具，正在进行一项245万元的投资计划。

11.4.4 节水宣传

成都市节水办每年花费10万元用于开展全国节水周活动，时间在5月份的第二周。节水简报和小册子会分发到高等院校里，有时举办节水研讨会，成都市节水办平均每年对 300 个用户进行对口检查和宣传活动。

11.4.5 节水成果

工业用水重复利用率自 1997 年以来开始增长，万元产值用水量则开始降低，平均从 69.87m^3 降至 20.43m^3，表 11.7 为 1997～1999 年工业节水量的数据。

工业节水成果 表 11.7

年 份	水循环利用率(%)	循环水量(10^6m^3/年)
1997	56.70	116
1998	57.26	134
1999	58.48	126

数据来源：成都市节水办，2000 年。

根据万元产值或历史用水量数据来确定工业用水定额是不实用的，不同工业和地区有不同的用水量和重复利用率。但是对每一种工业确定定额是有难度的，按照行业确定切合实际的用水定额需要政府机构和用户两方面的努力。

11.4.6 水价对节水的影响

水价调整会在一定程度上影响节水。同其他城市相比，成都市的最高工业水价加上节水收费为正常水价的 4 倍，不能算高。但是较高的节水收费会产生负面影响，用户通常并不愿意支付这些高收费。如果能将水价的概念广为宣传，使被公众深入理解，那么即使水价不是太高，节水效果也应该是显著的。

11.5 供水水质控制

国家饮用水行业水质标准将供水公司分为 4 类，其中Ⅰ类对水质要求最高。成都市自来水公司遵循Ⅰ类标准。

成都市的水质控制按 3 个层次进行：1)国家城市供水水质监测网——成都市监测站；2)自来水厂分析——水厂实验室对原水和出厂水分析浊度、余氯、pH 值和 10 项其他指标，每天检验两次，对细菌总数和大肠菌群每天检验一次；3)水厂班组分析——班组对原水、沉淀后水和出厂水的浊度、余氯和 pH 值进行在线监测和分析，每小时记录一次结果；人工取样分析每天 2 次，并与自动分析结果进行比较。

成都市监测站经建设部和国家技术监督局授权，在建设部和成都市自来水公司领导下工作，其任务是分析评价原水、饮用水和水处理药剂，使能符合国家和地方水质要求。

成都市监测站也负责监测配水系统的水质，配水系统中共有 122 个取样点，成都市监测站负责每天从这些取样点取样进行 4 项指标分析，以保证饮用水水质。同时，监测站每月进行一次 35 项指标的检测，每年进行 2 次 88 项指标的检测。成都市供水水质能够符合国家标准，例如 2000 年 6 月配水系统 35 项指标的达标率为 99.5%。

目前成都市监测站通过提供对外检测服务而获得收入，这些收入足以支付运营成本和购置小型设备，余额上交供水公司。

成都市自来水公司对水质控制给予极大关注，1999 年公司投资 1500 万元用于水质监测，其水质控制系统已相当完备。今后公司还将加强原水的检测，提高原水污染突发事件的应对能力，还计划改进自动投药系统。

11.6 水价、费用和其他收费

11.6.1 现行水价

2000 年 1 月 1 日起成都市的水价和污水处理费见表 11.8。

成都市水价和污水处理费(元/m³) 表 11.8

用户分类	水价	污水处理费	合计
居民	0.85	0.15	1.00
机关	1.15	0.15	1.30
工业	1.15	0.30	1.45
商业	1.55	0.30	1.85
特种用户	1.70	0.30	2.00

现行水价包括以下几部分：

• 基本水价——总计量收费的一部分，是供水服务的标准收费，可记入自来水公司账册中的“收入”栏。

• 城市建设基金——0.10 元/m³，用于环路上的和通向新社区的管道铺设，该基金由自来水公司保留，不计入水价收入，但在资产负债表上表示为“其他应付款”。

• 风险基金——0.10 元/m³，相关收入不计入水价收入，但在资产负债表上表示为“其他应付款”。计入风险基金的收入将在今后逐步使用，以缓解目前正处于建设阶段的 BOT 水厂新的收费项目对于水厂建成后水价的影响。该项收费于 1996 年 10 月引入水价中，其收入存入单独账户，基金由财政局管理。

• 市政建设附加费——在自来水公司水价中增加 9.1%的附加费，相关收入上交财政局，用作市政基础设施投资，不记入自来水公司报表中。

• 增值税——所有费用中包括 6%的增值税，上交国库。

2000 年居民水价 0.85 元/m³ 的水价组成见表 11.9。

成都市 2000 年居民水价组成(元/m³) 表 11.9

水价组成	直接交自来水公司	其他方式给自来水公司	上交市政府	合计
基本水价	0.558			0.558
城建基金		0.094		0.094
风险基金		0.094		0.094
市政建设附加费			0.056	0.056
增值税	0.033	0.012	0.003	0.048
合计	0.591	0.200	0.059	0.850

从表 11.9 可见，尽管以上各组成部分均含在水价中，但在供水公司财务报告中并不按同样方式处理或者根本就不出现，因此总的财务状况很难甚至不可能通过财务报告得出，以致难于根据允许成本和最高利润水平来制定水价。例如，在利润计算时，不包括以上收费使得账面利润水平较低，这些报表实际上并不能提供全面的情况。

以上收费中只有自来水公司水费和增值税是《管理办法》明确允许的，市政建设附加费目前是允许的，但将来可能不鼓励。而城建基金和风险基金是不符合国家政策的，为了报表清晰、对用户公平和水价制定，应当取消城建基金和风险基金，相关收入作为自来水公司利润的一部分计入基本水价中，以补偿成本。风险基金在收入保障方面具有优势，但在成本发生之前就进行分摊对水价制定并不公平。一个好的方法是当BOT水厂运行之后分阶段提高水价至预计的较高水平，但这种风险收费应包含在正常水价中，并在达到新水价后再行逐步降低。

11.6.2 水价外的收费

还有一些不属于水价组成部分的费用，如增容费、节水收费和地下水资源费。

增容费——对新用户或增加需水量的用户收取，用于补偿扩大生产规模的投资。新用户对供水能力有额外需求时，才会导致新建水厂的投资，增容费可以补偿一部分建设成本。用户以这种方式分摊水厂供水能力扩建的成本，有助于补偿基建投资。

当用户(新用户或扩容用户)申请供水时，自来水公司对其需求进行评估并确定水表大小，从而确定收费。收费基于水表大小，如需更换水表则收取更换前后两种水表口径差额部分的费用。

现行收费标准于1993年提出，从250元/m^3/d增至500元/m^3/d，按此收费标准，自来水公司基于水表大小的增容费见表11.10。

成都市增容费标准 **表11.10**

水表直径(mm)	增容费(元)	水表直径(mm)	增容费(元)
15	5000	80	300000
20	8000	100	500000
25	10000	150	1000000
40	31500	200	1500000
50	50000	—	—

数据来源：成都市自来水公司。

增容费由供水公司收取并上交公用事业局。该基金用于水厂扩建的现金投入或水厂债券的本金支付。1995年以来增容费的收支情况见表11.11。

成都市增容费收支情况(10^6元) **表11.11**

年　份	产生的收入	使用的基金	用　途
1995	65.68	46.11	水　厂
1996	66.97	83.18	水　厂
1997	75.61	86.11	水　厂
1998	89.41	89.80	管道和水厂
1999	123.31	120.25	水　厂

增容费是基建投资的重要来源，其缺点在于收费未经批准以及不能保证用于自来水公司投资。此外，它作为预算外的收入并不列入利润计算。

节水收费——成都市节水办向非居民用户收取节水费。该项收费始于1981年，由节水办根据用户计量水量(由成都市自来水公司提供)季节性收取，收费对象是超定额用水量的非居民用户。

非居民用户都有一个用水定额，用户定额每年进行调整。新用户的定额根据第一年用水量确定。对于商业用户，定额是前3年用水量的88%，工业用户是前3年的92%～95%，机关用户是100%的前3年用水量。

成都市的节水收费计算方法是水价乘以逐渐增大的倍数，见表11.12。

成都市节水收费　　表 11.12

用水量水平	节水收费情况	超计划加价收费(元/m^3)		
		机　关	工　业	商　业
定额以内	不收节水费	0.0	0.0	0.0
超定额 5%～9%	+100%收费	1.15	1.15	1.55
超定额 10%～29%	+200%收费	2.30	2.30	3.10
超定额 30%以上	+300%收费	3.45	3.45	4.65

节水收费上交成都市财政局，每年约 400 万元。

如果节水收费由成都市自来水公司通过水费账单统一收取而不是由节水办单独收取的话，对管理会更有效[1]。此外，这项收费是用户所支付的水费的一部分，如果其成本计入成都市自来水公司财务报表并作为水价的一部分，那么水价制定会更有效。

地下水资源费——成都市节水办向自备井用户征收供水和污水处理费用，费用 0.02 元/m^3，用水量以水表计量。迄今为止，用户都是自备水表，而将来会采用自来水公司供应和用计算机系统管理的水表。每年地下水用水量 2500 万 m^3，年收费 50 万元，该款项上交财政局用于水厂建设资金。

由于地下水收费较低，企业愿意用自备井取地下水而不用自来水。对于成都市自来水公司来说，则损失了收入，在这方面并没有统一的政策。水利局审批地下水的开采利用，其政策就不同于负责水厂建设和成本补偿的机构。

11.6.3 污水处理费

成都市还没有污水处理费规定，而是按《管理办法》的规定征收。1999 年成都市物价局发布了在城区征收污水处理费的政策文件，主要条款如下：

• 所有城区内的单位和个人都要支付污水处理费；

• 在自来水公司服务区域，水费和污水处理费由自来水公司在水费账单上统一收取，但分开列出，在其他区域，由市政工程局委托收取；

• 污水处理费收费标准：居民 0.15 元/m^3，机关 0.15 元/m^3，工商业 0.30 元/m^3，按用水量计费；

• 污水处理费上交成都市财政局，该基金只用于城市污水处理设施的建设、运行和维护；

• 国有企业下岗职工和贫困家庭可由劳动和民政部门返还 50%的污水处理收费；

• 征收污水处理费后，原由环保部门征收的污水排放费和市政工程部门征收的城市排水设施使用费和污水设施建设费不再收取。

污水处理费的调整程序与水价调整程序相同，污水处理费的问题，特别是因收费过低以致不能完全补偿成本的问题，也与水价相似。

11.6.4 各类用户的成本分摊

水价结构中，居民用户分摊较轻，而机关、工业、商业和服务业的负担较重，见表 11.13。这种政策产生的结果按 1999 年初生效的水价说明如下。在目前的水价差异下，居民用水量占售水量的 57%，其他用户占 43%，但居民水费只占总收入的 47%。对商业和特种行业影响最大，其水费占总收入的 20%而用水量只占 13%。因此，现行水价是通过对其他用户多收费以补贴居民用户，使居民

[1] 只有节水管理职能转入自来水公司，节水收费才能并入水费账单，假如自来水公司在供水规模计划上有更高的控制权，从长远看这样的职能转换是有利的，这样能够进行统一的供需管理，并基于基建成本节约来优化节水支出。

得到实惠。

成都市按用户分类的用水量和水费收入　　表 11.13

用户分类	用水量(10^6m^3)	比率(%)	水价(元/m^3)	收入(10^6万元)	比率(%)
居　民	153.05	57	0.85	130.09	47
机　关	18.47	7	1.15	21.25	8
商　业	30.13	11	1.55	46.70	17
工　业	61.45	23	1.15	70.67	26
特种行业	4.80	2	1.70	8.17	3
合　计	267.91			276.88	

数据来源：分析基于自来水公司提供的用水量和水价数据。

11.6.5 水价调整申请

成都市自来水公司预计经营可能会有亏损时，就准备提出水价调整申请。水价调整的目标是成本补偿、合理收益、通货膨胀和承受能力。申请中提出，居民水价应为微利，工业水价应有合理利润。此外，对于以水为原料的企业，由于水会产生很大的利润，因此应征收高额水费，这些企业包括洗浴、洗车和软饮料制造业。

上一次的水价调整是 1998 年 5 月，其中增加的成本包括：(1)折旧提高到 0.12 元/m^3；(2)利息提高到 0.071 元/m^3；(3)本金偿还提高到 0.047 元/m^3；(4)动力、原水和药剂的成本也有提高。1999 年水价申请中还包括对居民和工业用水的承受能力分析。

11.6.5.1 水价申请实例

最近一次水价申请于 1999 年 12 月提交，调价的理由是由于管网折旧、利息和管网建设使成都市自来水公司账面亏损 1705 万元，如果不调整水价，预计 2000 年将亏损 3218 万元。从长远来看，BOT 项目和相关的附属工程会对成本带来压力。

成都市自来水公司提出了两种水价选择方案，见表 11.14。

成都市水价选择方案(元/m^3)　　表 11.14

分　类	现行水价(1999)	方案 1 (成本补偿)		方案 2 (8%利润率)	
		增　加	水　价	增　加	水　价
居民	0.85	+0.20	1.05	+0.35	1.20
工业	1.15	+0.30	1.45	+0.45	1.60
机关	1.15	+0.35	1.50	+0.55	1.70
商业、服务业、建筑业	1.55	+0.45	2.00	+0.65	2.20
特种行业(水作为产品的原料)	1.70	+0.80	2.50	+1.10	2.80

方案 2 按照允许最大利润率计算的水价要比现行水价高出 50%左右。

申请中包括了承受能力分析，对居民用户的成本与 1998 年平均工资进行了比较：

人均年收入=6490 元/人

人均年支出=5482 元/人

月用水量=6m^3

方案 1：水价 1.05 元/m^3，水费支出 6.30 元/月，占平均支出的 1.38%

方案 2：水价 1.20 元/m^3，水费支出 7.20 元/月，占平均支出的 1.57%。

两种水价方案对于居民用户是可承受的。

工业用户的承受能力分析见表11.15，表中数值表示水价占工业成本的比率，以%计。

成都市工业水价调整的影响(水价占工业成本的比率,%)　　**表 11.15**

工业企业	1998年	方案1	方案2
造　纸	0.45	0.54	0.59
气　象	0.21	0.30	0.32
机　械	0.15	0.71	0.79
酒　类	0.14	0.16	0.17
软饮料	0.14	0.16	0.17

数据来源：成都市自来水公司1999年12月10日水价申请。

由此可得到结论，水价不是企业的主要成本因素，方案1和方案2是可以承受的。

11.6.5.2 递增式水价建议

自来水公司在1995年水价申请中建议对非居民用户实施递增式水价，见表11.16，对用水量超过定额的用户额外收费。

建议的成都市递增式水价(元/m³)　　**表 11.16**

分　类	基本水价	超过定额的用水量		
		1%～10%	11%～20%	20%以上
机　关	0.70	1.050	1.26	1.54
工　业	0.75	1.025	1.35	1.65
商　业	0.95	1.425	1.71	2.09
服务业	1.15	1.725	2.07	2.53

数据来源：1995年6月26日成都市物价委文件。

该建议虽已批准，但从未实行，计算问题是其中一个原因，例如需要取得并输入每个用户在节水办的用水定额。

《管理办法》允许居民用户实施递增式水价的方案，但不适用于非居民用户。建议的递增式水价采用3级，其比率为1∶1.5∶2。成都市的建议在用户分类和分级数量方面与《管理办法》不同，但水价比率则与《管理办法》相同。

11.6.6 水价计算方法回顾

现行水价的计算如下：

水价＝成本＋费用＋税金＋净利润＋所得税＋市政附加费＋建设基金＋风险基金

其中成本＝原材料＋水资源费＋动力＋工资＋折旧＋生产成本

费用＝销售费用＋管理费用＋财务费用(借款利息)

税费＝增值税＋城市建设附加费＋教育附加费＋交通附加费＋菜篮子基金

计算时，折旧用于补偿现有收入以外的资金支出，而净利润用于偿还债务。

这种水价计算方法主要基于成本补偿，它提供了自来水公司的全部运营资金和大部分基建投资。

成都市自来水公司的水价计算既是根据合理的财务规划也符合《管理办法》的要求。

11.6.7 现行水价与《管理办法》的比较

成都市现行水价与《管理办法》规定的比较见表11.17。惟一差别也是难以解决的是，现行水价采用了简单计量水价而不是两部制水价。困难在于多单元建筑物采用两部制水价时，供水公司按总水表读数开水费账单给物业管理部门，而物业管理部门则按用户的分水表收取水费。

现行水价与《管理办法》的比较　　表 11.17

《管理办法》的水价	现行水价	说　明
水价结构的用户分类： ·居民 ·商业 ·机关 ·工业 ·特种行业	包括： ·居民 ·机关 ·工业 ·商业 ·服务业	与《管理办法》一致
水价结构应是包括容量水价和计量水价的两部制水价，其中的固定部分用于补偿供水系统建设成本。居民和非居民水价不同。计量水价在同一类用户中相同	使用简单计量水价，按用户类型确定不同收费标准，对每一类型用户的计量水价相同	现行水价不是两部制
居民用户首先实行递增式水价	非递增式水价	这是可选项
旅游城市和用水量季节性变化大的城市允许采用季节性水价	无季节性水价	
成本包括供水成本、费用、税金和利润	成本包括供水成本、费用、税金和其他基金	《管理办法》不允许有其他基金
合理利润基于：(1)以政府为投资主体的净资产利润率不超过6%；(2)以私人投资为主体的净资产利润率不得超过12%	利润水平在过去不明确	最近的水价申请提出了基于8%利润率和成本补偿的两种方案
水价应有利于提高用水效率	没有特定的用水效率因素	计量水价能够促进用水效率，此外在水价结构中没有其他促进措施

11.7 财务状况

11.7.1 成本结构

对按用途的成本结构进行了研究。由于按用途与按对象的成本交叉表无法做到，以致制水和配水的成本无法分开，但可按表 11.18 进行分类。

成都市自来水成本按用途分类(10^6 元)　　表 11.18

成本分类	1995 年	1999 年	总增长	年均增长率(%)
直接成本*	76.5	158.8	82.2	20
间接成本**	1.5	7.6	6.1	50
管理费用	12.7	30.7	18.0	25
财务费用	7.0	11.5	4.5	13
合　计	97.7	208.6	110.8	21

数据来源：自来水公司损益表；*相当于销售成本，**相当于销售费用，即间接制造成本。

从表 11.18 看出，间接成本大幅度增长，但因数值很小，增长不大。影响最大的是直接成本，其中折旧是最大的一部分。管理费用也增长较快，影响到了总成本的增长。1995 年以来自来水公司成本要素的变化如表 11.19 所示。

成都市自来水成本按对象支出(10^6 元) **表 11.19**

成本项目	1995年成本		1999年成本		1995～1999年成本增长		平均年单位成本增长(%)
	总额 (10^6 元)	单位支出 (元/m^3)	总额 (10^6 元)	单位支出 (元/m^3)	总额 (10^6 元)	比率 (%)	
工　资	14.3	0.05	25.8	0.08	11.5	10.4	11
折　旧	27.6	0.10	73.5	0.22	45.9	41.3	23
利　息	7.0	0.03	11.5	0.04	4.5	4.5	9
动　力	10.6	0.04	14.1	0.04	3.5	3.1	3
水资源费	0	0	21.6	0.07	21.6	19.4	—
其　他	38.2	0.13	63.4	0.18	25.3	21.3	17
合　计	97.7	0.35	208.9	0.63	111.2	100.0	16

数据来源：基于自来水公司支出表的数据分析。本表成本与前表略有差异，因数据来源不同，前者取材于损益表。

11.7.2 《管理办法》允许的最高利润水平

在《管理办法》中已经规定自来水公司最高的允许利润水平为净资产的8%～10%，特殊的利润水平根据不同资金来源确定：

1. 主要靠政府投资的，净资产利润率不得超过6%。

2. 主要靠企业投资的(包括民间和国外的贷款和发行的债券或股票)，在还贷期间的净资产利润率不得高于12%。还贷后，水价应按平均净资产利润率核定。

因此，允许利润和自来水公司的资本结构有关，在成都市，实缴资本代表政府直接投资，自来水公司中没有私人股份。因此，自来水公司中所有资产均为政府权益，不管它直接来源于政府的实缴资本还是自来水公司的留存收益。如果不计债务资金，自来水公司的最高允许利润按6%计，则1999年的总允许利润为5190万元(表11.20)。

1999年成都市自来水公司资本结构 **表 11.20**

资本类型	来　源	金额(百万元)	《管理办法》利润水平(%)	利润水平×金额(百万元)
实缴资本	政　府	355.96	6%	21.36
资本盈余	自来水公司	498.35	6%	29.90
划拨盈余	自来水公司	8.73	6%	0.52
留存收益	自来水公司	2.00	6%	0.12
总　额		865.04		51.90

数据来源：基于自来水公司财务报表权益值的分析。

11.7.3 未收账款

成都市自来水公司的未收账款情况基本正常，1999年的未收账款只有300万元或占账单总水费的1.5%，见表11.21。

成都市自来水未收账款 **表 11.21**

年　份	水费账单(百万元)	未收水费	
		(百万元)	(%)
1997	428.2	5.06	1.2
1998	188.8	1.04	0.6
1999	195.8	2.99	1.5

数据来源：成都市自来水公司。

1990 年以来累计未收账款为 800 万元，损益表中的收入并不按未收账款进行调整，其中大约有 80％的未收账款是一家大型电子企业。

11.7.4 经济展望

从已获得资料来看，今后财务有以下的趋势：

政府决定以 BOT 方式筹集水厂扩建资金，扩建将为成都市第六水厂增加第 4 期 40 万 m^3/d 的生产能力以及至市区的输水干管。水厂将独立运营和管理，BOT 运营合同为 15.5 年，此后水厂资产将归还自来水公司。自来水公司按最低 40 万 m^3/d 供水量的基础上支付计量水价，最初 9 年的水价见表 11.22。

成都市 BOT 项目趸售水价（元/m^3） **表 11.22**

第 *n* 年	固定部分	可变部分*	基数合计**
1	0.24	0.72	0.96
2	0.25	0.76	1.01
3	0.28	0.84	1.12
4	0.31	0.89	1.20
5	0.33	0.95	1.25
6	0.34	1.03	1.37
7	0.37	1.07	1.44
8	0.38	1.10	1.48
5	0.33	0.95	1.25
6	0.34	1.03	1.37
7	0.37	1.07	1.44
8	0.38	1.10	1.48
9	0.38	1.13	1.51

数据来源：自来水公司，＊如果汇率变动超过 5％，可变部分将调整。＊＊水费中不包含所有税费，如水资源费。自来水公司计划的基建投资，在 2000～2005 年为 19.04 亿元。

BOT 项目的趸售水价为 0.96 元/m^3，比 1999 年的制水直接成本 0.48 元/m^3 要高，而现行居民水价为 0.85 元/m^3。BOT 合同要求在这个价格下达到满负荷运行，这对未来的水价产生了压力，又因为折旧费用和债务成本的增加，自来水公司的其他投资将对水价产生额外的压力。自来水公司制定长期的财务计划和综合的收费手段对于将来是有好处的，可以确保水价制定在保护公众利益的同时满足长期财务需求。

12 上海试点调研

12.1 背 景

上海位于中国最长的河流长江入海口，黄浦江畔。上海是中国人口最多的特大城市，1997年上海用水人口为825万。上海市自来水公司负责市区的供水。

上海市供水的一个显著特点是原水供应和水处理分别属于不同的公司。市建设委员会下属的原水股份有限公司建于1992年下半年，负责供应原水。1993年建成凌桥水处理公司，它属于上海市自来水公司，但发行了社会公众股票。1996年以BOT方式建成了大场水厂。

建立原水股份有限公司、大场水厂BOT和凌桥水处理公司的主要原因是吸引更多的投资，满足水厂扩建的需要。到1992年，政府不再给自来水公司以基建拨款。但由于历史原因(低水价政策)，自来水公司亏损严重，并且面临着20亿元的资金需求，例如第二期黄浦江原水工程和浦东凌桥水厂的建设以满足浦东的用水需求。由于以前取得资金的途径如政府拨款已被取消，而自来水公司没有能力偿还贷款，所以要寻求其他的融资途径来满足供水设施建设的需要。

上海市自来水公司的员工超过1万人，他们的分工见表12.1。

上海市自来水公司的员工分布 表12.1

员工类别	总人数	员工类别	总人数
水处理系统	3637	记账和收账	454
配水管网(仅指管道和泵站)	1103	其他运行人员	676
读表	626	总计	10072

12.2 供 水 能 力

大部分原水来自地表水。1996年的生产能力为680万m^3/d，是世界上第5大自来水公司。90%的原水取自黄浦江和长江，其余为地下水。水井的供水能力大约占7%。原水公司供应67%的原水，能满足以BOT方式建立的水厂和上海市自来水公司的一部分需求，其余的原水由自来水公司供给。原水公

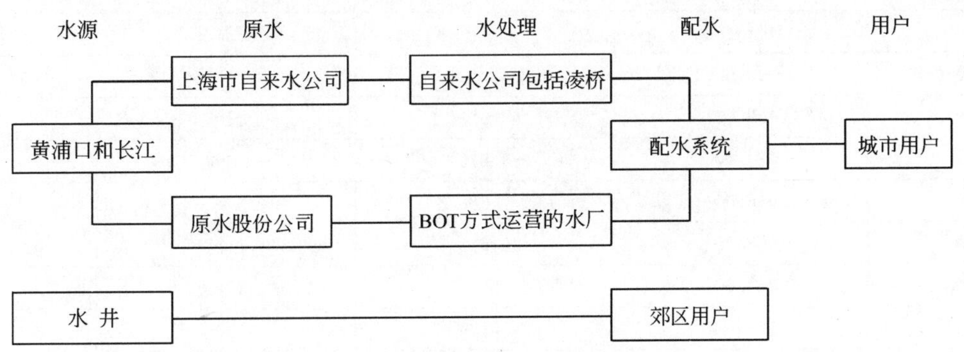

图12.1 上海市供水系统

司1997年的生产能力为560万m^3/d，计划到1998年生产能力增加到630万m^3/d，10%～20%的原水仍由自来水公司供给。原水公司的原水收费采用规范的计量水价，1997年的水价为0.72元/m^3。

自来水公司下属的9个水厂最高日生产能力为660万m^3/d，其中凌桥水厂的生产能力为20万m^3/d，计划到1998年增加到40万m^3/d。输配水系统全部属于自来水公司并由其运营，该供水系统的整体安排见图12.1。

12.3 产 水 量

1996年各月产水量和全年产水量见表12.2。这些数据表明供水季节性变化不大，1994、1995、1996年最高日产量与平均日产量的比值分别为1.19、1.21和1.23。

上海市1996年每月产水量 **表12.2**

月 份	产水量(10^6 m^3)	月 份	产水量(10^6 m^3)
1	144	9	166
2	130	10	140
3	142	11	151
4	142	12	154
5	149	总计	1843
6	154	平均月产量	154
7	172	最大月产量/平均月产量	1.17
8	179		

12.4 用 水 量

按用户类型计算的用水量见表12.3。所有用户都实行装表计量，禁止无表接管。用户类型共有79类，所以将其合并成几类。居民和商业用水增长缓慢，工业和机关用水呈下降趋势。节约用水办公室控制的目标是工业用水。水价表中也列出了水站、军队、托儿所、轮渡和车站的售水量，这些售水量相对都较小。

根据用户类型划分的年平均用水量变化和各种用水所占的比重见表12.3。最大一类用户是工业，占31%，但这一比例正在下降。第二大类是居民，占28%。

上海市根据用户类型划分的用水量 **表12.3**

用户类别	1990～1996年的增长		1996年用水量结构	
	10^6m^3/年	%/年	供水量	用水量
居 民	93.00	4.2%	24%	28%
商 业	158.00	8.9%	22%	26%
工 业	－123.00	－3.8%	26%	31%
机 关	－16.00	－7.5%	2%	2%
其 他	168.00	39.8%	11%	13%
总处理水量	280.00	3.5%	85%	100%
未计量水	152.00		15%	
总 产 量	432.00		100%	

12.5 节 约 用 水

上海市的工业用水实行定额管理，不同工业用户都各有不同的用水定额，例如自行车生产、造纸、印染、发酵、轮胎生产等。如用水量超过定额，则超过部分为正常水价的5倍。自来水公司收取定额内水费并将超额部分上交市建设委员会。1996年这部分水费为0.35亿万元，最终将返还自来水公司用于建设工程。

12.6 用 户

1990～1996不同用户类型的用户数量如表12.4所示，年平均增长率为8.8%，其中居民用户年增长率为9.0%，商业用户年增长率为3.7%，工业用户增长较平稳，机关用户每年减少6.6%。

上海市用水户数(10^3) **表 12.4**

用户分类	1990年	1991年	1992年	1993年	1994年	1995年	1996年
居 民	1202.6	1304.6	1410.9	1474.3	1574.2	1773.8	2017.1
商业和零售业	33.5	34.8	37.8	39.1	40.2	41.4	41.7
工 业	9.4	9.8	9.5	9.5	10.7	10.5	10.2
机 关	3.2	3.4	3.5	3.5	2.2	2.3	2.1
总 计	1248.7	1352.7	1461.7	1526.4	1627.4	1827.9	2071.1

12.7 水 价

自来水公司的水费账单有79种类型，但实际上只有7种水价，其中有3类用户的水价相同，所以可归为5类水价。从1990年到1997年的水价如表12.5所示。

上海市水价变化情况(元/m^3) **表 12.5**

用户类型	1990年	1991年	1992年	1993年	1994年	1995年	1996年	1997年
居 民	0.18	0.18	0.28	0.40	0.50	0.48	0.48	0.68
商业和零售业	0.26	0.26	0.36	0.51	0.70	0.68	0.68	0.90
工 业	0.26	0.26	0.36	0.51	0.70	0.68	0.68	0.90
机 关	0.26	0.26	0.36	0.51	0.70	0.68	0.68	0.90
水 站	0.13	0.13	0.20	0.40	0.50	0.48	0.48	0.58
军队、幼儿园	0.26	0.26	0.36	0.51	0.60	0.58	0.58	0.80

售水收入用来维持自来水公司的正常生产。水费账单中没有水资源费等其他的收费，但有新用户的一次性收费和增加新设施的用户的特殊收费，例如，向住宅小区收取的特殊服务费。

从1993年起，水价中包含了排污费0.02元/m^3，5%的城市建设税和6%的增值税，但从1996年起停止收取排污费。

12.8 水 价 调 整

1952～1990年上海市的水价一直保持不变，大部分用户的水价都是0.12元/m^3。1990年建设部允许采用新的成本补偿办法，即按照“用水价格保本微利，工业、商业用水合理计价”的原则制定水价。1990 年起实行的新水价中，居民用户水价增加 50%，而工商业用户的水价几乎增加了 2 倍。

低收入用户已不是制定水价时考虑的一个主要因素，如果低收入家庭没有能力支付水费，可以向政府申请补助。

水价的批准程序涉及许多步骤。首先由自来水公司向公用局提出调价申请(没有固定的申请方式)，公用局审查后向物价局提交报告，物价局审查后，考虑当前的经济状况，如果通过，就提交市长办公室审批。在此过程中，还要涉及到财政局。

过去，在水价审批过程中没有公众的参与。最近，在审批过程中增加了听证会这一程序，所以将来就可能有更多的公众参与到价格审批过程中来。

12.9 成　本　费　用

表 12.6 提供了每年各类成本所占比例和成本增加情况。表 12.7 是详细的成本数据。

上海市自来水成本支出分析　　**表 12.6**

成本类型	1996 年成本比例(%)	1990～1996 年平均增长率(%)
劳动力	9.2	41.7
能源动力	17.5	26.2
折旧	5.7	24.9
利息	0.0	—
维护费	7.4	10.2
水资源费	36.6	86.7
原材料	8.9	23.0
其他成本	14.7	30.5
总计	100.0	28.0

* 表示从 1992～1996 年的增长率。

上海市自来水成本支出明细(10^6 元/年)　　**表 12.7**

成本支出	实际							预算	
	1990 年	1991 年	1992 年	1993 年	1994 年	1995 年	1996 年	1997 年	1998 年
工资	13.0	15.4	24.7	60.4	80.2	116.4	103.6	150.0	154.5
福利费	1.4	1.7	2.8	8.5	11.2	16.3	12.8	21.0	21.6
折旧	19.1	16.5	16.1	31.2	53.7	66.3	72.4	111.5	121.5
办公费	1.2	1.7	2.1	5.1	8.3	14.3	15.0	14.1	14.3
差旅费	1.2	1.2	2.6	3.7	5.3	7.7	11.6	12.4	12.7
运输费	2.2	3.0	3.9	5.2	7.9	11.5	8.8	14.5	14.8
保险	0.2	0.3	0.4	0.5	0.6	1.1	2.2	1.4	1.7
租金	0.3	0.3	0.4	2.3	5.7	10.1	5.2	3.0	3.2
维护修理费	52.4	60.8	60.2	37.9	61.5	61.6	106.1	101.5	104.5
咨询费	0.0	0.0	0.0	0.0	0.2	0.0	0.0	0.0	0.0
绿化费	0.2	0.4	0.8	1.3	1.8	3.4	3.8	3.4	3.5
物料供给	2.7	4.0	4.8	71.6	72.3	32.8	28.5	28.9	29.7
低值易耗品	1.0	1.5	3.4	3.2	2.3	5.3	3.8	4.6	4.8

续表

成本支出	实际							预算	
	1990年	1991年	1992年	1993年	1994年	1995年	1996年	1997年	1998年
递延费用	0.0	0.0	0.0	0.0	0.1	0.7	0.6	0.4	0.4
坏　账	0.0	0.0	0.0	0.0	0.2	0.0	0.1	0.0	0.1
研发费	0.0	0.0	0.0	0.1	0.5	0.6	0.7	0.1	0.1
业务招待费	0.1	0.2	0.5	1.0	1.0	0.9	1.4	1.4	1.5
工会费用	0.0	0.0	0.0	0.9	1.5	2.2	2.5	2.9	3.0
教育培训费	0.3	0.3	0.4	0.6	1.2	1.8	1.9	2.1	2.2
税	2.8	2.8	2.9	3.1	2.9	3.9	2.9	3.0	3.1
水电费	0.4	0.6	0.9	1.5	2.0	2.9	3.3	3.8	3.9
水　表	0.0	0.0	0.0	1.0	5.3	15.8	23.4	22.9	23.5
印刷和宣传费	1.0	1.0	1.1	1.9	2.2	2.8	3.9	4.1	4.3
劳动保护费	1.6	2.1	1.9	3.0	4.3	7.3	7.0	7.3	7.5
劳动保险费	0.0	0.0	0.0	7.0	22.0	30.3	51.8	54.3	55.9
实验费	0.1	0.1	0.1	0.7	0.4	0.6	0.4	0.8	0.9
挖泥费	1.1	1.1	1.2	1.8	1.6	1.7	2.0	2.1	2.2
利　息	−0.6	−0.6	−0.3	−0.3	−1.7	−4.7	0.0	−1.6	−1.8
动力费	54.9	88.6	103.7	113.4	181.2	197.9	221.9	271.9	288.2
取水费	0.0	0.0	38.3	225.2	373.3	361.7	464.9	884.9	884.9
原材料	32.7	30.2	46.4	53.8	78.9	97.4	113.0	124.3	131.8
其　他	21.4	4.3	10.3	29.8	21.7	15.8	10.2	30.0	35.0
待摊费用	0.0	0.0	0.0	−69.7	−133.7	−159.7	−16.7	0.0	0.0
分支机构费	0.0	0.0	0.0	0.0	0.0	0.0	0.0	−181.0	−186.4
总　计	210.5	237.4	329.6	605.5	878.8	926.5	1268.9	1699.9	1746.9

从表12.7看出，各类成本都增加很快，变化最大的是1993年。私有公司取水费的增加是一个重要因素。而取水费的上涨是因为这些公司都想提高成本补偿标准。成本上升的另一个重要因素是维护费、折旧和工资的增加。工资支出的上升反映了工资标准的提高和劳动力的增加。从1992～1995年工资成本增加很大，1996年有所下降。报表中的工资成本在全部成本中所占比例并不算高。由于投资项目的增加导致了折旧和维护费用的上升。固定资产增加迅速，到1996年已达到20个亿。固定资产的折旧率如下：贮水池、水库、其他工程为4%，水处理机器设备为6.4%，水泵为6.4%，地下管道为4.8%，用户水表为18%，建筑物为4%。由于电价的上调、自来水加压的增加导致动力成本上升。现在，已将原水泵提升水和从两个私营净水厂取水的动力成本算作取水成本的一部分。在这期间自来水公司采取了成本控制措施，包括降低用电量和降低原材料成本。自来水公司还没有偿还贷款，所以表12.7中未见利息成本。

12.10　售　水　收　入

售水收入从1990年的1.775亿元增加到1996年的7.28亿元(表12.8)，主要原因是水价的上调和用水量的增加。售水收入年平均增长率为26.7%。

根据报表中的售水量和水价计算出的年售水收入(表12.8)与报表中提供的收入相比，报表中的收入一直低于计算出的收入，其中超过4年时间报表中的收入平均为计算出收入的79.5%。自从报表中的收入包括了增值税后(在估计水价收入时应减去该项)，两者差异更大了，原因之一是水费账单中包含了排污费(0.02 元/m^3)和城市建设税(5%)。这两项收费从 1993 年开始征收，5%的城市建设税交给当地政府，排污费已于 1996 年停止征收。

上海市自来水公司收入　　表 12.8

年　份	1990	1991	1992	1993	1994	1995	1996
报表中列出的收入(10^6 元)							
总　计	177.5	276.6	357.4	514.2	642.3	753.5	728.0
根据用户估计的收入							
水价(元/m^3)							
居　民	0.18	0.18	0.28	0.40	0.50	0.48	0.48
商　业	0.26	0.26	0.36	0.51	0.70	0.68	0.68
工　业	0.26	0.26	0.36	0.51	0.70	0.68	0.68
机　关	0.26	0.26	0.36	0.51	0.70	0.68	0.68
其　他	0.13	0.13	0.20	0.40	0.50	0.48	0.48
用水量(10^6m^3)							
居　民	329	326	342	372	381	396	422
商　业	237	258	262	291	372	382	395
工　业	590	581	602	596	547	514	467
机　关	43	45	47	49	25	28	27
其　他	26	31	37	43	93	139	194
总　计	1225	1241	1290	1351	1418	1459	1505
计算出的收入(10^6 元)							
居　民	59.2	58.7	95.8	148.8	190.5	190.1	202.6
商　业	61.6	67.1	94.3	148.4	260.4	259.8	268.6
工　业	153.4	151.1	216.7	304.0	382.9	349.5	317.6
机　关	11.2	11.7	16.9	25.0	17.5	19.0	18.4
其　他	3.4	4.0	7.4	17.2	46.5	66.7	93.1
总　计	288.8	292.6	431.1	643.4	897.8	885.1	900.2
报表中的收入/计算出的收入(%)							
	61.5	94.5	82.9	79.9	71.5	85.1	80.9

12.11　资　金　计　划

由于上海市供水系统规模很大，所以资金计划较为复杂，例如，从 1990 年到 1999 年，6 个净水厂各自的建设项目使整个系统的生产能力增加了 68 万 m^3/d。另外，新的长江水源的建设正在进行，这个阶段整个的建设费用是 15.88 亿元。1995 年，4 个净水厂的技术改造和扩建项目使供水能力增加了 32 万 m^3/d。黄浦江上游的取水二期工程正在进行。“第 9 个五年计划”期间的建设项目投资估计为 91 亿元，分配如下：

长江取水工程 45 亿元，净水厂建设和改造 28 亿元，水库、泵站建设 5 亿元，管线 13 亿元。1994 年以前，工程项目的资金来源于政府投资，从 1995 年起，自来水公司要考虑利用贷款筹集资金，但又没有偿还能力。最近，政府承担了建设委员会的基本建设成本。现在，建设委员会下属有一个城市建设投资公司。1997 年的长期贷款转换成了权益，其投资的 80%来自城市建设投资公司，其余的由当地银行贷款。由于自来水公司亏损不能偿还贷款，所以产权人并未能获利。

12.12 资产和负债

1990～1996 年的权益、负债和资产情况见表 12.9。由于大型项目采取贷款形式筹集资金，所以长期贷款增长很快。资产中没有包括原水系统，尽管自来水公司拥有一部分原水系统，但不清楚自来水公司拥有的凌桥水处理分公司的股份是否包括在资产中。这些差异或许可以解释为什么总资产不等于总权益和负债。

上海市自来水公司权益、负债和资产(10^6 元) **表 12.9**

年　份	1990	1991	1992	1993	1994	1995	1996
权益和负债							
长期贷款	7	7	79	700	885	1545	1924
应付账款			242	398	594	1044	1251
权益和负债总计	7	7	321	1098	1480	2588	3175
资产							
水处理	210	231	289	356	518	540	617
输水管网	718	758	525	500	796	995	1121
用户水表	21	23	26	28	30	33	37
其　他	23	39	56	59	61	89	209
固定资产总计	973	1051	753	944	1405	1657	1985
存　货	9	14	20	25	30	28	21
现　金	0	0	149	120	190	445	522
应收账款	0	0	9	9	11	16	16
其他流动资产	0	0	172	328	276	470	284
流动资产总计	9	14	349	483	508	959	843
总资产	981	1065	1102	1427	1913	2616	2827

注：该公司提供的报表不完整，所以资产、负债和权益不平衡。

12.13 损益表

上海市自来水公司损益表中所提供的有关数据见表 12.10。由此表可以看出，在大部分年份里，售水成本都大大超过了售水收入，1996 年的差值更大。售水收入每年以 12％的速度增长，而成本却以 28％的速度增加。经营补贴从 1993 年开始实行。1996 年，收入为 7.28 亿元，补贴为 3.14 亿元，贷款 1 亿元，其他业务利润 1.07 亿元，但还亏损 0.55 亿元。从表 12.10 中的净资产利润率可以看出，1994 年和 1996 年的利润率为负值，1993 年和 1995 年为正值。这些数据可能会产生误解，因收入中包括了补贴和运营贷款，实际上减少了亏损。

上海市自来水公司损益计算表(10^6 元) **表 12.10**

年　份	1993	1994	1995	1996	年变化率(%)
售水收入	514	642	754	728	12.3
总运营利润					
售水成本	550	876	926	1138	27.4
销售费用	15	33	52	66	65.8

续表

年　份	1993	1994	1995	1996	年变化率(%)
销售税及其他	17	4	5	4	−36.6
总费用	582	912	983	1 209	27.6
售水总利润	−67	−270	−229	−481	−92.5
其他销售利润	0	−6	15	107	—
合　计	−67	−276	−214	−374	−77.2
营业利润					
管理费	27	64	80	105	57.0
财务费	0	−2	−5	1	—
总的营业支出	27	62	75	106	58.6
营业利润	−94	−338	−289	−480	−72.3
净利润计算					
投资收益	1	1	5	13	195.7
营业外收入	2	3	4	4	38.7
营业外支出	−5	−3	−6	−6	−6.1
运营贷款				100	—
补　贴	117	305	300	314	39.0
其他支出总计	114	306	302	426	55.0
净利润	20	−32	13	−55	−238.9
净资产利润率					
净利润	20	−32	13	−55	−238.9
利　息	0	−2	−5	0	—
总资金利润率	20	−34	8	−55	−239.6
固定资产净值	944	1405	1657	1985	28.1
净资产利润率(%)	2.1%	−2.4%	0.5%	−2.8%	

从1993年到1996年，售水收入还不能弥补运行、维护和管理成本(OM&A)(表12.11)，主要原因是3个水厂的基建成本都包括到水价中，由自来水公司负担，因此，与项目有关的基建成本也被当作自来水公司的成本。虽然水价提高了，但是没有新的融资渠道，自来水公司的财务状况继续恶化。水价调整需要考虑每年增加的成本，由于亏损不能弥补，原有贷款不能偿还，又不得不借新贷款，以致每年的亏损继续增加。

上海市自来水公司售水收入/成本　　**表12.11**

年　份	1993	1994	1995	1996
售水收入(10^6元)	514	642	754	728
OM&A*(10^6元)	560	917	987	1239
收入/OM&A	92%	70%	76%	59%
OM&A+折旧(10^6元)	591	970	1053	1311
收入/(OM&A+折旧)	87%	66%	72%	56%
OM&A+折旧+利息(10^6元)	591	969	1049	1311
收入/(OM&A+折旧+利息)	87%	66%	72%	56%

*包括售水成本、销售费用、管理费和财务费。

13 深圳试点调研

13.1 背　　景

深圳位于中国香港以北，面积 327km^2，人口 200 万，每年经济产值超过 1000 亿元。深圳市自来水公司的主要用户是深圳经济开发区，在过去的十几年中，深圳经济开发区发展迅速。

建设部和深圳市政府选定深圳市自来水公司作为现代企业制度改革试点单位，1995 年成为国有企业，1996 年改名为深圳市自来水(集团)有限公司。1996 年底，深圳市共有 27 个水厂，其中属于深圳市自来水(集团)公司的有 5 个水厂、4 个泵站和 1000km 的管线，其他的水厂属于企业或县政府。公司拥有 1800 名员工、净资产达 15.9 亿元。

深圳市自来水公司是一个大型联合企业，生产和经营的业务包括水处理和销售，水管的生产、安装和维护，原材料和供水设备的生产和销售，房屋租赁，房地产开发、设计和咨询，广告，高科技产品开发以及贸易等。公司的管理机构与上一级领导机关的关系见图 13.1。

深圳市自来水公司是国有有限责任公司，由水务局管辖，投资管理公司监督其资产管理。

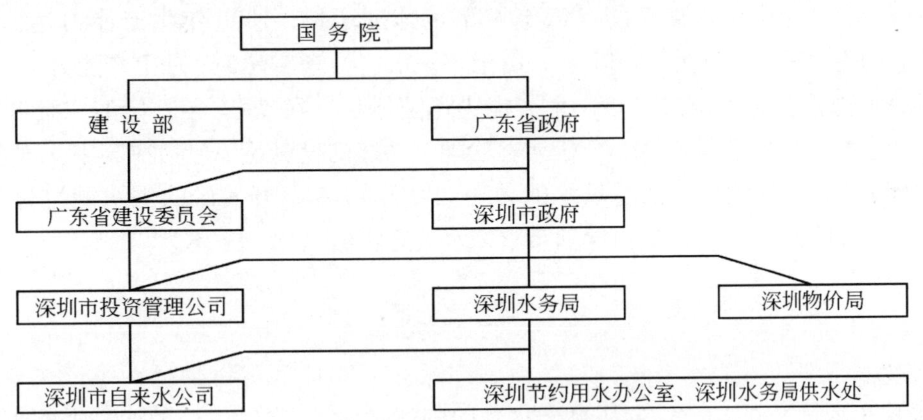

图 13.1　深圳市政府行政管理机构图

水务局负责水资源的利用管理，职责如下：

- 根据《中华人民共和国水法》制定具体的规章制度；
- 制定节约用水和供水发展计划，并监督实施；
- 制定水资源、城市和乡村供水及防洪基建计划；
- 管理和评估地表水和地下水资源；
- 发放取水许可证并征收水资源费；
- 供水、防洪以及农业灌溉等工程的建设；
- 自来水公司的资格认证；
- 原水费和节约用水费的管理；
- 为保护水源，协调并监督水土和农田保护工作。

深圳投资管理公司的运行分为 3 部分：投资、建设和管理，投资管理公司负责国有资产的管理，其目标是实现国有资产的保值增值。与自来水公司有关的工作如下：

- 制定投资和管理原则；
- 指派经理和管理干部；
- 检查和批准每年的财务报告，预算和利润的使用计划；
- 决定合并、联营、发行债券、注册资金变化、公司制度变化的有关事宜；
- 监督和检查财务状况和管理行为。

自来水公司职工按职责分工见表13.1。

深圳自来水公司员工分布 **表13.1**

部门	员工数	部门	员工数
原水供应	72	收账	20
水处理	500	财务和定价	18
配水管网(管道和泵站)	192	其他	769
维护和安装水表	107	总计	1811
读表	133		

13.2 供水能力

供水能力的发展分两个阶段，第一阶段1980～1990年(开发区建立前)只有一个生产能力为5000m^3/d的水厂，这10年中用水量平均以每年46%的速度增长。1990年生产能力达到50万m^3/d，但仍有10万m^3/d的需求得不到满足。1991年，由于东深水厂维修，有2个月生产能力降到35万m^3/d，以致一些企业因缺水而停产。到第二阶段，生产能力迅速增长，在1991年开始的“第8个五年计划”期间，水源工程和水处理厂的总投资达2.8亿元，输配水系统的投资还不包括在其中。现在横跨开发区建设了长63km的新管道。深圳市区的总供水能力为328万m^3/d。开发区的供水能力为184万m^3/d，大约163万m^3/d的水量(占88.1%)是由深圳市自来水公司供给。

13.3 产水量

1996年的每月产水量见表13.2。全年自来水公司的产量为3.3亿m^3。平均每天的需求量为93万m^3，占生产能力的57%，自来水公司提供的1994、1995年和1996年的最高日产量/平均日产量的比值即日变化系数为1.21、1.20和1.26。该数据表明用水量稳定，季节间差别不大。

1996年深圳每月产水量 **表13.2**

月份	产水量(10^6m^3/月)	月份	产水量(10^6m^3/月)
1	24.60	9	31.14
2	24.44	10	29.00
3	19.89	11	29.62
4	24.88	12	27.57
5	25.73	总计	329.84
6	29.74	平均月产量	32.72
7	31.05	最大月产量/平均月产量	1.17
8	32.27		

据自来水公司的预测，2000 年以前的自来水产量每年将继续以 28%的速度快速增长，2000 年以后降为 2.2%。预测如下：

年份	深圳市	深圳市自来水公司
2000	450 万 m^3/d	250 万 m^3/d
2010	730 万 m^3/d	310 万 m^3/d

13.4 用 水 量

不同类型用户的用水量见表 13.3。所有用户实行装表用水。居民和商业用水以每年 16%和 12%的速度增长。从 1990 年起工业用水的年增长率为 8.5%，但实际上从 1993 年开始下降。近年来商业和工业用水增长较平稳。1996 年的漏失率相对较低，仅为 8%。

深圳用水量增长情况 **表 13.3**

用户类别	1990～1996 年的增长		1996 年用量	
	10^6m^3	%/年	供水量(%)	用水量(%)
居　民	78.12	15.8	40	44
商　业	39.36	12.0	24	26
工　业	27.66	8.5	22	24
机　关	14.95	0.0	5	5
港口外轮	−3.29	−20.2	0	0
自来水总量	156.80	13.1	91	99
漏失水	20.93		8	
总　计	177.73		100	

13.5 用 水 户

1990～1996 年按水表口径划分的用水户数见表 13.4。小水表用户增加很快，大约 19%，大一些水表的用户增加也很快。全部用户平均增长率为每年 15.6%。

深圳市按水表大小划分的用户数 **表 13.4**

水表大小(mm)	1990 年	1991 年	1992 年	1993 年	1994 年	1995 年	1996 年	变化(%/年)
15	20600	29421	32925	38052	45485	51867	58971	19.2
20	4555	6101	6017	6164	6345	6428	6193	5.3
25	974	1017	1010	1004	1096	1147	861	−2.0
40	1011	1030	1102	1093	1125	1180	935	−1.3
50	1383	1524	1529	1642	1739	1808	1640	2.9
75	531	619	666	749	841	862	914	9.5
100	490	609	694	799	954	1034	1196	16.0
150	176	197	220	243	297	327	406	14.9
200	53	53	54	61	77	85	111	13.1
300	7	7	7	7	7	6	7	0.0
400	1	1	1	1	1	2	7	38.3
总　计	29781	40579	44225	49815	57967	64746	71241	15.6

13.6 水 价

表13.5为1990～1996年的水价，在此期间共进行了6次调价，1997年的水价比1990年提高了4～5倍。现行水价具有阶梯式递增特点，例如，居民用水每月30m^{3}以下为1.00元/m^3，超过部分为1.5元/m^3。团体水价每人每月6m^{3}以下为1.00元/m^3，超过部分价格为1.50元/m^3。也有某些特殊水价，如外轮水价为3.5元/m^3，高层建筑物水价为基本水价加20%水泵加压费。

大部分使用城市排水设施的用户需支付排污费，排污量按用水量的90%计算，对于特殊行业如主要原料为水的企业除外。排污费标准为：工业和商业为水价的30%，其他用户为20%，大多数用户需付费，但军队、学校、幼儿园、医院和社会福利机构则免费。排污费的收入主要用于城市排水系统的运行。

深圳市水价增长情况(元/m^3) **表13.5**

用户	1990年	1991年	1992年	1993年	1994年	1995年	1996年	1997年
居民	0.27	0.32	0.40	0.55	0.80	0.80	1.00	1.00
商业	0.45	0.45	0.65	0.95	1.50	1.50	2.10	2.10
工业	0.40	0.40	0.55	0.85	1.34	1.34	1.70	1.70
机关	0.30	0.32	0.48	0.75	1.10	1.10	1.50	1.50

13.7 水 价 调 整

深圳在水价调整方面的实践反映了这样一个原则：水资源管理方面最重要的是实行有效的经济管理。水价调整的原则、程序等在《深圳经济特区供水条例》中都有明确规定。该条例中关于水价部分的内容如下：

• 城市供水水价应按供水成本补偿、税金和合理利润的原则确定。

• 水价应按用水性质区别对待，居民生活用水保本微利，消防和绿化按成本收费，其他用水合理计价。居民生活用水收费办法由市政府规定。

• 税后净资产利润率不能高于8%。

• 市物价部门会同水务部门制定净资产核算办法。供水净资产利润率由市物价部门和水务部门每年核算一次。

• 市物价部门会同水务部门根据供水净资产利润率确定水价基价，水价基价经市政府核准后向社会公布。

• 自来水公司应设立“水费调节基金”，专项用于稳定水价。物价局和水务局监督该项基金的收入和使用情况。

• 如果供水企业的利润率低于6%，经物价局和水务局审核后，由“水费调节基金”来补贴供水企业。经“水费调节基金”补贴后，仍低于6%净资产利润率时，供水企业可以申请调整水价。

• 调整水价应经水务局同意后，物价局核定调价方案并报市政府批准。市政府批准后才能执行，水价一年最多调整一次。

• 供水企业应根据水价条例，并根据用户的实际用水量和水质收取水费。除了法律、法规和规章另有规定外，供水企业不得向用户收取水费以外的任何其他费用。

深圳的供水条例是中国最明确的一个地区性水价制定的条例。

13.8 成本和费用

表 13.6 为深圳市供水成本上升和成本结构情况，详细的各项支出见表 13.7。1993～1996 年的折旧以平均每年 98%的比例增加，这是成本迅速上升的一个重要因素。折旧的增加反映了净水厂和管道投资的增加。折旧率如下：贮水池、水库等为 6%，水处理构筑物 20%，水泵 10%，地下管道 10%，用户水表 20%，建筑物 5%。

其他成本也增加很快。1990～1996 年劳动力成本增加显著，但是劳动力成本在总成本中所占的比重不大。从 1996 年开始，维修费单独核算，因大部分供水系统较新，因而会降低维修成本。1991 年的原材料费最低，但从 1994 年开始，以每年 400 万元的速度增加。

水资源费是按售水收入百分比计算的，并根据不同水源而变化，水库水为按售水收入的 3%，江河水为 1.5%，地下水为 10%，矿泉水为 400%，温泉水为 300%。

深圳市供水成本费用分析 **表 13.6**

成本类型	1996 年成本结构(%)	1990～1996 年平均增长(%)
劳动力	10.5	52.3
动力	12.9	28.7
折旧	27.7	—
利息	−1.3	—
维修	4.9	—
水资源费	29.8	45.3
原材料	3.8	47.5
其他	11.6	33.6
总计	99.9	42.0

深圳市供水成本支出明细(10^6 元/年) **表 13.7**

年份	1990	1991	1992	1993	1994	1995	1996
工资	3.7	4.3	5.8	10.6	19.4	24.9	39.7
福利费					0.6	3.4	6.5
折旧				15.8	91.7	106.6	122.7
办公费							8.3
运输费					0.8	1.1	4.8
保险							3.7
维护修理费							21.7
咨询费							2.0
绿化费							0.3
物料供给					10.5	11.7	16.2
低值易耗品							1.2
递延费用							0.2
研发费							0.4
业务招待费							1.0
工会费用							0.9
教育培训费							1.1

续表

年　份	1990	1991	1992	1993	1994	1995	1996
税						0.5	0.3
水电费							1.8
印刷和宣传费							1.2
劳动保护费							2.4
劳动保险费							5.3
利　息					−0.8	−10.9	−5.6
动力费	12.6	14.5	18.8	23.6	48.4	51.6	57.1
取水费	14.0	16.7	19.6	40.9	99.0	96.0	132.0
原材料	1.6	1.5	2.6	4.3	7.3	12.8	16.9
其　他					23.4	37.1	
车间经费	6.4	8.7	16.9	21.6			
管理费	2.6	11.0	16.5				
总　计	40.9	56.6	80.2	116.8	300.0	335.6	442.2

注：专家组调研时1997年和1998年的预算数据仍未出来。

13.9 售　水　收　入

售水收入从1990年的0.47亿元增长到1996年的3.4亿元，见表13.8。由于水价上调和用水量增加，售水收入以年平均39%的速度增长。根据报表中的售水量和水价重新估算售水收入，并与报表中的收入作比较(表13.8)，报表中的收入与估算的收入大体一致。估算值偏高或偏低可能因为估算时对每年售水量计算的时间与实际有差异，也可能因实际水价调整的时间有延迟。

自来水公司估计有2%的用户不支付水费或延期支付水费。自来水公司的增值税率为6%，但政府目前对其免征。

深圳市售水收入分析　　**表13.8**

年　份	1990	1991	1992	1993	1994	1995	1996
报表中列出的收入(10^6元)							
年总计	46.8	58.4	110.8	180.8	297.9	334.58	340.3
根据用户计算的收入							
水价(元/m^3)							
居　民	0.3	0.3	0.4	0.6	0.8	0.8	1.0
商　业	0.5	0.5	0.7	1.0	1.5	1.5	2.1
工　业	0.4	0.4	0.6	0.9	1.3	1.3	1.7
机　关	0.3	0.3	0.5	0.8	1.1	1.1	1.5
其　他	0.3	0.3	0.5	0.8	1.1	1.1	1.5
用水量(10^6m^3)							
居　民	55.2	65.1	74.4	99.3	120.1	126.1	133.3
商　业	40.2	43.7	61.5	59.5	82.2	84.8	79.6
工　业	43.8	46.0	48.9	73.7	73.7	68.2	71.5
机　关	0.0	0.0	0.0	0.0	0.0	0.0	15.0
其　他	4.4	3.9	0.8	0.7	1.1	7.3	1.2

续表

年 份	1990	1991	1992	1993	1994	1995	1996
总 计	143.7	158.7	185.5	233.2	277.1	286.4	300.5
计算出的收入(10^6 元)							
居 民	14.9	20.8	29.8	54.6	96.1	100.9	133.3
商 业	18.1	19.7	39.9	56.5	123.4	127.2	167.1
工 业	17.5	18.4	26.9	62.7	98.7	91.4	121.5
机 关	0.0	0.0	0.0	0.0	0.0	0.0	22.4
其 他	1.3	1.3	0.4	0.5	1.2	8.0	1.7
总 计	51.9	60.1	96.9	174.3	319.4	327.4	446.1
报表中的收入/计算出的收入(%)							
	90%	97%	114%	104%	93%	102%	76%

13.10 资 金 计 划

政府对供水系统的补贴经常用于水源和基础设施的建设，从 1991 年特区建立到 1996 年，对深圳自来水公司的全部投资为 15 亿元，其中有 13.03 亿元是这 6 年的投资。自来水公司预测，1997 年的基建投资为 0.45 亿元，1998 年为 1.1 亿元。

13.11 资 产 和 负 债

表 13.9 为 1990～1996 年的资产负债表。产权完全归政府所有，没有长期贷款(因为政府和自来水公司的投资都用自有资金)。1994 年资产项下的水厂和输水管网有较大的增加。自来水公司有 0.4 亿的保留盈余可以建设小型项目，还有 0.2 亿应急资金和 0.4 亿流动资金。

深圳市自来水公司资产、负债和权益(10^6 元)　　**表 13.9**

年 份	1990	1991	1992	1993	1994	1995	1996
负债和权益							
政府权益	5.0	5.0	18.9	368.8	1126.8	1269.5	1365.5
长期贷款							
流动负债	5.0						
应付账款	1.4	2.0	10.1	47.3	16.4	13.5	13.3
其他流动负债	0.4	0.4	7.6	4.0	10.0	10.0	
负债和权益总计	11.8	7.3	36.6	420.1	1153.2	1293.0	1378.8
资 产							
原水系统	12.9	17.9	18.1	355.0	880.5	855.5	823.0
水处理厂	5.1	10.1	10.1	220.0	425.0	425.0	390.5
输水管网	4.8	4.8	4.8	131.0	450.0	425.0	425.0
用户水表	0.5	0.5	0.7	1.5	2.5	2.5	2.5
其他固定资产	2.5	2.5	2.5	2.5	3.0	3.0	5.0
总固定资产净值	12.8	17.4	17.7	355.0	876.5	859.7	807.2
现 金	7.0	19.0	56.7	50.1	130.3	166.1	262.4

续表

年份	1990	1991	1992	1993	1994	1995	1996
应收账款	20.9	17.7	16.0	35.1	27.4	27.4	46.5
总流动资产	27.8	36.7	72.7	85.2	157.7	193.5	308.9
总资产	28.8	37.0	259.7	458.3	218.8	1349.5	1417.0

注：分析所用数据不平衡。

13.12 损 益 表

表 13.10 为 1993～1996 年的损益表，由此表看出自来水公司一直处于盈利状态。1993 年以后利润主要来自其他业务，主营业务售水并未盈利。

深圳市自来水公司损益表（10^6 元） **表 13.10**

年份	1993	1994	1995	1996	年增长率
售水收入	180.8	297.9	334.5	340.3	23.5%
总运营利润					
售水成本	125.4	265.9	293.5	288.4	32.0%
销售费用	9.6	14.7	20.1	23.1	34.0%
销售税及其他	4.9	0	0	0	—
总费用	139.9	280.6	313.6	311.5	30.6%
总售水利润	40.9	17.3	20.9	28.8	−11.0%
其他售水利润	0	0	0	0	—
合计	40.9	17.3	20.9	28.8	−11.0%
营业利润					
管理费	17.3	20.3	32.7	37.2	29.1%
财务费	−0.3	−0.8	−10.8	−11.4	236.2%
总的营业支出	17.0	19.5	21.9	25.8	15.0%
营业利润	23.9	−2.2	−1.0	3.0	−50.1%
净利润					
加：投资收益	0	0	0	−1.2	—
加营业外收入	2.1	41.3	38.8	47.3	182.9%
减：营业外支出	−2.2	−3.2	−1.6	−3.0	10.8%
以前年度损益调整				0	—
补贴					—
其他支出总计	−0.1	38.1	37.2	43.1	831.8
净利润	23.8	35.9	36.2	46.1	24.7%
净资产利润率					
净利润	23.8	35.9	36.2	46.1	24.7%
利息成本*	0	0	0	0	—
资金报酬	23.8	35.1	25.3	40.5	19.4
固定资产净值	355.0	876.5	859.7	807.2	31.5%
净资产利润率	6.7%	4.1%	4.2%	5.7%	

* 利息成本项下只是利息收入。

净资产利润率与其他试点城市供水公司的结果相比，低于允许的8%。从1993年到1996年的收入可弥补运行、维护、管理(OM&A)和折旧成本(表13.11)。

深圳市自来水公司收入/成本　　表13.11

年　份	1993	1994	1995	1996
售水收入	180.8	297.9	334.5	340.3
OM&A* (10^6 元)	136.2	208.4	228.9	214.7
收入/OM&A	133%	143%	146%	159%
OM&A+折旧(10^6 元)	152.0	300.1	335.5	337.3
收入/(OM&A+折旧)	119%	99%	100%	101%
OM&A+折旧+利息(10^6 元)**	152.0	299.3	324.6	331.8
收入/(OM&A+折旧+利息)	119%	100%	103%	103%

* 包括售水成本、销售费用、间接费和财务费，**利息支出成本只列出利息收入。

13.13 社会经济状况

据自来水公司介绍，平均每个家庭(2人)每年收入为10万～15万元，平均家庭的水费支出为每年300～500元，占平均收入的1%，支出的2%。低收入家庭的平均水费为每年300元。低收入用户占全部用户的10%。5个最大工业用户每年的水费为40万～200万元，这些用户没有拖欠水费的现象，在非居民用户中也极少拖欠水费。

14 水 价 计 算

14.1 水价计算的频率

在1986～1996年期间，由于通货膨胀的原因，供水公司的水价几乎每年都要作一次调整，为了弥补通货膨胀带来的成本增加，频繁的水价调整是必要的。从财务的角度看，为了确保有足够的收入来补偿成本，经常调整水价是可行的，但可因此减少与通货膨胀保持同步而进行大规模调价的必要性。理想情况下，水价应当与每年预算结合起来，一年计算一次，国际上的经验提供了两个每年调整水价方法的实例：

• 在加拿大，供水公司每年根据来年预算对水价进行具体的研究，然后将新的预算和水价申请交政府部门批准，整个过程大约需2个月的时间。水价计算可利用计算机化的水价模型很快完成。

• 在英国，水管理机构每隔5～10年对水价进行一次全面细致的研究，然后将研究结果递交给水务办公室(OFWAT)，水务办公室在仔细研究水价申请、财务和运营报告之后，才能同意调价，与此同时，水务局还批准一年一度的水价调整步骤，这个步骤将水价和消费价格联系起来，这是一个非常耗时的过程。

在上述两个例子中，经过详细的计算得出的水价都要经过审批。在英国通过向供水公司提供一种价格自动调整程序就可避免年度价格审批，这种价格自动调整程序可在听证会时应用。

上面的两种方法都被证明非常有效，对中国来说也是合理的模式，应当予以考虑。哪种模式最好，在很大程度上取决于水价调整进程，这也是当前中国供水部门进行改革的一部分。如果水价只由地方一级审批并且所需时间较短的话，那么就可以根据年度预算，经过详细的水价计算作出年度水价调整方案。由于水价调整需作很大努力，调整过程复杂费时，若要每年再进行水价计算就显得不合适，在这种情况下，采用像英国那样的调整步骤可能更好。

14.2 测试年份的水价计算

现行水价计算方法相对比较简单，将总预算成本除以总预计售水量，由此决定平均水价。不同类型用户的水价差异由地方政府决定，并被附加到平均水价上，得出每一种用户类型的水价。这些差异来源于对用户承受能力的判断。由于水价在不断增长，通过调整各用户类型之间的水价差异，来减少水价对某一类型用户的影响，这类用户通常是家庭用户，因此也改变了用户类型之间交叉补贴的水平。

如果继续使用简单的计量水价结构，现行的水价计算方法是适用的。但是，以计量水价和需求收费组成的两部制水价结构则需要更加复杂的水价计算方法。该方法是基于成本的性质和对用户账单中计量收费和需求收费之间的适当平衡，将每一种成本分配给计量收费或需求收费。

成本分摊基于与发生成本方式有关的合理标准。需求收费与用户要求的供水能力需求有关，这样，与供水能力也即基建成本有关的成本应分摊给需求收费，与运行有关的直接成本被分摊给计量收费。余下的如管理成本和其他间接成本既不能单独分配给供水能力也不能单独分配给用水量，因为它们是一些联合成本，既与供水能力需求有关也与用水量有关。这些成本可以按引起的原因，参照一定比例来分摊给供水能力需求成本和计量成本。例如，按照引起的原因，如果运行、维护和管理成本中，30%分摊给供水能力需求成本，50%分摊给计量成本，那么余下的间接成本是20%。这20%中，7.5%=20%×(30%/80%)应该分摊给需求能力成本，而其中的12.5%=20%×(50%/80%)应该分摊给计量成本。

分摊给需求能力的成本用来计算需求收费，分摊给计量收费的成本用来确定平均计量收费(表14.1)。

收费率计算样本 **表14.1**

要补偿的总成本	100000000元
分摊给计量水价的成本	55000000元
分摊给需求收费的成本	45000000元
所有用户的预期总售水量	100000000m³
平均计量水价	55000000元/100000000m³=0.55元/m³
供水能力总需求	120000000m³
需求水价	45000000元/120000000m³=0.375元/m³

相当的居民售水量方法可用来计算差异水价，以下用简单例子来说明。假设在居民计量水价和非居民计量水价间的差异是25%，而这两种用户类型的需水量相同，因此非居民水价是居民水价的1.25倍，非居民每用1m³水自来水公司产生的收入是居民用1m³水产生收入的1.25倍。居民和非居民水价的计算如表14.2所示。

差异水价的计算样本 **表14.2**

从计量水价补偿的成本	55000000元
所有用户的预期售水量	100000000m³
居民用户售水量	50000000m³
非居民用户售水量	50000000m³
非居民用户相当的售水量	1.25×50000000m³=62500000m³
居民相当的售水总量	50000000m³+62500000m³=112500000m³
居民计量水价	55000000元/112500000m³=0.489元/m³
非居民计量水价	0.489元/m³×1.25=0.611元/m³

由于不同用户类型之间的水价差异是由政策决定，目前还没有客观的方法来计算这种差异。然而，客观的分析有助于确定这种差异是多少较为合适，至少可以在居民用户和其他用户类型之间来建立这种差别。可以根据城市平均收入家庭的承受能力来分析判断，将家庭水价基于可承受的价格之上。进行这种计算可用表14.3中所列的步骤。按这种方法算出的家庭可承受水价应该与单位售水成本相比较，以保证这种水价能补偿如供水运行成本之类的基本成本。进行类似的分析就能决定低收入家庭可承受的水价，由此可用这一水价来设计最低限水价结构。

家庭可承受的水价计算 **表14.3**

家庭每人平均用水量	120L/d
家庭平均人口	3.3人
家庭平均每月用水量	(3.3人)×(120L/d)×(30天/月)/1000=12m³/月
家庭平均收入	15000元/年
承受能力因子	1.5%
每月可承受的水费	0.015×12000元/12月=15元/月
可承受的家庭水价	(15元/月)/(12m³/月)=1.25元/m³

上述计算中可能会有许多变量因素。计算方法的具体细节必须与水价计算的地方需求相协调。但任何情况下，一种合理的水价计算方法总要满足一定的要求：

- 计算方法简单明了；
- 指出假设并予以解释，应避免任意的假设；
- 计算时，成本和其他输入有详实的证明；
- 成本分摊和其他详细的计算要建立在合理而客观的程序上；
- 核对计算出的水价的准确性，以保证这一水价在达到预期售水量后能产生所需的收入。

14.3 水 价 预 测

测试年的水价计算是水价调整步骤的最低要求，这种计算可以确定满足完全成本补偿要求的水价，但它可能不是最佳的水价，特别是供水公司正在快速发展，所需投资很大，需要从用户水费筹集资金时。这种情况就会造成财务成本和现金需求变化很快，并且可能造成财务成本与现金需求不匹配的情况，特别是现金需求超过财务成本时，就会导致供水公司财务混乱。在这种条件下就要进行长期的财务计划，以确保供水公司财务处于良好的状态。但是在试点城市研究中，没有发现供水公司作过长期的财务计划。

供水公司要进行长期财务计划研究，必须对需求水量、基建投资、运行维护和管理成本、所需的收入和水价作前瞻性的分析。这种分析可以对供水公司的投资能力和多种融资方案进行评价，就能预测用来补偿计划成本的水价，并能作出有关水价调整的决策，水价调整应当在测试年作出，以满足供水公司的现在和未来需求。计算机化的财务模型可以加强供水公司进行这种分析的能力。

14.4 水价计算中的需水量预测

用于长期分析的财务模型需要预测需水量，最简单的预测方法是假设每人的需水量不变，根据预测的人口增长就可得到未来的用水需求，公式如下：

预测年的需水量＝预测年的人口×人均需水量

如果预测年限为5年或更少，而影响人均需水量的社会经济因素如水价、家庭收入水平变化不大时，采用这种预测方法比较合适。

在影响需水量的诸因素如气候、经济增长、生活水平和水价发生较大变化的情况下，就要进行更为详细的需水量预测。一些影响需水量的因素可以合理精确的进行预测，因为许多水价计算建立在平均制水成本估算的基础上，而成本的估算要使用需水量预测，所以在水价制定过程中需水量预测非常重要。

在水价制定过程中，需水量预测必须反映未来人口水平和经济条件下的售水量。一种保守的方法是使用较小的需水量预测，这样可以在一定程度上提高水价，并在预测年的售水量低于正常年时有一个安全系数。这种方法使供水公司有收入盈余，这些盈余应纳入水价稳定基金，在因干旱等因素影响供水而导致售水收入不足时可使用这些基金。在进行需水量预测时，一些因素如节水导致需水量下降及用户情况的变化(如主要企业亏损或现有企业的扩大等)，对需水量的影响都是应当考虑的。

某些对需水量有影响的社会经济因素也应予以广泛分析，以便绘制用于水量预测的需水量曲线。弹性系数是需水量统计分析中的参数，用以衡量需水量对社会经济因素的反应。最重要的弹性系数有价格弹性系数和收入弹性系数，发达国家的价格弹性系数通常在0.0～1.0之间，工业和商业需水量弹性系数在－0.5～0.8之间，而居民需水量弹性系数在－0.2～0.4之间。据估计，拉丁美洲的城市总需水量的价格弹性系数在−0.02～0.6之间。亚行对中国一个城市的短期价格弹性系数作了估计，其结果如下：家庭为−0.2，工业为−0.1，商业为−0.2。

为得出居民和非居民的需水量曲线，本次研究对城市总售水量进行了统计分析，分析结果显示，需水量价格弹性系数为−0.5，基于收入的需水量弹性系数为−0.6。

在专家组的支付意愿调查中，当问及用户水价提高到原来的2倍，他们的用水量是否减少这一问题时，73%的被调查者回答不会减少，而其余则回答他们的用水会减少，家庭需水量的平均减少量为7%，这就意味着需水量价格弹性系数为−0.19。

本次研究所得的需水量弹性系数与上海的实际情况一致，在上海，水价上调10%时用水量下降3.8%。

因为弹性系数是一个统计参数，不同的研究得出的弹性系数有很大的差别，而且消费者对水价的反应是变化的，所以弹性系数也应当是变化的，水价很低时，水费单上的水费小得可以忽略不计，即使水价提升也对需水量的影响不大，这种情况下的弹性系数为0，随着水价上涨，居民对水费支出越来越多，消费者对水价的变化变得敏感，需水量价格弹性系数的绝对值就会变大；需求的收入弹性系数也表现出类似特征，家庭收入减少时，弹性系数绝对值增大。某些模型就具有这种弹性系数的变化特征，如亚洲城市需水量预测模型是一个具有这种特征的改进了的预测模型，关于此模型有关的论述可以参阅"21世纪中国城市水管理"项目有关文件。

14.5 水价计算示范

14.5.1 概述

在此运用工作表形式的模型，以成都和福州两个试点城市为例，简要介绍了水价计算方法。

所开发的价格模型分两部分，第一部分是某一年(称测试年)的水价计算，通过计算可以知道是否应该申请调价；第二部分是预测未来10年的成本和服务需求以及资金计划。10年计划模型包含在另外5个工作表中，见图14.1。

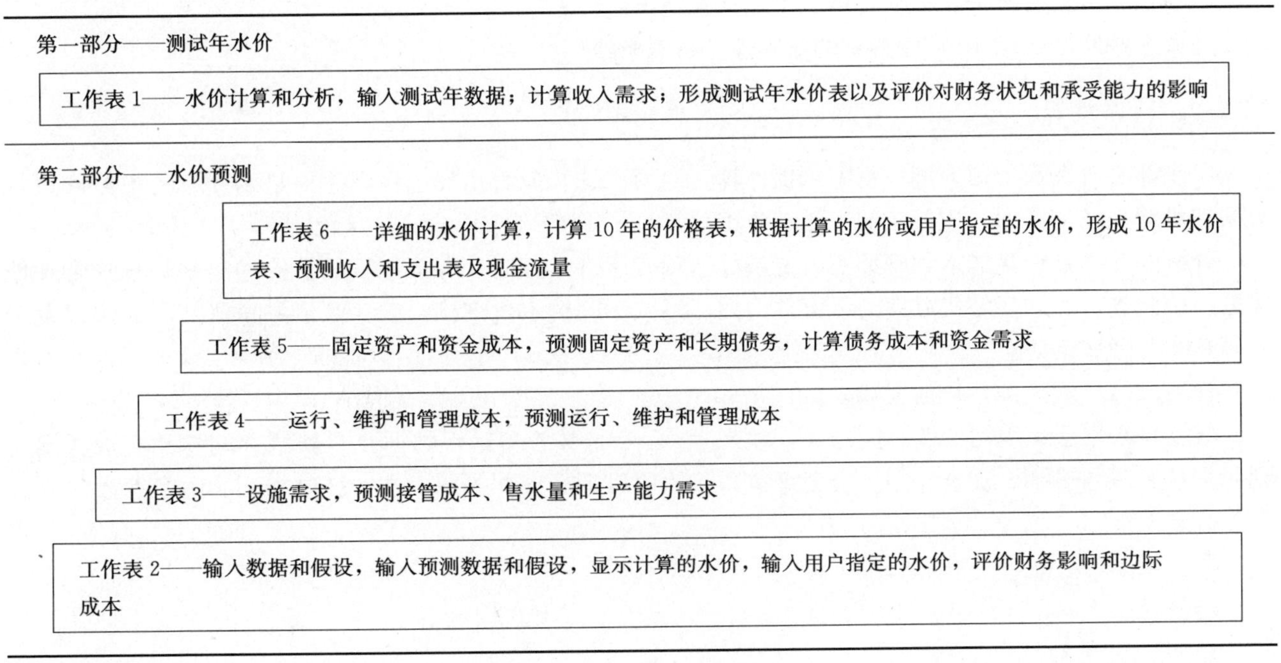

第一部分——测试年水价

工作表1——水价计算和分析，输入测试年数据；计算收入需求；形成测试年水价表以及评价对财务状况和承受能力的影响

第二部分——水价预测

工作表6——详细的水价计算，计算10年的价格表，根据计算的水价或用户指定的水价，形成10年水价表、预测收入和支出表及现金流量

工作表5——固定资产和资金成本，预测固定资产和长期债务，计算债务成本和资金需求

工作表4——运行、维护和管理成本，预测运行、维护和管理成本

工作表3——设施需求，预测接管成本、售水量和生产能力需求

工作表2——输入数据和假设，输入预测数据和假设，显示计算的水价，输入用户指定的水价，评价财务影响和边际成本

图14.1 10年水价模型简介

该方法以成本为基础，计算出能使自来水公司实现完全成本补偿所需的水价。虽然这种水价能实现完全成本补偿，却很难获得政府部门批准。水价计算过程中允许人工输入建议的水价，并比较采用这两种水价后自来水公司的财务状况。建议的水价可能是最终批准的价格，也可能是现行水价或自来水公司希望采用的水价。测试年的水价计算也可评价对用户水费账单的影响，该方法允许用户简易地进行敏感性分析。测试年模型最多可用来计算 8 类用户差异的水价，计算出的水价可以只是计量水价，也可以是计量水价和固定水价之和。

10 年水价模型可进行供水成本、投资和水价的前瞻性分析，通常不适用于申请调价时的水价计算，而是用来评估物价上涨、资金筹集或其他因素对水价的影响以及对自来水公司整体财务的影响。该模型可用于制定每年的财务计划和管理任务。自来水公司运用长期计划模型可提高资金运用、财务管理以及稳定水价的能力。

10 年水价模型和测试年模型采用相同的水价计算方法，两种模型的水价结构相同。10 年模型也允许用户输入其他的水价结构，它有如下的测试功能：几年内维持现行水价或冻结水价，改变不同用户类型的差价，使年与年之间不规则的水价变化趋于平滑等。

模型的财务计算遵循标准会计程序，但为了便于分析作了一些简化的假定，例如，模型跟踪长期债务和固定资产，但没有包括流动资产或权益，对银行存款、短期债务和流动资金没有做单独处理。对每年的现金流量进行分析，计算了现金的剩余或不足，现金不足导致利息成本增加，而现金剩余则增加利息收入并可用于投资。对现金剩余(或不足)的处理实际上代表了流动资金、短期投资和银行存款。

模型中对现金流量剩余(或不足)的处理，实质上是长期财务预测中的近似原理的应用。采用这一近似原理进行假定时带来了误差，例如，成本上涨的幅度、财务成本的上升等，这些误差在详细的水价计算中是不能接受的，但在帮助制定计划的 10 年模型中却是可以接受的。

作为一种预测工具，10 年水价模型最适用于对未来有可能出现的各种情况进行比较，例如：

——采用快速或缓慢两种水价调整方式实现完全成本补偿对财务状况有什么影响？

——为达到水价上涨最小，应采用哪种筹资和投资方式？

——如果售水量的增长低于预期值，对水价和财务状况有何影响？

——利润、利息率和动力成本的不同会对水价有何影响？

——如果所需水价未获批准，可能出现什么情况？

类似这些问题可用 10 年模型中的敏感性分析来解决。

14.5.2 样本计算

以成都市自来水公司为例进行了水价计算，之所以选择成都市作为样本主要是因为它的财务和运行数据相对较为完整，而且成都市的主要基建工程签订了 BOT 合同，模型对此也进行了考虑。

分析的基础是：当成本和模型的假定条件与现有条件一致时，保证计算的水价和实际的水价合理地接近。按此进行了许多替代方案的评价，例如，测试不同的水价结构，改变假定的净资产利润率以及资金筹集的各种假定等。

14.5.2.1 假定条件和数据输入

根据自来水公司填写的调查问卷表，输入 1997 年的财务和运行数据。根据调查问卷和实地考察得到的信息，对增长率、资金计划、资金筹集和其他项目进行各种假定。在计算中用到的固定参数如下：

成本上涨	4%
所得税率	33%
增值税率	6%
短期资金成本	15%
国内贷款	15%(5 年)

国际贷款　　7%(15 年)

社会资金利润率　　12%

以下是在成都市自来水公司的样本水价计算中用到的一些基本假定：

1. 测试年的售水量和用户接管

用户类型	售水量(10^3/年)	用户接管(个)
居民	145200	19300
商业和零售业	3900	19600
工业	7300	1700
机关	3700	4100
特殊用水	4800	104
总计	297900	44804

假定用户数量每年增长 3.2%，居民用户和非居民用户的售水量每年增长率分别为 8.5%和 4.25%。

2. 成都市自来水公司供水的家庭数约为 969000 户，平均居民接管量相当于 50(969000/19300)个家庭用户。

3. 测试年自来水公司的成本和非水价收入如下：

项　目	金额(10^3 元)
运行、维护和管理成本总计	91400
总的债务成本	23700
折旧	39700
总成本	154800
税前利润	3000
总成本＋利润	157800
非水价收入和补贴	—
净收入	157800

4. 假定运行、维护和管理成本随着售水量或用户数量的变化而变化。假定办公费主要是用户账单成本，随用户数量变化(例如用户数量增长 5%，办公费增加 5%)。动力、原材料等成本随售水量变化，其他运行、维护和管理费用一部分随售水量发生变化。

5. 现行水价如下：

用户类型	现行水价(含额外收费)	现行水价(不含额外收费)
居民	0.70	0.45
商业和零售业	1.15	0.86
工业	0.95	0.67
机关	0.90	0.63
特殊用水	1.35	1.04

额外收费中包含建设费 0.10 元/m^3，水资源费 0.09 元/m^3，城市建设发展费 10%。建设费由自来水公司征收，用于供水建设，其他两种收费是由市政府相关部门征收。

6. 资金计划包括 1997 年固定资产投资 5000 万元，以后每年 1.2 亿元。假定这些资产的折旧年限是 20 年。假定现有资产按 1997 年年初值计算，折旧率为 6.4%，每年提取折旧。

7. 资金通过以下方式筹集：(1)市政府投入城市建设发展费收入的一半；(2)自来水公司收取的全部建设费；(3)收入盈余。

8. 1997 年的税前利润率目标是净值的 0.5%或 300 万元。净值可用净固定资产减去长期贷款计算。

9. 2000 年将建成新的 BOT 方式运营的水厂，假定生产能力为 40 万 m^3/d。2000 年自来水取水费为

1.0 元/m^3，假定水价与成本的增长率相同(每年 4%)。假定 BOT 项目投产后，现有系统的成本会有所降低。2000 年总的成本节约为 2800 万元。

10. 估计由于用户拖欠水费、新水价不能按时实行等因素造成的收入损失为 9.5%。这是报表中的收入与根据售水量和水价计算出的收入不一致的一个原因。

14.5.2.2 计算结果

计算得出的 1997 年水价与现行水价相差在 1%以内，据计算水价和现行水价估计的收入、支出与净现金流量的比较见表 14.4。由于两种水价非常接近，所以结果也基本相同。

模型分析的结果 **表 14.4**

财务指标	根据计算出的水价分析的结果	根据 1997 年现行水价得出的结果
收入和支出(10^3 元)		
水费收入	157801	157601
支出		
运行、维护和管理费	91400	9400
资金成本	63400	63400
总成本	154800	154800
净营业收入	3001	2801
所得税	990	924
税后利润	2011	1877
现金流量(10^3 元)		
运营收入	57801	157601
政府补贴	30000	30000
总的现金流入	187801	187601
现金需求(10^3 元)		
运行、维护和管理费	91400	91400
利息成本	23700	23700
偿还贷款本金	16400	16400
所得税	990	924
股利分红	—	—
投资	—	—
总的现金需求	102490	102424
现金盈余(亏损)	55311	55177

1997 年的平均水价估计为 0.53 元/m^3，而单位现金流量成本为 0.61 元/m^3，完全的经济成本为 0.82 元/m^3。以下是 1997 年从上述分析得出的一些财务指标：

税后利润/净资产	0.2%
税后利润/净值	0.3%
总资金利润/净资产[=(税前利润+利息)/净资产]	2.42%
水费收入/运行、维护和管理成本(OM&A)	173%
水费收入/(OM&A)+利息成本+折旧	102%
水费收入/(OM&A)+利息成本+折旧+0.5%利润	100%
水费收入/完全经济成本(=OM&A+折旧+12%净资产利润率)	63%
水费收入/现金流量需求	86%

水费收入/债务保证[=(水价收入－OM&A)/债务成本] 181%

根据计算出的水价进行的承受能力模型分析结果见表 14.5。该表将家庭的水费支出与家庭收入和支出进行比较，结果表明承受力在 1%以内，所以可以承受。

所计算水价的承受能力分析(1997) **表 14.5**

用户情况	平均的家庭情况	贫困家庭
典型的家庭用水		
用水量(L/(人·d))	120	96
人数	3.2	3.6
每月用水量(m^3)	11.52	10.37
家庭水费账单(元/月)		
计量水费	5.15	4.63
根据用水量的附加费	0.51	0.46
其他收费	2.19	1.97
增值税	0.31	0.28
总计	8.16	7.35
家庭收入(元/年)	16848	10109
家庭支出(元/年)	15760	9546
承受能力因素		
水费支出/家庭收入	0.58%	0.87%
水费支出/家庭支出	0.62%	0.93%

水价结构会影响居民支付的水费，因此也会影响承受能力分析的结果。水价模型可用每月固定收费或容量收费计算，如用每月固定收费，则模型将运行、维护和管理成本分配到每一类型的用户。这一变化导致将 40%的成本从计量收费转换到固定收费，其对 1997 年水价和每一类型用户的平均用户水费的影响见表 14.6。居民以及商业和零售业用户付费较高，而其他用户则较低。承受能力因素小于或等于 1%。

两部制水价结构的比较(1997) **表 14.6**

用户类型	现行水价		计算出的水价(含固定收费)		
	计量水价(元/m^3)	用户水费账单(元/月)	计量水价(元/m^3)	固定收费(元/月)*	用户水费账单(元/月)
居　　民	0.45	444	0.27	128.35	464
商业和零售业	0.86	180	0.52	128.35	270
工　　业	0.67	3443	0.41	128.35	2498
机　　关	0.63	741	0.38	128.35	658
特殊用水	1.04	5359	0.63	128.35	3679

* 假定所有用户的固定收费相同，但这可以改变。居民的固定收费是针对单元楼，平均每户的收费是 2.5 元/月。

3 种水价方案的 10 年(1997～2006)**平均值** **表 14.7**

方　　案	税前利润的 0.5%	现行—1998 年新水价*	税前利润的 8%
计量水费(元/m^3)			
居民	0.73	0.82	0.86
商业和零售业	1.41	1.72	1.65
工业	1.11	1.21	1.30

续表

方　案	税前利润的 0.5%	现行—1998 年新水价*	税前利润的 8%
机关	1.03	1.21	1.21
特殊用水	1.71	1.49	2.00
盈利能力			
税后利润/资产	0.32%	3.14%	4.76%
税后利润/净值	0.39%	3.77%	5.85%
总收益/资产	1.30%	5.51%	7.93%
收入/成本			
OM&A	151%	167%	179%
OM&A+利息+折旧	101%	112%	123%
现金流量需求	87%	94%	98%
完全经济成本	69%	76%	81%
债务保证	222%	287%	331%

* 1998 年的新水价是按成本上升的比例预测的。

在本节开始已经看到 1997 年的现行水价不能满足现金需求，税后净值利润率仅为 0.3%。1998 年新水价实行后估计情况会有所好转，居民水价为 0.82 元/m^3，而商业和零售业水价为 1.72 元/m^3，比 1997 年的水价提高了。10 年水价模型就是用来比较这些水价和税前利润率为 0.5%时水价的情况，见表 14.7。该表还包括了税前利润为净值 8%时的水价。这个利润水平对工业企业是比较合理的。

这两个新方案比 1997 年水价的情况要好得多，税后利润为 3%～6%，都能使自来水公司实现成本补偿并且几乎可以满足自来水公司的现金需求，但是还不能实现完全的经济成本补偿(假定社会资金利润率为 12%)，而且平均水价仍低于边际成本。模型估计的边际运行、维护和管理成本在 0.4 元/m^3 到 1.2 元/m^3 之间，而总边际成本为 3.4 元/m^3 到 5.3 元/m^3。

附录1　城市供水价格管理办法

第一章　总　　则

第一条　为规范城市供水价格，保障供水、用水双方的合法权益，促进城市供水事业发展，节约和保护水资源，根据《中华人民共和国价格法》和《城市供水条例》，制定本办法。

第二条　本办法适用于中华人民共和国境内城市供水价格行为。

第三条　城市供水价格是指城市供水企业通过一定的工程设施，将地表水、地下水进必要的净化、消毒处理，使水质符合国家规定的标准后供给用户使用的商品价格。

污水处理费计入城市供水价格，按城市供水范围，根据用户使用量计量征收。

第四条　县级以上人民政府价格主管部门是城市供水价格的主管部门。县级以上城市供水行政主管部门按职责分工，协助政府价格主管部门做好城市供水价格管理工作。

第五条　城市供水价格按照统一领导、分级管理的原则，实行政府定价，具体定价权限按价格分工管理目录执行。

制定城市供水价格，实行听证会制度和公告制度。

第二章　水价分类与构成

第六条　城市供水实行分类水价。根据使用性质可分为居民生活用水、工业用水、行政事业用水、经营服务用水、特种用水等五类。各类水价之间的比价关系由所在城市人民政府价格主管部门会同同级城市供水行政主管部门结合本地实际情况确定。

第七条　城市供水价格由供水成本、费用、税金和利润构成。成本和费用按国家财政主管部门颁发的《企业财务通则》和《企业会计准则》等有关规定核定。

（一）城市供水成本是指供水生产过程中发生的原水费、电费、原材料费、资产折旧费、修理费、直接工资、水质检测和监测费以及其他计入供水成本的直接费用。

（二）费用是指组织和管理供水生产经营所发生的销售费用、管理费用和财务费用。

（三）税金是指供水企业应交纳的税金。

（四）城市供水价格中的利润，按净资产利润率核定。

第八条　输水、配水等环节中的水损可合理计入成本。

第九条　污水处理成本按管理体制单独核算。

第三章　水价的制定

第十条　制定城市供水价格应遵循补偿成本、合理收益、节约用水、公平负担的原则。

第十一条　供水企业合理盈利的平均水平应当是净资产利润率8～10%。具体的利润水平由所在城市人民政府价格主管部门征求同级城市供水行政主管部门意见后，根据其不同的资金来源确定。

（一）主要靠政府投资的，企业净资产利润率不得高于6%。

（二）主要靠企业投资的，包括利用贷款、引进外资、发行债券或股票等方式筹资建设供水设施的供水价格，还贷期间净资产利润不得高于12%。

还贷期结束后，供水价格应按本条规定的平均净资产利润率核定。

第十二条 城市供水应逐步实行容量水价和计量水价相结合的两部制水价或阶梯式计量水价。

容量水价用于补偿供水的固定资产成本。计量水价用于补偿供水的运营成本。

两部制水价计算公式如下；

1. 两部制水价＝容量水价＋计量水价；

2. 容量基价＝容量基价×每户容量基数；

3. 容量基价$=\frac{\text{年固定资产折旧额}+\text{年固定资产投资利息}}{\text{年制水能力}}$；

4. 居民生活用水容量水价基数＝每户平均人口×每人每月计划平均消费量；

5. 非居民生活用水容量水价基数为：一年或前三年的平均用水量，新用水单位按审定后的用水量计算

6. 计量水价＝计量基价×实际用水量

7. 计量基价$=\frac{\text{成本}+\text{费用}+\text{税金}+\text{利润}-(\text{年固定资产折旧额}+\text{年固定资产投资利息})}{\text{年实际售水量}}$

第十三条 城市居民生活用水可根据条件先实行阶梯式计量水价。

阶梯式计量水价可分为三级，级差为1∶1.5∶2。

阶梯式计量水价计算公式如下：

1. 阶梯式计量水价＝第一级水价×第一级水量基数＋第二级水价×第二级水量基数＋第三级水价×第三级水量基数；

2. 居民生活用水量水价第一级水量基数＝每户平均人口×每人每月计划平均消费量；

具体比价关系由所在城市政府价格主管部门会同同级供水行政主管部门结合本地实际情况确定。

第十四条 居民生活用水阶梯式水价的第一级水量基数，根据确保居民基本生活用水的原则制定；第二级水量基数，根据改善和提高居民生活质量的原则制定；第三级水量基数，根据按市场价格满足特殊需要原则制定。具体各级水量基数由所在城市人民政府价格主管部门结合本地实际情况确定。

第十五条 以旅游业为主或季节性消费特点明显的地区可实行季节性水价。

第十六条 城市非居民生活用水实行两部制水价时，应与国务院及其所属职能部门发布的实行计划用水超计划加价有关规定相衔接。

第十七条 污水处理费的标准要根据城市排水管网和污水处理厂的运行维护和建设费用核定。

第十八条 供水企业未接管居民小区物业管理等单位的供水职责之前，应对居民小区物业管理等临时供水单位实行趸售价格。趸售价格在不改变居民生活用水价格的前提下由供水企业与临时供水单位协商议定，报所在城市人民政府主管部门备案。双方对临时供水价格有争议的，由所在城市人民政府价格主管部门协调。

第四章　水价申报与审批

第十九条 符合以下条件的供水企业可以提出调价申请：

（一）按国家法律、法规合法经营，价格不足以补偿简单再生产的。

（二）政府给予补贴后仍有亏损的。

（三）合理补偿扩大再生产投资的。

第二十条 城市供水企业在需要调整供水价格时，应向所在城市人民政府价格主管部门提出书面申

请，调价申报文件应抄送同级城市供水行政主管部门。城市供水行政主管部门应及时将意见函告同级人民政府价格主管部门，以供同级价格主管部门统筹考虑。

第二十一条　城市供水价格的调整，由供水企业所在的城市人民政府价格主管部门审核，报所在城市人民政府批准后执行，并报上一级人民政府价格和供水行政主管部门备案。必要时，上一级人民政府价格主管部门对城市供水价格实行监审。监审的具体办法由国务院价格主管部门规定。

第二十二条　城市价格主管部门接到调整城市供水价格的申报后，应召开听证会，邀请人大、政协和政府有关部门及各界用户代表参加。听证会的具体办法由国务院价格主管部门另行下达。

第二十三条　城市供水价格调整方案实施前，由所在城市人民政府向社会公告。

第二十四条　调整城市供水价格应按以下原则审批：

（一）有利于供水事业的发展，满足经济发展和人民生活需要。

（二）有利于节约用水。

（三）充分考虑社会承受能力。理顺城市供水价格应分步实施。第一次制定两部制水价时，容量水价不得超过居民每月负担平均水价的三分之一。

（四）有利于规范供水价格，健全供水企业成本约束机制。

第二十五条　对城市供水中涉及用户特别是带有垄断性质的供水设施建设、维护、服务等主要项目（如用户管网配套、增容、维修、计量器具安装），劳务及重要材料、设施等价格标准，应由所在城市人民政府价格主管部门会同同级城市供水行政主管部门核定。

第五章　水价执行与监督

第二十六条　城市中有水厂独立经营或管网独立经营的，允许不同供水企业执行不同上网水价，但对同类用户必须执行同一价格。

第二十七条　城市供水应实行装表到户、抄表到户、计量收费。

第二十八条　城市供水行政主管部门应当对各类量水、测水设施实行统一管理，加强供水计量监测，完善供水计量监测设施。

第二十九条　混和用水应分表计量，未分表计量的从高适用水价。

第三十条　用户应当按照规定的计量标准和水价标准按月交纳水费。接到水费通知单 15 日内仍不交纳水费的，按应交纳水费额每日加收 5‰的滞纳金。没有正当理由或特殊原因连续两个月不交水费的，供水企业可按照《城市供水条例》规定暂停供水。

第三十一条　供水企业的供水水质、水压必须符合《生活饮用水卫生标准》和《城市供水企业资质管理规定》的要求。因水质达不到饮用水标准，给用户造成不良影响和经济损失的，用户有权到政府价格主管部门、供水行政主管部门、消协或司法部门投诉，供水企业应当按照《城市供水条例》规定，承担相应的法律责任。

第三十二条　用户应根据所在城市人民政府的规定，在交纳水费的同时，交纳污水处理费。

第三十三条　各级城市供水行政主管部门要逐步建立、健全城市供水水质监管体系，加强水质管理，保证安全可靠供水。

县级以上人民政府价格主管部门应当加强对本行政区域内城市供水价格执行情况的监督检查，对违反价格法律、法规、规章及政策的单位和个人应依法查处。

第六章　附　　则

第三十四条　本办法所称“城市”按《中华人民共和国城市规划法》规定，是指国家按行政建制设立的直辖市、市、镇。

第三十五条 本办法由国务院价格主管部门负责解释。

第三十六条 各省、自治区、直辖市人民政府价格主管部门应会同同级城市供水行政主管部门根据本办法制定城市供水价格管理实施细则。

第三十七条 本办法自发布之日起实施。

附录 2　张家口市城市供水价格管理实施细则

第一章　总　　则

第一条　规范张家口市城市供水价格管理，保障供水用水双方合法权益，节约和保护水资源，根据国家计委、建设部颁发的《城市供水价格管理办法》，结合本市实际，制定本实施细则。

第二条　本细则适用于本市桥东、桥西、宣化、下花园区的城市供水价格行为。

第三条　城市供水价格是指城市供水企业通过一定的工程设施，将地表水、地下水进行必要的净化、消毒处理，使水质符合国家规定的标准后供用户使用的商品水价格。

第四条　市人民政府价格主管部门是城市供水价格的主管部门。市人民政府供水行业行政主管部门按职责分工，协助市人民政府价格主管部门做好城市供水价格管理工作。

第五条　城市供水价格按照统一领导、分级管理的原则，实行政府定价。

制定城市供水价格，实行听证会制度和分告制度。

第二章　水价的分类与成

第六条　城市供水实行分类水价。根据使用性质分为居民生活用水、行政事业用水、工商企业用水、宾馆餐饮服务用水、特种行业用水。

（一）居民生活用水是指居民住宅中居家用水；

（二）行政事业用水是指党、政、军机关及其所属的事业单位、教科文组织、社会团体的用水；

（三）工商企业用水是指从事商品生产或经营活动的工矿或商业所需的用水；

（四）宾馆、餐饮、服务用水是指为客户提供住宿、饮食、一般性娱乐服务的用水；

（五）特种行业用水是指以水为主要原料的制造业、特种服务业的用水(包括纯净水生产企业用水，歌舞厅、保龄球等娱乐场所用水，桑拿浴等相关服务业用水，洗车用水)。

第七条　城市供水价格由供水成本、费用、税金、利润构成。成本和费用按国家财政主管部门颁发的《企业财务通则》和《企业会计准则》等有关规定核定。

（一）城市供水成本含生产过程中发生的原水费(含水资源费)、动力费、原材料费、资产折旧费、修理费、工资及福利费、水质检测及监测费，以及其他应计入供水成本的直接费用；

（二）费用是指组织和管理供水生产经营所发生的销售费用、管理费用、财务费用；

（三）税金是指供水企业应缴纳的税金；

（四）城市供水价格中的利润，按净资产利润率核定。净资产等于总资产减总负债，总资产包括：固定资产、流动资产、无形资产及递延资产、长期投资等；总负债包括长期负债、流动负债及递延税项等。

第八条　输水、配水等环节中的合理水损失可计入成本。水损的标准参照国家有关规定。

第三章　水 价 的 制 定

第九条　制定城市供水价格应遵循补偿成本、合理收益、节约用水、公平负担的原则。

第十条 供水企业合理盈利的平均水平应当是净资产利润率8～10%。具体的利润水平由市人民政府价格主管部门征求供水行政主管部门意见后，根据其不同的资金来源确定。

（一）主要靠政府投资的，企业净资产利润率不得高于6%。

（二）主要靠企业投资的，包括利用贷款、引进外资、发行债券或股票等方式筹资建设供水设施的，在还贷期间净资产利润率不得高于12%。还贷结束后，供水价格应按平均净资产利润率核定。

第十一条 城市供水价格应逐步实行阶梯式计量水价，为两部制水价做好准备。阶梯式计量水价可分为三级。

（一）城市居民用水在具备抄表到户的条件下，实行阶梯式计量水价。

城市居民生活月用水量小于3立方米/人（含3立方米/人）执行第一级水价，即基本水价；

月用水量大于3立方米/人且小于5立方米/人的用水量执行第二级水价，第二级水价按基本水价的1.5倍收取水费；

月用水量超过5立方米/人以上部分水量执行第三级水价，第三级水价按基本水价的2倍收取水费。

用水基数和阶梯比例随供水状况可进行适当调整。

（二）城市其他行业用水实行阶梯水价时，应与国务院及其所属职能部门发布的实行计划用水超计划加价的有关规定相衔接。

第十二条 供水企业可以对居民小区物业管理等供水单位实行趸售价格。趸售价格一般可在居民生活用水价格上扣减4%～10%，扣减部分应能弥补总表到分表的直接费用。趸售价格在不提高居民生活用水价格的基础上由供水企业与供水单位在上述范围内协商议定，报市政府价格行政主管部门备案。双方对供水价格有争议的，由市政府价格行政主管部门协调。

第四章 水价申报与审批

第十三条 符合以下条件之一的供水企业可以提出调整水价申请：

（一）按照国家法律、法规合法经营，不足以补偿简单再生产的；

（二）政府给予补贴后企业仍在亏损的。

（三）合理补偿扩大再生产投资的。

第十四条 城市供水企业需要调整供水价格时，应向市人民政府价格行政主管部门提出书面申请，并抄送同级市人民政府供水行政主管部门。市人民政府供水行政主管部门应及时将意见函告市人民政府价格行政主管部门，以供其统筹考虑。

第十五条 市人民政府价格主管部门接到调整城市供水价格的申报后，在调价方案成熟的条件下，应召开听证会，邀请当地人大、政协和政府各有关部门及各界用户代表参加。具体办法按照《河北省实施价格听证会制度的规定》执行。

第十六条 调整城市供水价格按以下原则审批：

（一）有利于城市供水事业的可持续发展和扩大再生产，满足城市按照总体规划经济发展和人民生活不断提高的需要；

（二）有利于节约用水；

（三）充分考虑社会承受能力。在理顺城市供水价格时，应根据实际情况分步实施；

（四）有利于规范城市供水价格，加强供水企业管理，健全供水企业成本约束机制。

第十七条 城市供水价格的调整方案由市人民政府价格行政主管部门审核后，报市人民政府批准后执行，并上报省人民政府价格和供水行政主管部门备案。并接受省价格主管部门对调整供水价格的监审。

第十八条 城市供水价格调整方案实施前，由市政府向社会公告。

第十九条　对城市供水中涉及用户特别是带有垄断性质的供水设施建设、维护、服务等项目(如用户管网配套安装、二次加压设施安装、维护、计量器具安装、维护)、劳务及原材料、设施等价格标准，应按国家有关规定办理，无规定的由市人民政府价格主管部门会同市供水行政主管部门核定。

第五章　水价执行与监督

第二十条　城市供水应在本细则实施后三年内实行装表到户、抄表到户、计量收费。新建住宅必须达到装表到户。对原有住房，供水企业应根据实际情况采取相关措施。

第二十一条　市供水行政主管部门要对各类量水、测水设施实行统一管理，完善供水计量监测设施，加强供水计量监测，城市供水企业对供水计量设施进行维护管理，保证计量设施灵敏准确。

第二十二条　类别不同的混合用水应分表计量，未分表计量的按分类价格较高的水价计收水费。

第二十三条　用户应当按照规定的计量标准和水价标准及实测水量数，按月交纳水费。接到水费通知单十五日内仍不交纳水费的，每超一日按应交纳水费额加收0.5%的滞纳金。没有正当理由或特殊原因连续两个月不交费的，供水企业可按照《城市供水条例》规定的程序，暂停供水。对居民特困户按市人民政府有关规定予以照顾；对特困企业，按时上缴水费有困难的，按规定程序申请缓交。

第二十四条　供水企业的供水水质必须符合《生产饮用水卫生标准》和《城市供水企业资质管理规定》的要求。除不可抗拒的因素外，因供水企业自身造成的水质达不到饮用水标准，给用户造成不良影响和经济损失的，用户有权到市人民政府价格主管部门、供水行政主管部门、消协或司法部门投诉，供水企业应当按照《城市供水条例》规定，承担相应的法律责任。

第二十五条　用户应根据国家及省市人民政府的规定，在交纳水费的同时，交纳污水处理费。污水处理费的缴纳办法另行制定。

第二十六条　市人民政府供水行政主管部门要逐步建立、健全城市供水水质监管体系，加强水质管理，保证安全可靠供水。

政府价格主管部门要加强对城市供水价格执行情况的监督检查，对违反价格法律、法规、规章及政策的单位和个人应依法查处。

第六章　附　　则

第二十七条　各县供水价格管理可参照本细则执行。县属供水企业需要调整供水价格时，在履行必要的程序后，上报市人民政府价格主管部门审核批准后执行。

第二十八条　本细则由市人民政府价格行政主管部门负责解释。

第二十九条　本细则自发布之日起实施。

附录 3　广东省城市供水价格管理实施办法

二〇〇一年四月二十六日

第一条　为规范我省城市供水价格，保障供水、用水双方的合法权益，促进节约和保护水资源，根据国家计委、建设部《城市供水价格管理办法》和《关于贯彻城市供水价格管理办法有关问题的通知》及有关法律、法规、政策的规定，结合我省实际，制定本实施办法。

第二条　城市供水实行分类水价。各地应以综合平均水价为标准，缩小各类用水价差，不得将水价分类复杂化。

（一）居民生活用水是指居民住宅中居家生活的用水。包括部队、企事业单位集体宿舍和持所在城市暂住证租用住房的流动人口居家生活的用水。

（二）工业用水是指从事工业性产品生产或运用物理、化学、生物等技术进行加工和维持功能性活动所需的用水。

种养业和农产品加工用水划归工业用水类别。

（三）行政事业用水是指党政军机关及其所属事业单位、教科文卫组织、传媒机构、社会团体和不以盈利为目的的中介服务机构用水。

城市消防、环卫、绿化用水，应装表计量，按成本价收费或并入行政事业用水类别。

（四）经营服务用水是指在流通过程中从事商品交换（含组织生产资料流转）和为客户提供商业性、金融性、服务性等有偿服务的用水。包括商业企业（百货商店、连锁店、超级市场、信托商店、贸易中心、粮店、货栈、旅业、饮食业、照相、理发、洗染、修理等）、物资企业、交通运输、邮电通讯、金融保险以及仓储、旅游、娱乐、建筑业（含房地产）、安装、地质勘探和以盈利为目的的中介服务机构用水。

（五）特种用水是指外轮和领取《特种行业经营许可证》的营业性歌舞厅、夜总会、桑拿等用水。其价格水平应为各类用水的最高价格且不超过综合平均水价 1 倍。

第三条　城市供水逐步以社会平均成本定价，各地要做好定价成本及费用的考核控制。与供水业务无关的企业资产，应从供水资产中剥离，不得计入供水成本和计算供水利润。

（一）定价成本中的电费是指原水输送、水厂生产和供水的动力耗费。

（二）定价成本中的工资费用以企业合理定员和统计部门公布的当地国有（或相同经济成分）独立核算工业企业平均工资水平计算；工效挂钩工资与当地国有（或相同经济成分）独立核算工业企业平均工资水平差异不大的，可适当参照计算。

（三）定价成本中的固定资产折旧费，其折旧年限一般选取财政部规定的工业企业固定资产分类折旧年限的中值数（规模效益较高的，可选稍短折旧年限；规模效益较低的，应选较长折旧年限）。城市供水规模不宜过度超前建设，年供水量达不到设计规模 60％的，按供水设计生产量的 60％计算水量分摊折旧费。

（四）定价成本中的修理费一般控制在固定资产原值的 2％以内。

（五）财务费用中的利息净支出按现行贷款利率计算利息并抵扣存款利息后核入。

（六）供水企业发生的合理管理费用、财务费用、销售费用，应按供水业务收入和其他业务收入的比例分摊计算城市供水的期间费用。

第四条　输水、配水等环节的水损可合理计入成本。各级物价、城市供水行政主管部门要加强对供水企业取水量、供水量、售水量和各类用水比例的考核。

（一）"水厂自用水"是指水厂生产所需的必要损耗。其合理损耗率为 5%～8%。

（二）"产销差率"是指供水企业供水、售水差额与供水量之比。其合理损耗参照国家建设部规定 16.31%的平均先进水平，根据供水规模情况具体确定：

年供水量 2000 万 m^3 以内的不高于 18%；2000 万至 1 亿 m^3 以内的不高于 16.31%；1 亿 m^3 至 3 亿 m^3 以内的不高于 15%；3 亿 m^3 以上的不高于 12%。上述指标包括城市消防、绿化、环卫用水和居民生活用水总表与分表的差额水量，已对消防、绿化、环卫用水实行装表计量收费以及尚未抄表到户的地方，应在上述产销差率中降低 2～3 个百分点计算水损。

第五条　供水企业合理盈利的平均水平应当是净资产利润率 8～10%，具体根据不同的资金来源确定。

（一）主要靠政府投资的不高于 6%。

（二）主要靠企业投资包括利用贷款、引进外资、发行债券或股票等方式筹资的，还贷期间净资产利润率不高于 12%。

（三）供水企业通过增容费和水价中附加供水建设费、供水基金等方式，以及接收用户自行建设进户总表以前的户外管道及附属设施所形成的净资产，应遵循"取之于民、用之于民"的原则，暂不计算利润。以后视水价到位程度、供水设施建设投入的需要和用户承受能力酌情计算。

第六条　随同城市供水价格征收的税金、附加收费，应逐一审核计入含税费价格，并在调价公告中说明构成综合平均价格的供水成本费用、税金、利润和附加收费的项目及标准。

（一）城市供水价格中的附加收费如需纳税，其税额在该收费收入中列支，不得在核算供水价格时累加计税。

（二）除法律、法规，国务院及国家计委、财政部和省政府规定之外的费用，一律不得随水价征收；不得违反规定权限在价格上设立各种基金、附加费等项目和在价外搭车收取其他费用。

（三）增容费等城市供水项目中一次性征收以及附加在价格上的各种名目的供水建设费用，按国家和省的有关规定予以取消。

第七条　城市中有水厂独立经营或管网独立经营的，允许不同供水企业执行不同上网水价，但对同类用户，必须执行同一价格。仍执行不同到户水价的，当地政府应积极引导供水企业实行规模经营，鼓励和扶持供水企业实行股份制改造，结合下一次水价调整实现同城同价。

第八条　城市供水应实行装表到户、抄表到户、计量收费。各级物价、城市供水行政主管部门应指导供水企业制定接管中间供水工作的规划，采取企业自筹或在水价中适当筹集的办法解决改造资金，接管供水中间层后增加的管理、维修、更换费用和合理水损及时计入水价，在 2～3 年内实现居民生活用水直接抄表到户，为阶梯式计量水价改革创造条件。

（一）各城市不再收取水表底度水费。

（二）供水企业在未接管居民小区物业管理等单位的供水职责之前，应对居民小区物业管理等临时供水单位实行趸售价格。趸售价格在不改变居民生活用水价格的前提下由供水企业与临时供水单位协商议定，报所在城市人民政府物价主管部门备案。双方对临时供水价格有争议的，由所在城市人民政府物价主管部门协调。

（三）各地制定水价调整方案时，亦可明确规定居民生活用水价格（到家庭用户）和总表计量的趸售价格。趸售价格一般可在居民生活用水价格上扣减 6%～10%，扣减部分应能弥补总表到分表的直接费用。

第九条　混和用水应分表计量，未分表计量的从高适用水价。因建筑结构、供水设施和用水条件限制不宜分表计量的，由供水企业与用户协商确定各类用水比例后分别计价收费。

第十条　用户应按规定的计量标准和水价标准按月缴交水费。

供水企业不得要求用户交纳保证金或强制用户在银行存款后划拨水费。

第十一条 用户所建户外管道及其附属设施经供水企业验收合格后，其中贸易结算水表及其之前的设施移交供水企业统一管理，发生的维修、更换以及技术监督行政主管部门对贸易结算水表(不含贸易结算水表之后仍由用户管理的分表)的强制检定费用，均由供水企业支付，在供水成本费用中列支，不得在水价外另向用户收费。

第十二条 对城市供水中涉及用户的供水设施建设、维护、服务等项目，应坚持招标择优和自愿委托原则，其劳务和原材料价格要从严核定，具体标准由所在城市人民政府物价主管部门会同城市供水行政主管部门制定。其中全省性的城市供水经营服务收费项目或收费管理办法由省物价、建设行政主管部门制定。

第十三条 城市供水企业需要调整供水价格时，应向所在城市人民政府物价主管部门提出书面申请，同时抄报同级城市供水行政主管部门。物价主管部门经征求城市供水行政主管部门意见、召开听证会后拟订方案，报所在城市人民政府批准，于调价前 15～30 日内向上级物价主管部门申报。其中我省列为国家水价改革试点的广州市、开平市水价调整方案，要经同级人民政府审定后，报省物价主管部门批准，并报国家计委、建设部备案。

价格分工管理目录调整后，具体定价权限按新的规定执行。

第十四条 各级物价主管部门应会同城市供水行政主管部门，加快清理城市供水项目各种收费的步伐，通过成本核算，按照补偿成本、合理收益、节约用水、公平负担的原则，制定理顺水价的方案尽快实施到位。

第十五条 各地要按国务院和国家计委关于加快水价改革的要求，结合水价调整实施居民生活用水阶梯式计量水价，对非居民生活用水实行容量水价和计量水价相结合的两部制水价。

第十六条 各地要加强对城市供水企业的价格和成本管理，严格规范价格构成，加强成本监测工作，监督企业如实申报有关价格和成本情况。供水企业要建立健全内部管理制度，改善经营，降低生产成本。

供水企业应于每年的第一季度内，将上年度有关供水成本费用的财务报表、各环节水量和各类售水比例等资料报送所在城市物价、城市供水行政主管部门，作为水价是否列入年度调整计划的依据。

第十七条 各级物价主管部门应会同城市供水行政主管部门，加强所属市、县、镇供水价格及相关收费的管理和监督，对违反价格管理法规政策的，按《价格法》及相关规定查处。

第十八条 本实施办法适用于我省设市城市、县城和建制镇。

第十九条 本实施办法由广东省物价局负责解释。

第二十条 本实施办法自发布之日起实施。各地有关规定凡与本实施办法不符的，按本实施办法执行。

附录4　贵州省城镇供水价格管理办法实施细则

二〇〇一年三月二十一日

第一章　总　　则

第一条　为了促进城镇供水事业发展，节约和保护水资源，提高人民生活质量，规范我省城镇供水价格，保障供水、用水双方的合法权益，根据《中华人民共和国价格法》、国务院《关于加强城市供水节水和水污染防治工作的通知》（国发［2000］36号）和国家发展计划委员会、建设部《城市供水价格管理办法》（计价格［1998］18101号），结合本省实际，制定本实施细则。

第二条　本细则适用于贵州省行政区划内城镇供水价格的制定和调整行为。

第三条　城镇供水价格是指我省供水企业通过一定的工程设施，将地表水、地下水进行必要的净化、消毒处理，使水质符合国家规定的标准后供给用户使用的商品水价格。

污水处理费计入城镇供水价格，按城镇供水范围，根据用户使用水量随同水费一并征收。

第四条　城镇供水企业必须经资质评审合格，方能按本细则申请供水价格调整；资质评审不合格的企业和不申请资质评审的企业，不予调整或审批供水价格。

供水企业必须加强资金管理，结合当地实际情况，合理配置供水设施，避免重复建设和浪费。不合理的建设项目投资不得计入成本。

第五条　县级以上人民政府价格主管部门是城镇供水价格的主管部门。县级以上供水行政主管部门协助政府价格主管部门做好供水价格管理工作。

城镇供水价格按照统一领导、分级管理的原则，实行政府定价。地（州、市）所在城市供水价格由省人民政府价格主管部门审批；县级城市（镇）供水价格由各地（州、市）人民政府价格主管部门审批并报省人民政府价格主管部门备案；县级以下城镇供水价格由县级人民政府价格主管部门审批。

制定和调整城镇供水价格，实行价格听证会和公告制度。

第二章　水价分类与构成

第六条　城镇供水实行分类水价。根据使用性质可分为生活用水、工业用水、行政事业用水、经营服务用水、特种用水等五类。各类水价之间的比价关系由所在地人民政府价格主管部门会同同级供水行政主管部门结合本地实际情况确定。

在水资源匮乏地区，可实行计划用水超计划加价收费，在干旱年或以旅游业为主季节性特点明显的地区可实行季节性水价。

第七条　城镇供水价格由供水成本、费用、税金和利润构成。成本和费用按国家财政主管部门颁发的《企业财务通则》和《企业会计准则》等有关规定核定：

（一）供水成本是指供水生产过程中发生的原水费、电费、原材料费、资产折旧费、修理费、直接工资、水质检测和监测以及其他应计入供水成本的直接费用；

（二）费用是指组织和管理供水生产经营所发生的销售费用、管理费用和财务费用；

（三）税金是指供水企业应交纳的税金；

（四）城镇供水价格中的利润，按净资产利润率核定。

第八条 输水、配水、制水及供水过程中的水损，可按产销差率最高不超过20％计入成本。

第九条 污水处理费按当地政府管理体制单独核算。

第三章 水价的制定

第十条 供水企业合理盈利的平均水平应当是净资产利润率。具体的利润水平应当考虑社会的承受能力，遵循补偿成本、合理收益、节约用水、公平负担，逐步向净资产利润率靠近的原则，区分用水对象，对所在地人民政府价格主管部门征求同级供水行政主管部门意见后，根据不同的资金来源确定，还贷期：

（一）主要靠政府投资的，企业净资产利润率3～6％；

（二）主要靠企业投资的，包括利用贷款、引进外资、发行债券或股票等方式筹资建设供水设施的，还贷期间净资产利润6～12％；

还贷期结束后，供水价格应按本规定的平均净资产利润率4～10％核定。

第十一条 城镇供水应逐步实行容量水价和计量水价相结合的两部制水价或阶梯式计量水价。

容量水价用于补偿供水的固定资产成本，计量水价用于补偿供水的运营成本。

两部制水价计算公式如下：

（一）两部制水价＝容量水价＋计量水价；

（二）容量水价＝容量基价＋每户容量基数；

（三）容量基价＝

（四）居民生活用水容量水价基数＝每户平均人口×每人每月计划平均消费量；

（五）非居民生活用水容量水价基数为：前一年或前三年的平均用水量，新用水单位按审定后的用水量计算；

（六）计量水价＝计量基价×实际用水量；

（七）计量基价＝

第十二条 城镇居民生活用水可根据条件先实行阶梯式计量水价。

阶梯式计量水价可分为三级，级差为1∶1.5∶2。

（一）阶梯式计量水价＝第一级水价×第一级水量基数＋第二级水价×第二级水量基数＋第三级水价×第三级水量基数；

（二）居民生活用水计量水价第一级水量基数＝每户平均人口×每人每月计划平均消费量；

具体比价关系由所在地政府价格主管部门会同同级供水行政主管部门结合本地实际情况确定。

第十三条 居民生活用水阶梯式水价的第一级水量基数，根据确保居民基本生活用水的原则制定；第二级水量基数，根据改善和提高居民生活质量的原则制定；第三级水量基数，根据市场价格满足特殊需要的原则制定。具体各级水量基数由县级以上所在地人民政府价格主管部门结合本地实际情况确定。

第十四条 城镇非居民生活用水实行两部制水价时，应与国务院及其所属职能部门发布的实行计划用水超计划用水加价收费的有关规定衔接。非居民生活用水是否实行计划用水超计划加价，由当地人民政府确定。

第十五条 污水处理费的标准按照适当补偿城市排水管网和污水处理厂的运行维护和建设费用并考虑企业、居民等的承受能力核定。收费收入纳入同级财政专户管理，专项用于该污水处理和建设运行支出，不得挪作他用。具体征收应按《贵州省城市污水处理征收管理办法》执行。

第十六条 供水企业在未接居民小区物业管理等单位的供水职责前，应对居民小区物业管理等临时供水单位实行趸售价格，趸售价格在不改变居民生活用水价格的前提下由供水企业与临时供水单位协商议定，报所在地人民政府价格主管部门备案。双方临时供水价格有争议的，由所在地人民政府价格主管部门协调。

第四章　水价申报与审批程序

第十七条　符合以下条件的供水企业可以提出调价申请：

（一）按国家法律、法规合法经营，价格不足以补偿简单再生产的；

（二）政府给予补贴后仍有亏损的；

（三）合理补偿扩大再生产投资的。

第十八条　城镇供水企业需要申请调整供水价格时，应向所在县级以上人民政府价格主管部门提出书面申请，调价申请文件应抄送同级供水行政主管部门，供水行政主管部门应及时将意见函告同级人民政府价格主管部门，以供同级价格主管部门统筹考虑。

第十九条　城镇供水价格的调整，由供水企业所在地县级以上人民政府价格主管部门审核，报同级人民政府同意，并报上一级人民政府价格主管部门审批后执行。同时抄送供水行政主管部门。贵阳市供水价格报国家计委备案。

第二十条　城镇价格主管部门接到调整城镇供水价格的申报后，应召开价格听证会，邀请人大、政协和政府各有关部门、工会及各界用户代表参加。价格听证会按国家和省价格主管部门下达的有关规定执行。

第二十一条　调整城镇供水价格应按以下原则审批：

（一）有利于供水事业的发展，满足经济发展和人民生活需要；

（二）有利于节约用水；

（三）充分考虑社会承受能力，理顺城镇供水价格应分步实施。第一次制定两步制水价时，容量水价不得超过居民每月负担平均水价的三分之一；

（四）有利于规范供水价格，健全供水企业成本约束机制。

第二十二条　对城镇供水中涉及到用户特别是带有垄断性质的供水设施建设、维护、服务等主要项目（如用户管网配套、增容、维修、计量器具安装），劳务及重要原材料，设施等价格标准，应由所在地人民政府价格主管部门会同同级供水行政主管部门核定。

第二十三条　城镇供水价格调整方案，实施前由的在县级以上人民政府向社会公告。

第五章　水价执行监督

第二十四条　城镇中有多个水厂独立经营的，允许不同水厂执行不同进网水价，但对同类用户，必须执行同一价格。

第二十五条　城镇供水应实行装表到户，抄表到户，计量收费。

第二十六条　城镇供水行政主管部门应当对各类水量、测水设施实行统一管理，加强供水计量监测设施。

第二十七条　混合用水应分类计量，未分类计量的从高适用水价。

第二十八条　用户应按照规定的计量标准和水价标准按月交纳水费，接到水费通知单 15 日内仍不交纳水费的，按应交纳水费额每日加收千分之五的滞纳金，没有正当理由或特殊原因连续两个月不交水费的，供水企业可按照《城市供水条例》规定暂停供水。

第二十九条　供水企业的供水水质、水压必须符合《生活饮用水卫生标准》和《城市供水企业资质管理规定》的要求。因水质达不到饮用水标准，给用户造成不良影响和经济损失的，用户有权到政府价格主管部门、供水行政主管部门、消协或司法部门投诉，供水企业应当按照《城市供水条例》规定，承担相应的法律责任。

第三十条 用户应根据所在城镇人民政府的规定，在交纳水费的同时，交纳污水处理费。

第三十一条 各级城镇供水行政主管部门要逐步建立、健全供水水质监管体系，加强水质管理，保证安全可靠供水。

供水企业必须加强内部管理，建立、健全城镇供水企业财务制度。水费使用主要满足企业运行需要。要在积极推进水价改革的同时，建立合理的水价形成机制和管理体制，逐步完善供水条件，提高服务质量，强化内部管理，降低生产成本，提高供水管理单位自我积累、自我发展的能力。切实为广大消费者和工业生产等不同行业用水服务。

第三十二条 县级以上人民政府价格主管部门应加强对本行政区内供水价格执行情况的监督检查，对违反价格法律、法规、规章及政策的单位和个人，依照《中华人民共和国价格法》及《价格违法行为行政处罚规定》等法律法规进行查处。

第三十三条 过去有关文件规定凡与本细则相抵触的，一律以本细则为准；本细则下达前各级规定附加在水价上的重复收费及各种搭车收费一律停止执行。

第六章 附 则

第三十四条 本细则由省政府价格主管部门负责解释。

第三十五条 本细则自发布之日起实施。

附录5　广西壮族自治区城市供水价格管理实施细则

二〇〇三年三月十二日

第一条　为规范我区城市供水价格管理，保障供水用水双方合法权益，节约和保护水资源，促进城市供水事业的发展，根据有关法律、法规及国家计委、建设部颁发的《城市供水价格管理办法》的规定，结合我区实际，制定本实施细则。

第二条　本实施细则适用于广西壮族自治区行政区域内所有城市供水企业的供水价格行为。

第三条　本实施细则所称城市供水价格是指城市供水企业通过一定的城市供水工程设施，将地表水、地下水进行必要的净化、消毒处理，使水质符合国家规定的标准后供给用户使用的商品水价格。

第四条　城市供水价格实行政府定价。县城及以上城市供水价格由自治区价格主管部门管理或委托市政府价格主管部门管理，县城以下供水价格由各县政府价格主管部门管理。

第五条　制定、调整城市供水价格必须遵循以下原则：

（一）充分考虑正常生产成本、供求情况、国家有关政策和相关产品价格；

（二）充分考虑社会承受能力。在理顺城市供水价格时，可根据实际情况分步实施；

（三）有利于城市供水事业的可持续发展和扩大再生产，满足城市按照总体规划发展经济和不断提高人民生活水平的需要；

（四）有利于节约用水；

（五）有利于规范城市供水价格，加强供水企业内部管理，健全供水企业成本约束机制。

第六条　制定城市供水价格，应实行价格听证制度和公告制度。

城市供水价格，属自治区审批的，价格听证会由自治区价格主管部门组织召开或委托市政府价格主管部门召开；属委托市审批的，价格听证会由市政府价格主管部门组织召开；属县审批的，价格听证会由县政府价格主管部门组织召开。听证会要严格按照《政府价格决策听证办法》（国家计委2002年第26号令）有关规定举行。

城市供水价格出台后，由制定价格的价格主管部门负责在《物价公报》上予以公告。

第七条　城市供水实行分类水价。根据使用性质可分为居民生活用水、工业用水、行政事业用水、经营服务用水、特种用水等五类。

（一）居民生活用水是指居民住宅中居家生活用水。包括集体宿舍和租用住房的流动人口的居家生活的用水。

居民生活用水价格分为趸售价格和零售价格：

趸售价格是指城市供水企业未直接抄表到户，而是抄表、计量、收费到住宅小区、商住楼前总表的价格。

零售价格是指城市供水企业直接抄表、计量、收费到居民住宅户的价格。

趸售价格与零售价格的差价包括水损、抄表人员工资及相应的管理费用，差价率为8～10%，由政府价格主管部门在制定或调整水价时核定。

居民生活用水逐步实行趸售价格与零售价格分离。

（二）工业用水是指从事工业性产品生产所需的用水。农产品加工用水和建筑用水划归工业用水类别。

（三）行政事业用水是指党、政、军机关、非营业服务性的事业单位、教科文组织、传媒机构、社会团体等的用水。

城市消防、环卫、绿化用水，应装表计量，并入行政事业用水类别。

（四）经营服务用水是指为客户提供商业性、金融性、服务性等有偿服务的用水。

（五）特种用水是指特种服务业和领取《特种行业经营许可证》的用水。包括纯净水生产企业用水、营业性歌舞厅、夜总会、桑拿、足浴、美容美发、洗车等用水。

第八条 城市供水价格由供水成本、费用、税金、利润构成。成本和费用以国家财政主管部门颁发的《企业财务通则》和《企业会计准则》等有关规定为基础核定。

（一）城市供水成本含生产过程中发生的原水费（含水资源费）、电费、原材料费、资产折旧费、修理费、工资及福利费、水质检测及监测费用以及其他应计入供水成本的直接费用。

1. 原水费的计算

① 通过水利工程供应的原水，按有价格管理权限的价格主管部门审定的价格计算。

② 城市供水企业直接抽取地下水、地表水的原水费中只计水资源费，水资源费按国家规定的标准计费。抽水、输送水所耗用的其他费用，分别归入供水成本中的相应项目中计算。

2. 电费是指用于原水输送、水厂生产和供水的动力耗费，电量按三年实际生产用电量的平均数计算，电价按当年价格主管部门规定的价格计算。

3. 原材料包括消毒药剂、混凝药剂和用于净水的其他材料。用量按三年实际的平均数，价格按上年实际平均数计算。

4. 固定资产折旧费。售水量达到生产能力的60%以上的城市供水企业，其固定资产折旧费按照财政部规定的工业企业固定资产分类平均年限计提进入定价成本。售水量达不到生产能力的60%的，按同比例降低计入定价成本的固定资产折旧额。

没有使用的固定资产不能计提折旧进入定价成本。

5. 工资费用原则上以企业合理定员及统计部门公布的当地国有（或相同经济成分）独立核算工业企业平均工资水平计算；实行工效挂钩工资的，其工资水平应与当地实行工效挂钩的其他国有（或相同经济成分）独立核算工业企业平均工资水平相衔接。

企业合理定员按照供水企业设计的定员数核定。无设计定员的，在国家没有新的规定前暂参照《城市建设各行业编制定员试行标准》核定。超员的部分，其工资、福利及与此相关的费用，在定价时不予承认。

6. 修理费一般控制在固定资产原值的2%以内，或以三年实际发生的平均数计算。

7. 水质检测及监测费，以三年实际发生的平均数计算。

8. 供水环节发生的合理水损可计入成本。产销差率在16.31%内的，按实际计，超过16.31%的按16.31%计。

（二）费用是指组织和管理供水生产经营所发生的销售费用、管理费用和财务费用。

1. 销售费用包括销售人员工资、福利费、办公费、折旧费、修理费、物料消耗、其他销售费用。

2. 管理费用包括管理人员工资、福利、差旅费、办公费、折旧费、修理费、物料消耗、低值易耗品摊销、保险费、税金、业务招待费、土地使用费、土地损失补偿费、开办费摊销、技术转让费、技术开发费、职工教育经费、工会经费、排污费、坏账准备、其他管理费用。

（1）保险费以定额人员工资为基数按规定比例计算。

（2）税金是指供水企业依法应缴纳的按规定应计入管理费用的税金。

（3）业务招待费：全年销售净额在1500万元（不含1500万元）以下的，按不超过年销售净额的5‰核定；高于1500万元（含1500万元）但不足5000万元的，按不超过年销售净额的3‰核定；高于5000万元（含5000万元）但不足1亿元的，按不超过年销售净额的2‰核定；高于1亿元（含1亿元）的，按不超过年销售净额的1‰核定。

(4) 职工教育经费按工资总额的 1.5%计算。

(5) 工会经费按工资总额的 2%计算。

3. 财务费用是指企业为筹集生产经营所需资金而发生的各项费用，包括企业生产经营期间发生的利息支出(减利息收入)、汇兑损失(减汇兑收益)以及相关的手续费等。

(1) 利息支出，指企业短期借款利息、长期借款利息、应付票据利息、票据贴现利息、应付债券利息、长期应付引进国外设备款利息等利息支出(除资本化的利息外)减支银行存款等的利息收入后的净额。

(2) 汇兑损失，指企业因向银行结售或购入外汇而产生的银行买入、卖出价与记账所采用的汇率之间的差额，以及月度(季度、年度)终了，各种外币账户的外币期末余额，按照期末规定汇率折合的记账人民币金额与原账面人民币之间的差额等。

(3) 相关手续费，指发行债券所需支付的手续费(需资本化的手续费除外)、开出汇票的银行手续费、调剂外汇手续费等，但不包括发行股票所支付的手续费等。

(4) 其他财务费用，如融资租入固定资产发生的融资租赁费用等。

(三) 城市供水价格中的税金，指按规定在供水过程中发生的增值税(或营业税)、城建税、教育费附加及防洪保安费等(不包括已在管理费用中列支的部分)。

(四) 城市供水价格中的利润，按供水净资产利润率核定。供水净资产＝供水总资产—供水总负债。供水总资产包括：供水固定资产、流动资产、无形资产及递延资产、长期投资等；供水总负债包括供水长期负债、流动负债及递延税项等。

供水主营业务和其他业务未单独核算的，供水生产和经营中发生的费用，依法交纳的税金和供水净资产等均按收入分摊计算。

第九条 根据不同资金来源，供水企业合理的盈利水平按下列原则核定：

(一) 主要靠政府投资的，企业供水净资产利润率不高于 6%；

(二) 主要靠企业投资的，包括利用贷款引进外资、发行债券或股票等方式筹资建设供水设施的，在还贷期间供水净资产利润率不得高于 10%。还贷结束后，供水价格应根据当地的具体实际、群众的承受能力及听证会的情况确定。

第十条 随同城市供水价格征收的价外附加收费，其应纳税金应在该项附加收费中列支，不得计入供水价格。原水费、水资源费等价内收费，其税金也应在该项收入中交纳，不得在供水价格中另行列支。

第十一条 除法律、法规、规章和国务院、国家计委、财政部及自治区人民政府、自治区价格主管部门另有规定的费用可以进入水价或随水价征收外，其他费用一律不得进入水价或随水价征收；不得违反规定权限在价外搭车收取任何费用。

第十二条 城市居民用水在具备一户一表的条件下，实行阶梯式计量水价。

阶梯式水量分为三级：城市居民生活月用水量小于 $8m^3$/人(含 $8m^3$/人)为第一级水量；月用水量大于 $8m^3$/人且小于 $10m^3$/人(含 $10m^3$/人)的用水量为第二级水量；月用水量超过 $10m^3$/人以上用水量为第三级水量。

城市居民用水价格按下列规定执行：第一级水量按核定的基本水价收取水费；第二级水量按第一级水量水价的 1.5 倍收取水费；第三级水量按第一级水量水价的 2 倍收取水费。

第十三条 城市供水应在本实施细则后五年内实行装表到户、抄表到户、计量收费。新建住宅必须装表到户。对原有住房，供水企业应根据实际情况采取相关措施，为阶梯式计量水价改革创造条件。

第十四条 各城市不再收取水表底度水费和供水主管网分摊费，因取消底度和主管网分摊费而导致成本上升的，可通过理顺价格解决。

第十五条 混合用水应分表计量。因用户原因未分表计量的从高适用水价。因建筑结构、供水设施和用水条件限制不宜分表计量的，由供水企业与用户协商确定各类用水比例。

第十六条 符合以下条件之一的供水企业可以提出调整水价申请：

（一）按国家法律、法规合法经营，成本费用开支符合本实施细则规定，价格不足以补偿简单再生产的；

（二）合理补偿扩大再生产投资的。

第十七条 城市供水价格的申报程序及审批所需材料：

一、申报程序：

1. 属自治区价格主管部门管理的城市供水价格，由城市供水企业提出申请，经同级价格主管部门初审，报请同级人民政府同意(属县级的调价申报，需经市政府价格主管部门审核)后，由自治区价格主管部门组织召开价格听证会后审批，或由自治区价格主管部门委托市政府价格主管部门组织召开价格听证会后，报自治区价格主管部门审批。

属委托市政府价格主管部门管理的城市供水价格，由城市供水企业提出申请，经同级价格主管部门初审，报请同级人民政府同意后，由市政府价格主管部门组织召开价格听证会后审批，并提前10天报自治区价格和建设主管部门备案。

各市上报自治区价格主管部门审批或委托审批的调价申报文件，需同时抄送自治区建设主管部门，建设主管部门应及时将意见函告价格主管部门，以供决策统筹考虑。

2. 属县级管理的城市供水价格，由供水企业提出申请，经同级人民政府同意，由县级政府价格主管部门组织召开价格听证会后审批，并提前10天报市政府价格主管部门和市供水行政主管部门备案。

各乡、镇供水企业上报县级价格主管部门审批的调价申报文件需同时抄送县级供水行政主管部门，县级供水行政主管部门应及时将意见函告县级价格主管部门，以供决策时统筹考虑。

二、审批所需材料

1. 新建投产初次审批的应具备：

(1) 申请人提出的书面申请(具体按国家计委2002年第26号令第十七条规定)；

(2) 供水企业立项批文和可行性研究报告；

(3) 竣工验收和决算报告或能够说明投资情况的凭证；

(4) 银行贷款综合利率，固定资产综合折旧率计算资料；

(5) 价格听证会的有关材料，包括听证会笔录、会议纪要和参会人员名单(姓名、性别、身份、工作单位、联系电话等)；

(6) 评审机构审核成本的评审报告；

(7) 地方价格主管部门的审核意见及当地政府意见。

2. 原已运行的供水企业审批的应具备：

(1) 申请人提出的书面申请(具体按国家计委2002年第26号令第十七条规定)；

(2) 历年还贷情况及欠贷余额；

(3) 银行贷款综合利率，固定资产综合折旧率计算资料；

(4) 最近三年审计部门的年度财务审计报告；

(5) 最近三年售水量及售水结构；

(6) 现行供水价格批文；

(7) 价格听证会的有关材料，包括听证会笔录、会议纪要和参会人员名单(姓名、性别、身份、工作单位、联系电话等)；

(8) 评审机构审核成本的评审报告；

(9) 地方价格主管部门的审核意见及当地政府意见。

第十八条 各级价格主管部门应会同城市供水行政主管部门，加快城市供水价内、外收费的清理步伐，通过成本核算，按照本实施细则规定的原则，制定城市供水价格的实施方案，并加以落实。

第十九条 各地要加强对城市供水企业的价格和成本管理，严格规范价格构成，加强成本监审工作，监督企业如实申报有关价格和成本情况。供水企业要建立、健全内部管理制度，改善经营，降低成本。

供水企业应于每年的第一季度内，将上年度有关供水成本费用的财务报表、各环节水量和各类售水比例等资料报送有审批权的价格主管部门和城市供水行政主管部门。

第二十条 对城市供水中涉及用户特别是带有垄断性质的供水设施建设、安装、维修(包括水表检修)等主要项目，应坚持向社会公开招标择优和用户自愿委托原则，其劳务和原材料等价格要从严核实，具体标准由所在城市价格主管部门制定。

第二十一条 供水企业收取水费，应给用户下达《水费通知单》。

用户应当按照规定的计量标准和水价标准按月交纳水费。接到水费通知单 15 日内仍不交纳水费的，按《城市供水价格管理办法》的规定加收滞纳金。没有正当理由或特殊原因连续两个月不交水费的，供水企业可按照《城市供水条例》规定暂停供水。

第二十二条 供水企业的供水水质、水压必须符合《生活饮用水卫生标准》和《城市供水企业资质管理规定》的要求。因水质达不到饮用水标准，给用户造成不良影响和经济损失的，用户有权到政府价格主管部门、供水行政主管部门、消协或司法部门投诉，供水企业应当按照《城市供水条例》规定，承担相应的法律责任。

第二十三条 用户应根据国家及自治区的有关规定，在交纳水费的同时，交纳污水处理费。污水处理费的交纳办法另行制定。

第二十四条 各级城市供水行政主管部门要逐步建立、健全城市供水水质监管体系，加强水质管理，保证安全可靠供水。

县级以上人民政府价格行政主管部门应当加强对本行政区域内城市供水价格执行情况的监督检查，对违反价格法律、法规、规章及政策的单位和个人应依法查处。

第二十五条 本实施细则由自治区价格主管部门解释。

第二十六条 本实施细则自发布之日起实施。各地有关规定凡与本实施细则不符的，按本实施细则执行。

附录6　杭州市城市供水价格管理实施细则

二〇〇一年十一月二十三日

第一章　总　　则

第一条　为切实规范杭州市城市供水价格管理，保障供水、用水双方合法权益，节约和保护水资源，根据《中华人民共和国价格法》及国家计委、建设部颁发的《城市供水价格管理办法》和《杭州市城市供水管理条例》，制定本实施细则。

第二条　本实施细则适用于杭州市区的城市供水价格行为。

第三条　城市供水价格是指城市供水企业通过一定的工程设施，将地表水、地下水进行必要的净化、消毒处理，使水质符合国家规定的标准后供给用户使用的商品水价格。

第四条　根据国家有关规定，按使用水量计量征收污水处理费。污水处理费必须实行“收支两条线”、财政专户管理，专款专用。

污水处理费标准的审批权限与供水价格的审批权限相同。污水处理费的具体核算办法另行制定。

第五条　市人民政府价格主管部门是城市供水价格的主管部门。市人民政府供水行政主管部门按职责分工，协助价格主管部门做好城市供水价格管理工作。

第六条　城市供水价格按照统一领导、分级管理的原则，实行政府定价。

制定城市供水价格，实行听证会制度和公告制度。

第二章　水价的分类与构成

第七条　城市供水实行分类水价，根据使用性质分为居民生活用水、非经营性用水、经营性用水、特种行业用水。

（一）居民生活用水是指居民住宅中的居家用水。

（二）非经营性用水是指行政机关、事业单位、部队，教育、文化、体育、卫生组织和社会团体的用水以及环卫、园林绿化等市政用水。

（三）经营性用水是指一切从事生产、经营活动的工商企业、建筑行业、旅游业、宾馆、餐饮、娱乐、服务业用水。

（四）特种行业用水是指以水为主要原料的制造业、特种服务业的用水（包括纯净水、制酒业、饮料业等生产企业用水，桑拿浴、洗车等服务业用水）。

第八条　各分类水价的最终到户价格由供水价格和污水处理费两部分构成，并在收费票据中予以分列。

第三章　供水价格的组成

第九条　城市供水价格由供水成本、费用、税金、利润组成。成本和费用按国家财政主管部门颁发的《企业财务通则》和《企业会计准则》等有关规定核定。

（一）城市供水成本是指生产、供应过程中发生的原水费（包括水资源费或水利工程水费及输送原水发生的输送费用）、动力费、原材料费、资产折旧费、修理费、工资及福利费、水质检测及监测费，以及其他应计入供水成本的直接费用；

（二）费用是指组织管理供水所发生的销售费用、管理费用、财务费用；

（三）税金是指供水企业应交纳的税费；

（四）城市供水价格的利润，以合理的利润水平核定。

第十条　输水、配水等环节中的水损按国家有关规定结合本市实际核定的标准计入成本。

第四章　供水价格的制定

第十一条　制定城市供水价格应当遵循补偿成本、合理收益、节约用水、公平负担的原则。

第十二条　供水企业合理盈利的具体水平，由政府价格主管部门根据建设资金不同来源，按照兼顾企业、社会承受能力原则和企业的工资福利水平，在征求供水行政主管部门意见后确定。

第十三条　城市供水应积极按照“计量出户、一户一表、抄表到户”的要求实施。

（一）新建住宅必须按“计量出户、一户一表”的要求设计、施工，所需材料、人工等费用按实进入住宅建造成本。

（二）已建住宅“计量出户、一户一表”改造所需材料、人工等费用，按照供水企业和用户共同承担的原则，由政府价格主管部门核定。供水企业按核定的安装费标准，向自愿申请安装的用户收取。

第十四条　在城市居民供水基本实现“计量出户、一户一表”的前提下，可逐步实行阶梯式计量水价。阶梯式计量水价可分为三级。第一级水价为基本水价，第二级水价按基本水价的 1.5 系数收取，第三级水价按基本水价的 2.0 系数收取。

用水基数和阶梯比例随供用水状况由供水行政主管部门提出调整意见，经市政府批准后执行，以促进节约用水。

第十五条　城市非居民生活用水实行阶梯式计量水价时，应与国务院及其所属职能部门发布的实行计划用水等有关规定相衔接。

第十六条　供水企业及有关单位应切实维护城市供水价格的严肃性，在供水过程中发生的有关费用不得计入水价加价销售，下列情况除外：

（一）高层建筑特需加压供水的，因加压而发生的动力费、维护费、人工费等，由用户承担；

（二）供水企业未直接抄表到户，并以趸售方式供水的，必须实行趸售价格。具体价格由供水企业与有关部门协商确定，报政府价格主管部门备案。双方有争议的，由政府价格主管部门协调解决。

第五章　供水价格的申报与审批

第十七条　供水企业可设立“水费调节金”。“水费调节金”应在银行开设专门账户，专项用于稳定水价，不得挪作他用，并每年向政府价格主管部门和供水行政主管部门报告收入情况，接受两部门的监督检查。

（一）水费调节金的来源为：(1)实行阶梯式计量水价，居民生活用水超过基本水价部分，全额列入水费调节金；(2)因用水结构变化，实际供水平均价格高于定价测算平均价格而产生的增收部分，全额列入水费调节金。

（二）水费调节金的使用：当供水企业的实际供水利润率明显低于政府价格主管部门核定的净资产利润率又不适宜调价弥补时，经政府价格主管部门会同供水行政主管部门审核后，可由“水费调节金”补贴供水企业。

第十八条 按照国家法律、法规合法经营，非企业因素，并经“水费调节金”补贴后，仍达不到年度核定的净资产利润率，供水企业可以提出调整水价的申请。城市供水价格一年内最多只能调整一次。

第十九条 供水企业需要调整供水价格时，应向市人民政府价格主管部门提出书面申请，并抄送同级供水行政主管部门。供水行政主管部门应及时将意见函告政府价格主管部门，以供其统筹考虑。

第二十条 市人民政府价格主管部门接到调整供水价格的申报后，应委托价格认证中心对供水成本进行论证，价格认证中心应在规定时间内出具成本认证报告。政府价格主管部门根据成本认证报告，综合考虑各方面因素，提出调价方案，在调价方案基本成熟的条件下，召开价格决策听证会。价格认证中心应在听证会上宣读成本认证报告。听证会具体办法按照《杭州市价格决策听证制度》执行。

第二十一条 调整供水价格按以下原则审批：

（一）有利于城市供水事业发展，满足经济发展和人民生活需要，提倡节约用水，鼓励科技进步。

（二）充分考虑社会承受能力，在理顺城市供水价格时，应根据实际情况分步实施，逐步到位。

（三）有利于规范城市供水价格，加强供水企业管理，健全供水企业成本约束机制。

第二十二条 供水价格调整方案经政府价格主管部门审核，报市人民政府同意后，按价格管理权限报批。经批准后予以实施。

第二十三条 城市供水价格调整方案实施前，由政府价格主管部门向社会公告。

第二十四条 城市供水中涉及用户特别是带有垄断性质的供水设施建设、维护、服务等项目(如用户管网施工、增容、维修、计量器具安装)，劳务及重要材料、设施等的价格标准，应按国家有关规定执行，无规定的由市人民政府价格主管部门会同供水行政主管部门核定。

第六章 供水价格的执行与监督

第二十五条 供水企业必须认真履行职责，严格按批准的供水价格执行，并做好明码标价工作。

第二十六条 供水企业要定期对供水计量设施进行维护管理，保证计量设施灵敏准确。供水企业的供水水质、水压必须符合《生活饮用水卫生标准》和《城市供水企业资质管理规定》的要求。

第二十七条 类别不同的混合用水应分表计量。

第二十八条 用户应当按照规定的水价标准及用水量，按期缴纳水费。接到水费通知单 15 日后不缴纳水费的，按应缴纳水费额每日增缴 3‰的滞纳金。无正当理由或特殊原因连续两次不缴纳水费，经供水企业催交无效的，可按照国家有关规定的程序停止供水。

第二十九条 用户应根据国家规定，在交纳水费的同时，交纳污水处理费。

第三十条 供水行政主管部门要对各类量水、测水设施实行统一管理，完善供水计量监测设施，加强供水计量监测。同时要逐步建立、健全城市供水水质监管体系，加强水质管理，保证安全可靠供水。

第三十一条 政府价格主管部门要加强对城市供水企业成本和价格的管理，健全成本约束机制，实行动态监测。城市供水企业应及时向政府价格主管部门和供水行政主管部门报送半年度及全年的成本、利润、价格等有关资料。

政府价格主管部门要加强对城市供水价格执行情况的监督检查，对违反价格法律、法规、规章及政策的单位和个人应依法查处。

第七章 附 则

第三十二条 市属各县(市)供水价格管理可参照本实施细则执行。县(市)政府所在地供水企业需要调整供水价格时，在履行必要的程序后，上报市人民政府价格主管部门审核批准后执行。

各县(市)、区乡镇供水企业供水价格调整，由当地政府价格主管部门审核批准，上报市人民政府价格主管部门备案。

本实施细则涉及萧山、余杭二区水价管理职权的，按省、市有关规定办理。

第三十三条 本实施细则由市人民政府价格主管部门负责解释。

第三十四条 本实施细则自发布之日起施行。

后　记

(Postscript of the book)

在本书即将付印之际，仍感意犹未尽。始于1997年的亚行技援项目“供水价格研究”开启了系统研究中国城市水价的大门，但不无遗憾的是在本书正式出版之前，这扇门却一直未能向社会公众开放，历经5年取得的成果被束之高阁。

然而，值得庆幸的是，中国的水价研究和改革由此蓬勃展开，2002～2003年，亚行又援助中国政府开展了“城市污水处理收费政策研究”项目，提出了《城市污水处理收费管理办法》(专家建议稿)；2004年，国家发展与改革委员会和建设部组织对全国36个重点城市供水企业1999～2003年的经营成本进行调查分析，提出了“成本审核”要求；2005年，建设部计划财务司组织中国城市规划设计研究院和建设部政策研究中心完成了“城市水价形成与监管问题研究”课题，着重从水价的监管体制和机制方面进行了研究，并提出了相关的政策建议。与此同时，许多省、市在《城市供水价格管理办法》(1998年)的指导下，纷纷制定了地方性的水价法规；2003年7月，国家发展与改革委员会和水利部发布了《水利工程供水价格管理办法》。至此，水价改革的规范化、法制化进程从城市波及到全国，从供水价格延伸至污水处理费和水利工程供水价格。

应该说，过去10年，特别是最近5年，中国水价研究和改革的许多进展都是与“供水价格研究”分不开的，相信细心的读者在阅读本书时一定能品味到它们之间的内在联系，也一定能发现其中某些内容的局限性和不足。然而，这并不会影响本书的理论意义与实用价值。

本书是国际水价理论和经验与中国水价改革实践相结合的产物，是多位国际和国内咨询专家共同努力的结晶，是国际金融机构(ADB)技援项目的成功范例之一。值此“第5届世界水大会”在中国北京召开之际，将此书献给广大读者更具有特殊的意义。

编者

2006.7.1

参 考 文 献

1. 国家统计局. 中国统计年鉴(1997～1999). 北京：中国统计出版社
2. 中国城镇供水协会. 城市供水统计年鉴(1990～1999)
3. 严煦世，赵洪宾. 给水管网设计和计算. 北京：中国建筑工业出版社，1984
4. 严煦世主编. 给水排水工程快速设计手册给水工程. 北京：中国建筑工业出版社，1995
5. Wei Yan，Urban Finance，Making Cities Work-Urban Policy and Infrastructure in the 21st Century'，Asian Development Bank，2000
6. Wei Yan，Chief Editor，Economic and Environmental Sustainable Development in Middle and Western Regions of China in 21st Century'，Inner Mongolia People's Publishing House，China，1999
7. Water Supply Tariff Study，Final Report，May 1999
8. Water Tariff Study Ⅱ，Final Report，November 2001